# Journal for the Study of Christian Culture

# 基督教文化学刊

## Postmodern Ideas and Theologies

## 后现代思想与神学

中国人民大学基督教文化研究所主办
杨慧林　主编

第50辑

宗教文化出版社

图书在版编目（CIP）数据

基督教文化学刊. 第 50 辑, 后现代思想与神学 / 杨慧林主编. —— 北京 : 宗教文化出版社, 2024. 12. —— ISBN 978-7-5188-1370-4

Ⅰ. B978-55

中国国家版本馆 CIP 数据核字第 2024LH4103 号

# 基督教文化学刊（第 50 辑）
## ——后现代思想与神学

中国人民大学基督教文化研究所 主办　　　杨慧林 主编

**出版发行：** 宗教文化出版社

**地　　址：** 北京市西城区后海北沿 44 号（ 100009 ）

**电　　话：** 64095216（发行部）　　64095201（编辑部）

**责任编辑：** 张秀秀

**印　　刷：** 河北信瑞彩印刷有限公司

**版权专有　侵权必究**

**版本记录：** 880 毫米 × 1230 毫米　　32 开本　　9.75 印张　　350 千字

　　　　　　2024 年 12 月第 1 版　　　2024 年 12 月第 1 次印刷

**书　　号：** ISBN 978-7-5188-1370-4

**定　　价：** 98.00 元

# 基督教文化学刊（第50辑）

## Journal for the Study of Christian Culture

### 后现代思想与神学

### Postmodern Ideas and Theologies

中国人民大学基督教文化研究所 主办

主　　　　编　杨慧林

编辑委员会委员　耿幼壮　刘小枫　罗秉祥　杨庆球

本辑执行主编　汪　海

出　版　总　监　钱秉毅　杨熙楠

# Journal for the Study of Christian Culture

(Jidujiao wenhua xuekan)

## No. 50

### Postmodern Ideas and Theologies

**Editor in Chief:**
YANG Huilin

**Members of Editorial Committee**
GENG Youzhuang
LIU Xiaofeng
LO, Ping-Cheung
YEUNG, Hing-Kau

**Executive Editor of This Issue**
WANG Hai

**Publishing Supervisor**
CHIN, Kenneth    YEUNG, Daniel

**Advisory Board** (in alphabetical order)

| | |
|---|---|
| BAYS, Daniel | Calvin College |
| CHIN, Ken Pa | Fu Jen Catholic University |
| FIDDES, Paul | University of Oxford |
| FORD, David | University of Cambridge |
| GENG Youzhuang | Renmin University of China |
| HE Guanghu | Renmin University of China |
| HOPKINS, Dwight | University of Chicago |
| JASPER, David | University of Glasgow |
| JEFFREY, David | Baylor Universiy |
| KANG, Phee Seng | Hong Kong China Graduate School of Theology |

| | |
|---|---|
| KUSCHEL, Karl-Josef | University of Tübingen |
| LAI, Pan Chiu | The Chinese University of Hong Kong |
| LEE, Archie | The Chinese University of Hong Kong |
| LI Qiuling | Renmin University of China |
| LIU Xiaofeng | Renmin University of China |
| LO, Ping-cheung | Hong Kong Baptist University |
| RUOKANEN, Miikka | University of Helsinki |
| SCHÜSSLER FIORENZA, Elisabeth | Harvard University |
| SCHÜSSLER FIORENZA, Francis | Harvard University |
| STARR, Chloë | Yale University |
| TORRANCE, Iain | University of Einburgh |
| VOLF, Miroslav | Yale University |
| WARD, Graham | University of Oxford |
| WELKER, Michael | University of Heidelberg |
| WAN, Wai Yiu | The Chinese University of Hong Kong |
| YANG Huilin | Renmin University of China |
| YEUNG, Daniel | Hong Kong Institute of Sino-Christian Studies |
| ZHANG Qingxiong | Fudan University |
| ZHAO Dunhua | Peking University |
| ZHAO Lin | Wuhan University |
| ZHUO Xinping | Chinese Academy of Social Sciences |

**English Proofreading**  STARR, Chloë  CHIN, Agnes
**Editors**  ZHANG Jing  LI Bingquan  WANG Hai

# 目　录

# Contents

编者絮语：

# 对不可能之物的（极限）体验

## ——论解构思想的宗教向度[*]

### 汪 海

信仰的体验是以某种方式超越语言的东西，它超越伦理、政治和社会。解构面对它是完完全全无用且无力的（disarmed）。或许这并非解构的弱点。或许因为解构恰好开始于——如果不能说是恩典，那也肯定是一个秘密，一种绝对秘密体验的可能，我会将这种体验比作你所说的恩典。它或许就是一切解构的起点。这就是为什么当解构抵达这一点时，会变得彻底无力和无用。

——德里达[①]

2002年11月末，距德里达（1930-2004）最终拥抱"死亡的赠礼"，还有不到两年时间。在题为"德里达与宗教"的学术会议上，德里达第一次谈到解构的"起点"。他表示，一切解构或许都开始于恩典（grace），

* 本文受到国家社会科学基金项目"后世俗时代的解构主义宗教观研究"（项目编号17BZJ010）以及教育部人文社会科学重点研究基地项目资助（项目批准号：22JJD720020）。[This article is supported by National Social Science Foundation "Studies on the Religious View of Deconstruction in the Post-secular Era" (Project No.:17BZJ010) and Minister of Education Science Foundation (Project No.: 22JJD720020).]

① J. D. Caputo, Kevin Hart, and Yvonne Sherwood, "Epoché and faith: an interview with Jacques Derrida", in Yvonne Sherwood and Kevin Hart. eds., *Derrida and Religion: Other Testaments* (Routledge: New York, 2005), 39.

如果不能说是恩典，那也肯定是一个秘密，一种堪比恩典的秘密体验。这是一段非常重要，又充满疑问的"告白"。恩典，一种宗教体验，或者至少是一种秘密的体验，为什么或许是一切解构的起点？为什么要强调"或许"？德里达曾表示，自己"可以被看作是（je pass à juste titre; rightly pass for）无神论者"[①]，那么对一个无神论者来说，恩典还有意义吗？如果有，它指的是什么？解构思想作为一种哲学，是否可以"强征"宗教术语来说明自己？它是否会因此失去哲学上的说服力？解构面对信仰体验，为什么会变得无力和无用？解构与宗教之间究竟存在怎样的关联？

自20世纪80年代起，德里达就开始频繁讨论宗教话题。[②] 比如，涉及启示录的《论哲学最近所采用的启示录语调》（D'un ton apocalyptique adopte naguere en philosophie, 1980），论解构与否定神学之间关系的《如何不言说：否认》（Comment ne pas parler: Dénégations, 1986）和《除了/挽救名字》（Sauf le nom, 1992），关于上帝之名的《巴别诸塔》（Des tours de Babel, 1985），论法律、正义与信仰之间关系的《法的力量：权威的神秘基础》（Force de loi: Le Fondement mystique de l'autorité, 1989-1990），叙述个人"宗教"体验的《割礼忏悔》（Circonfession, 1991），谈责任、赠礼与信仰之间关系的《死亡赠礼》（Donner la mort, 1992），论"无弥赛亚主义之弥赛亚性"的《马克思的幽灵》（Spectres de Marx, 1993），以及向康德与黑格尔论宗教致敬的《信仰与知识：单纯理性限度内"宗教"的两个源头》（Foi et Savoir: Les deux sources de la "religion"aux limites de la simple raison, 1996）等，[③] 不一而足。他也积极参加了宗教学界专门为他组织的一系列学术会议，从"德里达与否定神

---

[①] Jacques Derrida, "Circonfession", in Geoffrey Bennington & Jacques Derrida, *Jacques Derrida* (Paris: Seuil, 1991), 146; "Circumfession," in Geoffrey Bennington & Jacques Derrida, *Jacques Derrida*, trans. Geoffrey Bennington (Chicago: University of Chicago Press, 1993), 155.

[②] Jason Powell, *Jacques Derrida: A Biography* (London: Continuum, 2006), 148-149.

[③] 括号内标注的是该作品最初发表的年份，其中有很多正式出版前是先作为会议论文发表的。参见Jason Powell, *Jacques Derrida: A Biograph*; John D. Caputo, *The Prayers and Tears of Jacques Derrida: Religion without Religion* (Bloomington: Indiana University Press, 1997)。

学", 到"宗教与后现代主义", 再到"德里达与宗教"。①

德里达对宗教突然表现出的浓厚兴趣, 令人惊讶。因为, 首先, 德里达明确说过, 可以把他看成是一个无神论者。尽管出身犹太家庭, 受过割礼, 巴黎求学时深入接触过基督教, 但他从未皈依任何宗教。其次, 解构看起来对宗教充满敌意, 甚至一直有人批评解构就是虚无主义。毕竟, 解构一向以破除中心、本原、在场等各种形而上学的神话而闻名。虽然德里达反复强调解构不是否定和破坏, 但不得不说, 解构的确是有"破坏性"的, 它极大破坏了形而上学和本体-神学 (ontotheology) 此前一直享有的"天然"的合法性, 这在许多人看来, 也就严重动摇了宗教信仰的根基。再次, 宗教追求笃定、确信, 而解构却不断强调决定的不可决定性 (undecidability), 二者看起来完全背道而驰。

如何理解解构的"宗教转向"? 一种简单的解释是, 解构作为一种理论方法, 已经进入文学、法学、政治学等人文学科, 那么现在再被应用于宗教领域也没有什么奇怪的。但是, 德里达澄清过, 虽然有人将解构当成了一种方法, 可如果按照解构自身的逻辑严格地说, 它既不是一种方法, 也不是一种操作, 而是"一个并不有赖于主体意愿、意识或组织的事件"。② 另一种解释试图遵循解构前期的思想倾向: 在解构清算了哲学的傲慢之后, 宗教作为一种古老的权威话语、独断的真理宣称, 自然会成为它下一个"理想"的审视对象。这一解释有一定道理, 但耐人寻味的是, 德里达在讨论宗教时, 常常用一种仿佛自己就是宗教信仰者的口吻, 站在宗教体验的内部而非外部去讨论宗教, 和无神论学者通常采用的人类学、心理学、社会学或文化研究等外部视角非常不同。正如天主教神学家哈特所说: "解构并没有针对普遍意义上的宗教, 做出一种外部的或者完全敌意的批判。"③ 还

① Jacques Derrida, *On the Name*, Thomas Dutoit ed., (Stanford: Stanford University Press, 1995), 43; Steven Shakespeare, *Derrida and Theology* (London: T&T Clark, 2009),4.

② Jacques Derrida, "Letter to a Japanese Friend", trans. David Wood & Andrew Benjamin, in Peggy Kamuf & Elizabeth Rottenberg eds, *The Invention of the Other II* (Stanford: Stanford University Press, 2008), 4.

③ Kevin Hart, "Jacques Derrida", in *Twentieth-Century Philosophy of Religion*, Graham Oppy & N. N. Trakakis eds.(London: Routledge, 2014), 262.

有一种常见的解释是，解构的宗教转向不如说是伦理转向，德里达在受到列维纳斯的影响后，不过是在挪用宗教话语探讨伦理问题，或者说将宗教话语伦理化，即在祛魅化（demystification）之后，把宗教话语变成伦理话语的一种。但事实上，德里达在《死亡赠礼》中已明确表示，"无论这在某些人看来有多么悖谬，责任与信仰总是紧密相连的"①，因此根本无法将伦理与宗教区隔开来②，而且责任和信仰应该携手"超越（主体的）控制和知识"③，也就是说，二者的"核心"都包含一个无法被言说的秘密，一种不可能被彻底祛魅的，"令人战栗的神秘"（mysterium tremendum）④。

对此，本文要提出的第一个主要观点是，解构思想从一开始就包含着宗教向度，甚至可以说，宗教体验与神学话语是使解构思想得以可能的前提条件之一，因此所谓解构的"宗教转向"准确地说，不过是解构内在宗教向度的自然显现。

已有学者指出，从词源来看，解构（déconstruction）一词包含着一段犹太—基督教的前历史。我们都知道，德里达的解构来自海德格尔的术语"destruktion"（拆解），但其实海德格尔是受到马丁·路德的启发。路德用拉丁语"destruuntur"（破坏、摧毁）表示，真正的神学——也被他称为十字架神学——要做的应该如《圣经》中所说："摧毁智慧者的智慧，废弃聪明者的聪明。"（赛29:14，林前1:19）⑤ 也有研究表明，德里达从青年时代起，就对宗教问题怀有浓厚的兴趣，19岁时曾撰写专门论述宗教的两篇文章《上帝与诸神：神是否存在？上帝的存在是否是个问题？》（*Les Dieux et Dieux: les Dieux existent-ils?*）和《无神论是属于贵族的》（*L'Athéisme est aristocratique*）。⑥

---

① Jacques Derrida, *The Gift of Death*, trans. David Wills (Chicago: Chicago University Press, 1995),6.

② Ibid., 84.

③ Ibid., 6.

④ Ibid., 6,7,21.

⑤ Kevin Hart, "'Absolute Interruption': On Faith", in John D. Caputo, Mark Dooley & Michael J. Scanlon eds. *Questioning God* (Bloomington: Indiana University Press, 2001), 192.

⑥ Edward Baring, *The Young Derrida and French Philosophy*, 1945-1968 (Cambridge: Cambridge University Press, 2011), 62 n. 52, 63 n. 58.

　　但本文想要补充的是，要想理解解构思想的宗教向度，更应该关注的或许还不是某个严格意义上的宗教学家、神学家或者某个神学传统，而是德里达所熟知的一批探讨"不可能之物"（the impossible）的法国知识分子，一批"非专业"（无贬义）的"宗教思想者"。[1]他们包括巴塔耶（1897-1962）、克洛索夫斯基（Pierre Klossowski, 1905-2001）、列维纳斯（1906-1995）、布朗肖（1907-2003）和薇依（Simone Weil, 1909-1943）。他们构成了除现象学和结构主义之外，解构思想第三个重要的来源。他们是早于德里达一代的思想家，他们拆解、颠覆西方本体-神学的思想倾向，他们对于不可能之物的强调，对体验的重视和反思，他们偏离无神—有神二元对立框架的"无宗教的宗教"（religion without religion）[2]立场，以及充满矛盾悖论的言说方式等，都与德里达有着非常多的相似之处，以至于可以被称为解构思想的先驱。

　　借用布朗肖的话，这是一个独特的"没有共同体的共同体"，一个"无法明言的共同体"，或者不如说一个"不可能的共同体"。[3]因为一方面，虽然他们之间通过友谊相连（或是朋友，或是朋友的朋友），思想上相互影响，但是生前从未形成共同的旗号、主张或流派，彼此也没有共同体意识（无法明言，communauté inavouable, unavowable community），所以严格说，他们并没有形成通常意义上的共同体，即这个共同体是不可能的（impossible communauté, impossible community）。而另一方面，他们尽管思想、立场各异，却都不约而同地关注着"不可能之物"，反复言说它的不可言说、不可认知、无法把握，以及对它超越体验的"（无法）体验"，所以，从这一角度又可以说，他们与不可能之物形成了共同体（community with the impossible），

---

[1] See Alexander Irwin, *Saints of the Impossible: Bataille, Weil, and the Politics of the Sacred* (Minneapolis: University of Minnesota Press, 2002); Gary Gutting, *Thinking the Impossible: French Philosophy Since 1960* (Oxford: Oxford University Press, 2011).

[2] Jacques Derrida, *The Gift of Death*, 49.

[3] Maurice Blanchot, *La Communauté Inavouable* (Paris: Minuit, 1983), 46.

又通过这一共同关注相互联结（无共同体的共同体，community without community）。

这是一个没有领袖的共同体，或者用巴塔耶的话说，"无头"（acéphale）的共同体，只有一个看不见的交织点，并非中枢的中枢——布朗肖。说他看不见，是因为布朗肖并非这个"星丛"式共同体的领袖。说他是交织点，是因为布朗肖是这个共同体的最大公约数，除了薇依他未曾相识之外，① 其他人都是他的朋友。而且，布朗肖的思想具有极强的对话性，他是这个"共同体"当中，唯一一个明确接受了其他所有人（再加上德里达）思想影响的成员。更有趣的是，又是布朗肖让这群从未在现实中同时当面交流的思想家，"相聚"在他的著作《无尽的对话》中，展开了一场虚构的对话。②

这是一个与宗教有着千丝万缕关联的共同体，他们虽然是哲学家、作家或者艺术家，绝非传统意义上的宗教学家或神学家，但宗教体验和神学话语却是他们思想不可或缺的组成部分。巴塔耶和克洛索夫斯基起初都是天主教徒，甚至立志成为神父，但最终前者决绝地转变为无神论者，而后者虽保留了宗教信仰，却提出了一套融合异教传统的非基督教（non-Christian）神学理论。③ 列维纳斯算是一个犹太教徒，但他对犹太教信仰却有着非常个人化的、非正统的理解。布朗肖虽出生于天主教家庭，却成长为一个人文主义的无神论者。犹太人薇依深受天主教影响，并声称曾有对基督的神秘体验，却提出了一套非天主教的反正统神学。他们的信仰立场迥异，但都认为，即使在"上帝已死"的现代世俗社会，宗教仍然非常重要，它是我们在面对"不可能之物"时，一种不

---

① 布朗肖的朋友巴塔耶和薇依相熟，尽管两人性格和思想倾向相差很大，但巴塔耶将薇依引为知己，评价很高。参见[法]巴塔耶：《天空之蓝》，施雪莹译（南京：南京大学出版社，2017年），第30-31页；Georges Bataille, *Oeuvres Complètes* t. 11 (Paris: Gallimard, 1988), 537。

② See Maurice Blanchot, *L'Entretien Infini* (Paris: Gallimard, 1969)。

③ Daniel W. Smith, "Introduction: Pierre Klossowski: From Theatrical Theology to Counter-Utopia," in Pierre Klossowski, *Living Currency*, eds. Vernon W. Cisney, Nicolae Morar & Daniel W. Smith (London: Bloomsbury, 2017), 11.

可取代的体验与回应方式。① 如薇依所说，"不可能性是通向超自然之物的大门"②，巴塔耶也认为，"面对不可能之物……就是一种对于神圣的体验"③。

德里达熟知这些思想家的著作，以至于他可以被视为这个"共同体"的第二个交织点，或者说外部交织点。巴塔耶、布朗肖和列维纳斯对德里达的影响最为明显，从其早期作品《书写与差异》《论文字学》开始，他们的名字就频繁出现在德里达的笔下。克洛索夫斯基也在德里达著作中"现身"过，虽然次数有限，但影响同样深远，他对德里达早期提出"增补"概念，分析巴塔耶的经济学思想，以及后期探讨"好客"伦理学等方面启发很大。④薇依虽然几乎从未在德里达大学毕业后的作品中出现过，但事实上，在巴黎高师求学时他曾密集阅读过薇依⑤，被她"无神的神秘主义"（atheistic mysticism）所吸引，即对上帝本真的爱必须以相信上帝不存在为前提，而无神论是对信仰的净化。⑥

这一共同体在解构思想中留下的最明显印记，或许就是德里达这段对解构的描述："解构的关注点，它的力量和它的欲望——如果它有的话，就在对于不可能之物的某种体验。"⑦ 1989年，德里达在《法的力量》中再次强调："解构，作为一种对于不可能之物的体验，是可能

---

① See John D. Caputo, "Dreaming the Impossible Dream: Derrida and Levinas on the Impossible", *The Prayers and Tears of Jacques Derrida: Religion without Religion* (Bloomington: Indiana University Press, 1997), 20-25; Simone Weil, "The Impossible", *Gravity and Grace*, trans. Emma Crawford & Mario von der Ruhr (London: Routledge, 2002), 94-97; Georges Bataille, *Inner Experience*, trans. Leslie Anne Boldt (Albany: State University of New York Press, 1988); Maurice Blanchot, *L'Entretien Infini*。

② Simone Weil, *Gravity and Grace*, 95.

③ Georges Bataille, *Inner Experience*, 33.

④ Pierre Klossowski, "Letter On Walter Benjamin", trans. Christian Hite, in Parrhesia No. 19 (2014), 22 n. 11.

⑤ Geoffrey Bennington & Jacques Derrida, *Jacques Derrida*, 328.

⑥ Edward Baring, *The Young Derrida and French Philosophy, 1945-1968* (Cambridge: Cambridge University Press, 2011), 63. Simone Weil, *Gravity and Grace*, 15, 114.

⑦ Jacques Derrida, "Psyché: Inventions de l'autre", in *Psyché: Inventions de l'autre* (Nouvelle Édition) (Paris: Galilée, 1998), 27.

的。"① 1992年，在《除了/挽救名字》中，他不厌其烦地又一次确认："解构经常被定义为体验，对于不可能之物，对于最不可能之物的不可能的可能体验，这种状况是解构与赠礼、'是''来'、决定、见证、秘密等所共享的。或许还有死亡。"② 不论是"不可能之物"，还是"体验"，其实都是这一"共同体"在探讨宗教问题时反复使用的关键词。

德里达的好友，美国哲学家、神学家卡普托（John D.Caputo, 1940- ）首先注意到德里达这段描述的重要性。他指出，这个并非定义的"定义"——"解构……是对不可能之物的体验"——是理解解构的关键，它显示了解构与宗教之间的密切关联。卡普托还结合德里达后期的传记体作品《割礼忏悔》，对该描述进行了重述："解构是对于不可能之物的激情和祈祷，是对不可能之物的捍卫，它是渴望和请求，它渴望着对于不可能之物的体验，并向这一体验发出请求。"③ 在这个被重构的对解构的"定义"里，卡普托引人注目地使用了一个宗教词汇"祈祷"（prayer），莫非是他神学家身份使然？实际上，祈祷是德里达本人在《割礼忏悔》中多次使用的词，他甚至说："我的一生不过是一段漫长的祈祷史。"④

祈祷的含义是请求，而且是向神发出最诚恳的请求。⑤ 一个无神论者，当他祈祷时，是在向谁祈祷，又期待着怎样的回应呢？如果一个人的祈祷并不以相信聆听者的存在为前提，他的祈祷是否仍然称得上诚恳，是否仍然有意义呢？一种解释是，无神论者的祈祷只是对宗教信仰

---

① Jacques Derrida, Force de loi: Le 'Fondement mystique de l'autorité' (Paris: Galilée, 1994), 35, 78 n1.

② Jacques Derrida, "Sauf le nom (Post-Scriptum)", trans. John P. Leavey, Jr., in Thomas Dutoit ed., *On the Name* (Stanford: Stanford University Press, 1995), 43.

③ John D. Caputo, *The Prayers and Tears of Jacques Derrida: Religion without Religion* (Bloomington: Indiana University Press, 1997), xx.

④ Jacques Derrida, "Circumfession," 39.

⑤ See "prayer": Etymonline-Online Etymology Dictionary. <https://www.etymonline.com/search?q=prayer>。

者的模仿，一种比拟，一种修辞，以表示无神论者对所求事物的恳切与珍视堪比信徒。然而这一模仿论的解释隐藏着危险的二元对立等级，即虔诚、认真的宗教信仰者优于虚无、现实的无神论者。

对此，本文要提出的第二个主要观点是，解构打破了信仰的内部与外部，也即宗教信仰与无神论之间不可逾越的界限，瓦解了信仰与理性之间的二元对立等级。换言之，解构话语能够在宗教话语与人文话语两个领域同时有效，而这并不是因为解构只是一种方法和工具，没有立场，完全中立。解构思想一方面使用了宗教话语，认可并重视宗教体验的价值，另一方面它又坚持人文话语的反思批判性，没有放松对逻辑严谨性和前后一致性的要求。换言之，解构是宗教话语与人文话语之间保持对话的产物。

因此，当我们说解构从一开始就具有宗教向度时，这里的"宗教"指向的并不是任何具体的、建制化和教义化的宗教，而是普遍存在于人类生命体验中的宗教性（religiosity），是共同存在于宗教徒与非宗教徒生命经历中的，超越一切既定宗教的信仰体验，[①]即德里达所说的"无宗教的宗教"。

"无宗教的宗教"很好地概括了解构的"宗教"，或者说解构的宗教向度。在这里，德里达效仿了布朗肖、薇依以及列维纳斯等人特别喜欢使用的矛盾修辞法（oxymoron），即在同一个短语中并置相互对立的两项，从而形成一个自相矛盾的悖论。宗教与无宗教之间并不构成黑格尔式的辩证统一体，而是一直保持着相互诘难的悖论关系。那么，如何理解解构"无宗教的宗教"观呢？

首先，"无宗教"意味着解构的宗教向度是一种自我诘问、永不停息地自我解构，解构自身包含的"宗教"，尤其解构宗教的自我神圣化，真理在握的自恃和傲慢，以及对力量、权力的聚集。"无宗教"不是对宗教的否定、破坏，而是对宗教内在形而上学结构的警惕，对宗教

---

[①] Yvonne Sherwood and Kevin Hart. eds., *Derrida and Religion*, 45.

中偶像崇拜倾向的警惕，即警惕用对任何有形之物的崇拜代替对于不可呈现者的本真信仰，用德里达的话说："真正的信仰者知道，他必须承受变成激进无神论者的风险……为了本真的信，对于上帝的信仰必须接受绝对的怀疑。"[1]

其次，"无宗教的宗教"是宗教被"无"解构之后的剩余（remainder），是解构中遭遇的无尽的阻抗（resistance），指向了不可解构的信仰。[2]与此同时，"无宗教的宗教"用它无法被理性认知驯服的逻辑悖谬，突显了信仰的激情。这个激情渴望的就是不可能之物。正如青年德里达所说，"我之所以相信，是因为它是荒唐的……也就是说，我的信仰不是幼稚和无意识的；也不是与理性无关的；信是一个主动的和充满勇气的行为"[3]。薇依也论述过逻辑悖谬与信仰之间的关系。她指出，正是矛盾对立激发起了思考，"只要智性遭遇到矛盾，它就不得不构想出一种关联，这种关联将会把对立转变为一种呼应，结果灵魂因此而被提升"[4]。她因此称矛盾为"超验的杠杆"。[5]启发了薇依和德里达的克尔凯郭尔曾指出，信仰体验必然是一个悖论，它是无限激情与不确定性的奇妙结合。信仰者对于信仰的"对象"充满无限的激情，但信仰的对象却在"客观上"一直处于不确定性之中，因为如果它能够通过实证和理性加以确定的话，那也就不存在主体信还是不信的选择了，信仰将被认知彻底代替。[6]

---

[1] J. D. Caputo, Kevin Hart, and Yvonne Sherwood, "Epoché and faith: an interview with Jacques Derrida", 46.

[2] Jacques Derrida, *Aporias*, trans. Thomas Dutoit (Stanford: Stanford University Press, 1993), 19.

[3] Jacques Derrida, "Les Dieux et Dieu", sheet 4. 转引自Edward Baring, *The Young Derrida and French Philosophy, 1945-1968*, 63。

[4] Simone Weil, *On Science, Necessity, and the Love of God*, trans. & ed. Richard Rees (London: Oxford University Press, 1968), 113.

[5] Simone Weil, *First and Last Notebooks*, trans. Richard Rees (London: Oxford University Press, 1970), 134.

[6] Søren Kierkegaard, *Provocations: Spiritual Writings of Kierkegaard*, ed. Charles E. Moore (Farmington: Plough Publishing House, 2007), 70-71.

再次，如果说，宗教的核心含义之一是纽带和联系的话①，那么宗教所建立的联系首先就是与不可能之物之间的联系，而解构作为一种对于"不可能之物的不可能的可能体验"，它"无宗教的宗教"则是努力让这一联系同时保持为一个"无联系的联系"（relation without relation）。这种没有联系的联系，将会一直承认并迎接不可能之物的不可能，而不是虚妄地试图将它理解为，甚至转变为可能。

"无联系的联系"这一说法来自列维纳斯和布朗肖。列维纳斯用它提醒我们，主体与超验存在之间的联系，或者说主体与无限之间的联系，永远无法取消两者之间的无限间隔。在这一联系中，主体面对的是他所不能吸纳（无论用思考、知识还是用力量），不能抓住和理解之"物"，也即不可能之物。以至于最终，主体和超验的存在之间，"不可能产生任何概念的共同体或总体"。列维纳斯还强调，"同一与他者不可能进入到一个可以容纳两者的知识中"，"二者的关系……也不可能凝聚到一个系统中"。在他看来，宗教的核心就是这一"无联系的联系"。② 德里达认为列维纳斯对宗教的理解，正是他所说的"无宗教的宗教"。③ 换言之，列维纳斯反系统化、反总体化并在联系中坚持间隔的宗教观，与德里达"无宗教的宗教"存在相互阐释的呼应关系。

最后，可以认为"无宗教"对于"宗教""无联系"对于"联系"，构成了德里达所说的"绝对的中断"（absolute interruption）——又是一个来自列维纳斯和布朗肖的表达。简单说，"中断"指的是联系

---

① 德里达总结认为，欧洲语言中的宗教一词，主要包含两个含义：（1）收获、聚集；（2）联系、绑定。参见Jacques Derrida, "Faith and Knowledge", in *Acts of Religion*, ed. Gil Anidjar (New York: Routledge, 2002), 71. 米歇尔·塞尔（Michel Serres, 1930-2019）则认为，从词源学看宗教包含的两个意义是：重读和联结。Michel Serres, *Religion: Rereading What is Bound Together*, trnas. Malcolm DeBevoise (Stanford: Stanford University Press, 2022), xii.

② Emmanuel Levinas, *Totality and Infinity*, trans. Alponso Lingis (The Hague: Martinus Nijhoff Publishers, 1979), 80. 同时参见[法]列维纳斯：《总体与无限》，朱刚译，（北京：北京大学出版社，2016），第55-56页。

③ Jacques Derrida, *The Gift of Death*, 49.

和纽带的拆解、分离和切断，而"绝对"则指中断不可能被彻底解决和消失。[1] 德里达指出，绝对的中断是构成所有社会纽带的隐含条件，是所有共同体得以呼吸的空间。[2] 因为纽带之所以成为纽带，它必须是对不同项的联结，而如果只有联结却没有分离和中断的可能，那就只剩下统一体、单一项，也就彻底失去了建立联系的必要和可能。正如布朗肖所说，中断——句与句之间的停顿，接话、插话或言说者切换产生的停顿，注意力的停顿，达成默契的停顿等，才使对话成为可能。[3]

"绝对的中断"不停打破列维纳斯所说的"同一的霸权"（hegemony of the Same）[4] 以及共时化（synchronization）将一切尽收眼底的全景视域[5]，向不可把握的差异、意外和超验的历时性敞开，从而使真正的联系成为可能。更重要的是，这一中断同时也"打开了信仰的空间"，而信仰反过来也成为对"绝对中断"的体验。[6] 因为，正是由于"绝对中断"的存在，我们在建立任何社会纽带时，不论多么普通，不论是宗教、哲学还是科学，我们都不得不在体制、证明和知识所能提供的所有担保链条之外，再多给出一个"盲目"的"信"，去承担不可能完全消除的风险（谎言、伪证、片面等），去相信一个不可能被完全确保的许诺——"我所说的是真的"，不得不"像相信一个奇迹那样"，相信许诺者所说的话。[7]

德里达还表示，"不可能之物的可能性……在可能性统辖的疆域留下了一个绝对的中断"，为我们理解"绝对中断"提供了另一个角度。[8] 探讨

[1] Robert Gibbs, *Why Ethics? Sings of Responsibilities* (Princeton: Princeton University Press, 2000), 110.

[2] Jacques Derrida, "Faith and Knowledge", 99.

[3] Maurice Blanchot, *L'Entretien Infini* (Paris: Gallimard, 1969), 106.

[4] Emmanuel Levinas, "Transcendence and Height", in *Emmanuel Levinas: Basic Philosophical Writings* (Bloomington: Indiana University Press, 1996), 12.

[5] Emmanuel Levinas, *Otherwise than Being, or Beyond Essence*, trans. Alphonso Lingis (Pittsburgh: Duquesne University Press, 1998), 19.

[6] Jacques Derrida, "Faith and Knowledge", 99.

[7] Ibid., 98-99.

[8] Jacques Derrida, *On the Name*, 43.

什么是可能的，什么是不可能的，我们总是需要在一个视域（horizon）下进行。这个隐含的作为前提的视域，主要由判断者在当下、在此刻所认定的"现实"，以及以此"现实"为基础、遵循已知逻辑对于未来的推断和延伸而构成。用德里达的话说："视域是一种边界，它构成了一个背景，在这个背景下，我们才能够知道和看见有什么正在到来。在未来还没有到来之前，视域已经预测到了未来。"[①] 因此，当我们说某事可能时，意味着它符合我们已知的现实逻辑，而某事不可能，则意味着在与既定逻辑比对、检验后，它不符合，但更意味着我们已经把它且能够把它放在那个视域之中，即已经可以看见了它。也就是说，我们能够判断和言说的不可能，其实是一种已经可以预见的不可能，是根据可能性得出的不可能，是仍然在可能性视域下的、从属于可能的不可能。

而"真正"的不可能，或者德里达所说的"比不可能更不可能的"，在可能性视域之外，或者说，是无法被置于任何视域之下的不可能。德里达称之为"弥赛亚的"（the messianic），"它可能在任何时刻到来，（但）无人能够看见它在到来、它如何到来，也无法对它有任何预见"[②]。因此，从这个角度说，"更不可能之物的可能性"的确是在可能性统辖的疆域中标记了一个"绝对的中断"。

不可能性与可能性之间并非简单的对立和隔绝关系，一方面不可能之物超越了可能性的视域，但另一方面不可能性其实是可能性的条件，"它穿过了可能性，并在可能性之中留下了它撤离的踪迹"[③]。可以通过德里达所说的"事件"（event）来理解这一点。对他来说，真正的事件，绝对的事件，一定是未曾预料的发生，一个意外和例外，到来者是绝对他异的，没有任何期待视域的，也即不可能的。[④] 然而，事件一旦发生，它就总是会改变甚至颠覆原有的视域，引入新的逻辑，从而使我

---

[①] Jacques Derrida, *Negotiations: Interventions and Interviews 1971–2001*, trans. *Elizabeth Rottenberg* (Stanford: Stanford University Press, 2002), 242.

[②] Ibid.

[③] Ibid., 362.

[④] Ibid., 194, 96.

们对于过去能够建构出新的可能性解释，对于未来敞开新的可能性预期。也就是说，我们一定会追认事件的发生在某种程度上是可能的，然而事件造成的对原有可能性视域的中断，已经留下了"现实"不再连续的断点，这是事件的独一性所打下的烙印，是不可能性撤离的痕迹。

如果说解构是对于"不可能之物的体验"，如果说解构不是一种方法，它只是发生，只是"一个并不有待于某个主体（哪怕被称为解构之"父"的德里达）的考量、意识或组织的事件"，① 那么，我们就会发现，在德里达之前，在巴塔耶、列维纳斯、克洛索夫斯基、布朗肖和薇依各自的书写中，对于不可能之物的体验已经存在丰富多样的探讨，而作为事件的解构也以各种不同的方式发生着。这些都深刻影响了德里达，但他并不是这些体验与解构事件的"集大成者"，不仅是因为他没有这个意愿，更因为不可能——这些先驱者构成的是一个异质性的（heterogeneous）、拒绝融合（communion）、拒绝成为统一体（unity）的"共同体"，他们的思想不可能被同一化为一个整体。

所以，本文所说的解构，将不再只局限于德里达，甚至不再把德里达看成是解构绝对的原点和中心——这也有悖于解构反原点、中心和父权神话的逻辑。② 我们将考察的视野扩展到这个可称为解构先驱者的"共同体"，探讨每个"成员"对于宗教的相关论述，希望因此能够更充分地"呈现"解构宗教向度的丰富可能性。这是本文提出的第三个主要观点。

---

① Jacques Derrida, "Letter to a Japanese Friend", trans. David Wood & Andrew Benjamin, in Peggy Kamuf & Elizabeth Rottenberg eds, *Psyche: The Invention of the Other Vol. II* (Stanford: Stanford University Press, 2008), 4.

② "这个被称为解构的东西，如果存在的话，那它无法被简化为只是德里达，它必须总是能够在没有他、在他复杂的缺席中进行。"Martin McQuillan, *Deconstruction Without Derrida* (London: Continuum, 2012), 1. "德里达的作品不应该在解构的话语中，占据一个享有特权的或超验的位置。如果允许这样的话，解构就真的变成了一种'门派'，某些文本就会被赋予父亲般的位置，而在场和权威地位就会被授予作为一个人的德里达。"Martin McQuillan, "Introduction: Five Strategies For Deconstruction", in *Deconstruction: A Reader*, ed. Martin McQuillan (Edinburgh: Edinburgh University Press, 2000), 1.

事实上，我们将会发现德里达对于解构的定义"对于不可能之物的体验"与这些解构先驱者所提出的"极限体验"（limit experience）[①]之间存在着非常多的相通之处。如果说，前者侧重的是体验的"对象"——不可能之物，那么后者强调的则是这一体验的最重要的"属性"——极限、边界。在对"极限体验"的探讨中，这些先驱者和德里达一样，都非常倚重宗教经验与神学话语资源，创造性地提出各具特色的激进宗教思想，展示出多样的解构进路。

德里达的同辈思想家福柯曾这样描述他对"极限体验"的理解，"（对巴塔耶、布朗肖和克洛索夫斯基来说）体验就是竭力抵达生命中的某个点，尽可能接近那"无法存活"的点，即无法经受、不可能幸存的点。你要同时承受的是极致的强度和极致的不可能性。……经验具有将主体从自身中挣脱的作用，使得主体不再是它自己，或者说，主体被引向自身的毁灭或解体。这是一个去主体化的过程"。[②]

"极限体验"是布朗肖对巴塔耶"内在体验"（inner experience）[③]概念的创造性改写。人们很容易误以为，巴塔耶所说的"内在"指的是浪漫主义者推崇的内心，而"内在体验"就是指人内心的感受和体会。但其实，他所说的"内在"指的是内在于体验之中，或者说只专注于体验本身，即体验"不能有别的（外部的）考虑和目标"，也"不能拥有任何既定的原则，不论是信条上的（道德态度），或是科学上的（知识既不能是它的目标，也不能是它的起源），或是出于寻求更充实状态的原则（实验性的审美态度）"。简言之，在内在体验中，"只有体验本身才是权威"。[④] 相应地，这就意味着，作为权威的体验将检验、挑战

---

[①] Maurice Blanchot, "L'Expérience-Limite", *L'Entretien Infini* (Paris: Gallimard, 1969), 300-342.

[②] Michel Foucault, "Interview with Michel Foucault", in *Power (Essential Works of Foucault 1954-1984, Vol. 3)*, ed. James D. Faubion, trans. Robert Hurley and others (New York: The New Press, 2001), 241.

[③] See Georges Bataille, *Inner Experience*, trans. Leslie Anne Boldt (Albany: State University of New York Press, 1988).

[④] Georges Bataille, *Inner Experience*, 7.

和质疑一切，但是体验本身却不会给我们任何知识性的答案，即它"不揭示什么，既无法建立信仰，也不以信仰为起点"[1]。内在体验将会使人走向可能性的极致，此时"所有的可能性都被耗尽，可能之物已经溜走，占据主导的是不可能之物"[2]。而面对不可能之物的"我"则将被这一体验撕成碎片。[3]

巴塔耶之所以推崇内在体验，是因为他相信，首先，内在体验能够克服人类在使用工具后必然产生的主客二分的思维定式，[4]重新获得"主客体的融合"。这一融合体作为"主体"时是"非知的"（既没有获得，也不寻求知识），作为客体时则是未知的——不是有可能会被认识的未知，而是永远不可能被认知的未知。[5]其次，内在体验能够使现代社会从对于智性的过度沉迷中解救出来。启蒙运动后，"智性的发展导致了生命本身的干涸，而这干涸反过来又让智性变得非常狭窄"[6]。只有在内在体验中，我们才能突破有限的、陈旧的可能性，抵达可能之物的极致边界，才能联结起被逻辑思维必然分割的东西。[7]最后，在内在体验中被粉碎的"自我"，不再是一个将自身与世界分离的主体，相反，它变成了"交流之地"，变成了"海洋"——由很多人组成的群，即一个共同体。[8]

巴塔耶承认，"内在体验"的提出受到宗教神秘主义体验的启发，但同时指出两者有着根本的区别。内在体验是一种"赤裸的、毫无牵绊，没有源头的"，乃至没有上帝的、无神的（a-theist）的体验。神秘主义者的问题是，他们只看见自己想要的，只发现自己已经知道的，换

---

[1] Georges Bataille, *Inner Experience*, 3-4.

[2] Ibid., 33.

[3] Ibid., 7.

[4] Georges Bataille, *Theory of Religion*, trans.Robert Hurley (New York: Zone Books, 1989), 27.

[5] Georges Bataille, *Inner Experience*, 9.

[6] Ibid., 8.

[7] Ibid., 8-9.

[8] Ibid., 27.

言之，神秘主义者体验到的不过是他们理解范围内的东西，而内在体验则是要进入"非知"（non-knowledge）的"暗夜"。[1]

当布朗肖把内在体验改写为"极限体验"时，他怀着与德里达相似的考虑，即必须提醒读者，他所说的"体验"不同于西方形而上学对于经验/体验（experience）的理解。传统观点认为，体验的普遍形式就是在场，而意识是对体验的自我呈现，或者说，体验能够在沉默中审视自身的在场。[2] 而布朗肖用"极限"一词强调，"极限体验"就是体验的尽头，体验的不再可能，一种不再有任何东西在场的在场，它"说起来好像是一种体验，但我们却永远不能说我们遭遇了这一体验"，因为"（它）不是一个可以经历的事件或者某种状态"，准确地说，它是"对于非体验的体验"（expérience de la non-expérience）。[3] 布朗肖进一步指出，其实所有体验都必然包含"极限体验"的一面，因为我们遭遇的每个事件，总是既表现出可能的一面，即可以被我们"理解、承受、掌握（通过将它与某种善或价值、最终与整体相连）"，又表现出不可能的一面，即我们体会到这一事件"摆脱了所有功用和目的，甚至逃脱了我们体验它的能力，但反过来，它对我们的考验，我们却无法摆脱"[4]。

福柯指出，克洛索夫斯基也是参与建构"极限体验"概念的核心思想家。[5] 克氏从希腊神话阿克泰翁误闯女神阿尔忒弥斯沐浴禁地、遭神谴变身为鹿的故事入手，探讨了作为一种"极限体验"的"神显"（theophany）事件。"神显"，即神在凡人面前显现自身，是一个非常重要的宗教体验和神学问题。神是无限的、超验的，人则是有限的、内在的，神远在人的感知之外，而当神以人可以体验的形式显现，就使原本

[1] Georges Bataille, *Inner Experience*, 33, 3, 9,175.
[2] Jacques Derrida, *Speech and Phenomena*, trans. David B. Allison (Evanston: Northwestern University Press, 1973), 58.
[3] Maurice Blanchot, *L'Entretien Infini*, 311,310.
[4] Ibid., 307-308.
[5] Michel Foucault, "Interview with Michel Foucault", in *Power (Essential Works of Foucault 1954-1984, Vol. 3)*, ed. James D. Faubion, trans. Robert Hurley and others (New York: The New Press, 2001), 241.

不可能的神人交流成为可能。但是，克氏指出，神显事件不能改变神本身的绝对他异性，不能消除神与人之间的绝对间隔，因此神显——神人交流的可能，又必须同时彰显这一交流的不可能，神人之间的相遇又必须同时是相遇的错过。[①]

薇依虽然没有使用过"极限体验"一词，但她的"解创造"（decreation）神学对布朗肖提出"极限体验"启发很大，甚至可以说，她主张的自我倾空的"解创造"就是主体将要承受的一种"极限体验"。在薇依看来，上帝的创世同时就是上帝的自我隐匿、弃绝与倾空，或者说出于爱的自我牺牲，从而为世界、为被造物腾出存在的空间来。因此，在现实世界，上帝并不存在，至善是缺席的。神/至善的缺席在我们灵魂深处留下了一个空洞，它表现为我们的欲望，我们对于"好"的无限渴望。然而，现实中一切有限的存在，都无法真正满足我们对于无限者的无限渴望。正是在这一意义上说，"我们的生活是不可能的，荒诞的"，然而，也只有不幸、灾祸（malheur）才会让我们感受到这一不可能，"迫使我们认可那不可能的事物为真实的"。[②]放弃幻想，看清世上种种"相对的好"（relative good）的有限性，放弃用它们满足无限之渴望的虚妄，需要我们学会真正的爱，效仿上帝的"解创造"，放弃"言说'我'的力量"，放弃"成为什么"。[③]薇依"解创造"的创世论解构了在场的形而上学，并将上帝/善理解为不以存在为基础，或者说"超于存在"（beyond Being），预示了后来德里达与列维纳斯的思想。她"解创造"的人生哲学，则指出了"自我倾空"这一"极限体验"的伦理价值和意义。

列维纳斯有一个很接近"极限体验"的概念——"绝对体验"（l'expérience absolue）。[④]这是一种无法被纳入到任何既定框架之内的体

---

[①] See Pierre Klossowski, *Diana at Her Bath/ The Women of Rome*, trans. Stephen Sartarelli, Sophie Hawkes (Boston: Eridanos Press, 1990)。

[②] Simone Weil, *Gravity and Grace*, 95, 81.

[③] Ibid., 26, 33.

[④] Emmanuel Levinas, *Totalité et Infini* (Paris: Librairie Générale Française, 2000), 61.

验，既不能转化为任何概念，又总是溢出主体的所有感知能力。[①] 它是对于无限的体验，对于他者的面容，或者说对于面对面关系的体验。[②] 列维纳斯指出，一方面，与无限的关系，不能从所谓"客观体验"的角度来表达，因为"无限溢出了思考无限的思考"；但另一方面，如果说体验的要旨就是对新事物——"溢出思考之物"——的体验，那么真正的体验、至高的体验，就应该是对绝对的新——绝对他者的体验，或者准确地说与绝对他者的关系。[③] 列维纳斯表示，这种"绝对体验"超出了"我"的力量，这种超越并非在量上的超越，而是将"我"的所有力量置于疑问之中。[④]

如前所述，先于德里达一辈的法国思想家巴塔耶、布朗肖、克洛索夫斯基、薇依和列维纳斯，以各自不同的方式，探讨着对于"不可能之物"的"极限体验"。当德里达将解构描述为"对于不可能之物的体验"时，我们获得了一个合适的契机，一条"暗通款曲"之路，将他与这个"不可能的共同体"明确相连，确定此共同体作为解构思想先驱者的地位。我们还发现，他们以及受他们启发的德里达，在解构西方形而上学传统的过程中，不仅非常倚重宗教体验和神学话语，还进行了极富创造性的宗教思考，呈现出解构思想宗教向度的丰富可能性。本文篇幅有限，他们各自思想中宗教向度的具体表现，彼此之间的思想差异等更深入的问题，只能在别处展开。

**特邀执行主编简介:**

汪海，中国人民大学文学院副教授。

**Introduction to the guest editor**

WANG Hai, Associate Professor, School of Liberal Arts, Renmin University of China. Email: hai.wang@ruc.edu.cn

---

[①] Emmanuel Levinas, *Totalité et Infini* (Paris: Librairie Générale Française, 2000), 103, 211.

[②] Ibid., 103.

[③] Ibid., 10, 242.

[④] Ibid., 213.

基督教文化学刊

Journal for the Study of Christian Culture

# Editorial Foreword:

## The (Limit) Experience of the Impossible:
## On the Religious Dimension of Deconstruction*

WANG Hai

"The experience of faith is something that exceeds language in a certain way, it exceeds ethics, politics and society. In relation to this experience of faith, deconstruction is totally useless and disarmed. And perhaps it is not simply a weakness of deconstruction. Perhaps it is because deconstruction starts from the possibility of, if not grace, then certainly a secret, an absolutely secret experience, which I would compare with what you call grace. That's perhaps the starting point of any deconstruction. That is why deconstruction is totally disarmed, totally useless when it reaches this point."

— Jacques Derrida[1]

In late November 2002, less than two years before Derrida (1930-2004) finally embraced the "gift of death." He spoke for the first time, at an

---

* This article is supported by National Social Science Foundation "Studies on the Religious View of Deconstruction in the Post-secular Era" (Project No.:17BZJ010) and Minister of Education Science Foundation (Project No.: 22JJD720020). This English translation is a result of the scientific research project funded by Beijing Language and Culture University (Special Funding for Basic Scientific Research in High Education Institutions). Project No.: 23YJ020001. 本文受到国家社会科学基金项目"后世俗时代的解构主义宗教观研究"（项目编号17BZJ010）以及教育部人文社会科学重点研究基地项目资助（项目批准号：22JJD720020）。本译文受到北京语言大学院级科研项目（中央高校基本科研业务专项资金资助）资助，项目编号为23YJ020001。

[1] J. D. Caputo, Kevin Hart, and Yvonne Sherwood, "Epoché and Faith: An Interview with Jacques Derrida," in *Derrida and Religion: Other Testaments*, eds. Yvonne Sherwood and Kevin Hart (Routledge: New York, 2005), 39.

academic conference entitled "Derrida and Religion," about the "beginning" of Deconstruction. Derrida said that all Deconstruction may begin with grace, and if not grace, then certainly a secret, an esoteric experience comparable to grace. This is a very important, but also questionable, "confession." Why is grace, a religious experience, or at least a secret experience, the possible starting point of all Deconstruction? Why does Derrida emphasize "possible"? Derrida once said that he "can rightly pass for (je pass à juste titre) an atheist." Then, does grace still mean something for an atheist?[1] If so, what does it refer to? Can deconstructive thought, as a philosophy, "forcefully recruit" religious terms to describe itself? Does it lose its philosophical persuasiveness as a result? Why does Deconstruction become powerless and useless in the face of the experience of faith? What is the connection between Deconstruction and religion?

Since the 1980s, Derrida has frequently discussed religious topics:[2] for example, *D'un ton apocalyptique adopte naguere en philosophie* (1980) dealing with the book of Revelation; *Comment ne pas parler: Dénégations* (1986) and *Sauf le nom*, (1992) on the relationship between Deconstruction and negative theology; *Des tours de Babel*(1985) on the name of God, *Force de loi: Le 'Fondement mystique de l'autorité'* (1989-1990), on the relationship between law, justice, and faith; *Circonfession* (1991) describing a personal "religious" experience; *Donner la mort*(1992) dealing with the relationship between responsibility, gift-giving and faith, as well as *Spectres de Marx* (1993) on the "messianicity of non-messianism"; and *Foi et Savoir: Les deux sources de la 'religion' aux limits de la simple raison*,(1996) in homage to Kant's and Hegel's treatises on religion, to name but a few.[3] He has also actively participated in a series of conferences organized by the religious studies community in his honor, ranging from "Derrida and Negative Theology," "Religion and Postmodernism" to "Derrida and Religion."[4]

---

[1] Jacques Derrida, "Circonfession", in Geoffrey Bennington & Jacques Derrida, *Jacques Derrida* (Paris: Seuil, 1991), 146; "Circumfession," in Geoffrey Bennington & Jacques Derrida, Jacques Derrida, trans. Geoffrey Bennington (Chicago: University of Chicago Press, 1993), 155.

[2] Jason Powell, *Jacques Derrida: A Biography* (London: Continuum, 2006), 148-149.

[3] The year in which the work was originally published is indicated in parentheses. Many of these were presented as conference papers before official publication. See Jason Powell, *Jacques Derrida: A Biograph;* John D. Caputo, *The Prayers and Tears of Jacques Derrida: Religion without Religion* (Bloomington: Indiana University Press, 1997)

[4] Jacques Derrida, *On the Name*, ed. Thomas Dutoit (Stanford: Stanford University Press, 1995), 43; Steven Shakespeare, *Derrida and Theology* (London: T&T Clark, 2009),4.

Derrida's sudden and intense interest in religion is surprising. First of all, Derrida clearly stated that he could rightly pass for an atheist. Despite coming from a Jewish family, being circumcised, and being deeply exposed to Christianity while studying in Paris, he was never committed to a religion. Second, Deconstruction seems hostile to any religious establishment. There have even been some who have criticized Deconstruction as nihilism. After all, Deconstruction has always been known for busting metaphysical myths such as center, origin, and presence. Although Derrida repeatedly emphasizes that Deconstruction is not denial or destruction, Deconstruction is indeed "destructive," and it has greatly undermined the "natural" legitimacy that metaphysics and ontotheology previously enjoyed. This, in the view of many, has seriously shaken the foundations of religious faith. Again, while religion seeks certainty and assurance, Deconstruction constantly emphasizes the undecidability of decision. Therefore, the two seem to be in complete opposition to each other.

How do we understand the "religious turn" of Deconstruction? One simple explanation is that Deconstruction as a theoretical method has already impacted the humanities, such as inliterature, law, and political science. It is not surprising that Deconstruction is now being applied to religion. However, Derrida clarifies that although Deconstruction has been taken as a method, if we follow the logic of Deconstruction itself, it is neither a method nor an operation, but "an event that does not await the deliberation, consciousness, or organization of a subject."[①] Another interpretation tries to follow the so called Derrida's early thought, that is, before the "religious turn": after Deconstruction has liquidated philosophical arrogance, religion, as an ancient authoritative discourse, an arbitrary claim to truth, naturally becomes its next "ideal" object of scrutiny. There is some truth in this explanation, but it is intriguing to note that Derrida often discusses religion as if he were a religious believer, to the inside rather than the outside of the religious experience, very different from the external perspectives that atheist scholars usually adopt, such as anthropology, psychology, sociology, or cultural studies. As the Catholic theologian Kevin Hart puts it, "Deconstruction should not be

---

[①] Jacques Derrida, "Letter to a Japanese Friend," trans. David Wood & Andrew Benjamin, in *The Invention of the Other*, eds. Peggy Kamuf & Elizabeth Rottenberg (Stanford: Stanford University Press, 2008), 4.

regarded as offering an entirely hostile critique of religion in general."[1] Another common interpretation is that the religious turn of Deconstruction is less of an ethical turn, and that Derrida, having been influenced by Levinas, is merely appropriating religious discourse to explore ethical issues, or ethicalizing religious discourse, i.e., turning religious discourse into a type of ethical discourse following demystification. But in fact, Derrida has clearly stated in "Donner la mort" that "Responsibility and faith go together, however paradoxical that might seem to some,"[2] So, it is impossible to separate ethics from religion.[3] Responsibility and faith should exceed the subject's "mastery and knowledge."[4] That is to say, at the "core" of both lies an unspeakable secret, a "mysterium tremendum" that cannot be completely demystified.[5]

In this regard, the first main point to be made in this paper is that deconstructive thought contains a religious orientation from the very beginning. It can even be said that religious experience and theological discourse are among the prerequisites that make deconstructive thought possible. Therefore, precisely speaking, the so-called "religious turn" of Deconstruction is nothing more than the natural expression of the religious orientation inherent in Deconstruction.

Many scholars have already pointed out that, from the etymology, the term déconstruction contains a Judeo-Christian pre-history. We all know that Derrida's Deconstruction comes from Heidegger's term "destruktion," who was in turn inspired by Martin Luther. Luther used the Latin word "destruuntur" (to undermine, to destroy) to indicate that true theology — which he also called the theology of the cross — should do as the Bible says, "I will destroy the wisdom of the wise; the intelligence of the intelligent I will frustrate."(Isa. 29:14, 1 Cor. 1:19).[6] It has also been shown that Derrida had a keen interest in religious questions from his youth. At the age of 19, he wrote two essays on religion, "Les

---

[1] Kevin Hart, "Jacques Derrida", in *Twentieth Century Philosophy of Religion*, eds. Graham Oppy & N. N. Trakakis (London: Routledge, 2014), 262.

[2] Jacques Derrida, *The Gift of Death*, trans. by David Wills (Chicago: Chicago University Press, 1995), 6.

[3] Ibid., 84.

[4] Ibid., 6.

[5] Ibid., 6,7,21.

[6] Kevin Hart, "'Absolute Interruption': On Faith," in *Questioning God*, eds. John D. Caputo, Mark Dooley & Michael J. Scanlon (Bloomington: Indiana University Press, 2001), 192.

Dieux et Dieu: les Dieux existent-ils?" (The Gods and God: Do Gods Exist? and "L'Athéisme est aristocratique" (Atheism is Aristocratic).[1]

But in this paper I would add that, to understand the religious dimension of deconstructive thought, perhaps attention should be directed not so much at one particular religious scholar, theologian, or theological tradition in the strict sense of the word, but rather a group of French intellectuals known to Derrida who explored the impossible, a group of "non-professional" (not in a pejorative sense) religious thinkers.[2] These included Georges Bataille (1897-1962), Pierre Klossowski (1905-2001), Emmanuel Levinas (1906-1995), Maurice Blanchot (1907-2003), and Simone Weil (1909-1943). They constitute the third important source of deconstructive thought, besides phenomenology and structuralism. They are thinkers who predate Derrida's generation, who dismantled and subverted the Western ontological-theological tendency. Their emphasis on the impossible, their emphasis on experience and reflection, their position of "religion without religion" which deviates from the framework of the godless/godly dichotomy, and their paradoxical way of speaking have so much similarity to Derrida that they can be called the forerunners of Deconstruction.[3]

It was, to borrow Blanchot's words, a unique "community without community," an "unavowable community" (communauté inavouable), or rather an "impossible community."[4] On the one hand, although they shared friendship (they were friends, or friends of friends), and influenced each other's ideas, they never formed a common banner, advocacy, or school of thought during their lifetime, nor did they have a sense of community with each other (inavouable). They did not, strictly speaking, form a community in the usual sense of the word. In other words, this is an impossible community (Communauté impossible). On the other hand, despite their different thoughts and positions, they all coincidentally focus on the "impossible," repeatedly speaking of its

---

[1] Edward Baring, *The Young Derrida and French Philosophy, 1945-1968* (Cambridge: Cambridge University Press, 2011), 62-63.

[2] See Alexander Irwin, *Saints of the Impossible: Bataille, Weil, and the Politics of the Sacred* (Minneapolis: University of Minnesota Press, 2002); Gary Gutting, *Thinking the Impossible: French Philosophy Since 1960* (Oxford: Oxford University Press, 2011).

[3] Jacques Derrida, *The Gift of Death*, 49.

[4] Maurice Blanchot, *La Communauté Inavouable* (Paris: Minuit, 1983), 46.

ineffability, unrecognizability, ungraspability, as well as the "(in) experience" of its transcendental experience. From this point of view, it can be said that they form a community with the impossible, and that they are connected to each other through this common concern (community without community).

This is a community without a leader. Or, in Bataille's words, a "headless" (acéphale) community, with only one invisible point of interweaving that is not the hub of the hubs, namely, Blanchot. He is invisible, because he is not the leader of this "Constellation." We call him the point of interweaving, because he is the largest common denominator of this community. Weil is the only person whom he has never made acquaintance with, while all the others are his friends.[1] Moreover, Blanchot's ideas are highly dialogical. He is the only member of this "community" who is explicitly influenced by the ideas of all the others (plus Derrida). Even more interestingly, it was Blanchot who brought this group of thinkers together, who had never simultaneously met in person, in a fictionalized dialogue in his book, *The Infinite Conversation*.[2]

This was a community inextricably linked to religion. Although they were philosophers, writers, or artists, and by no means religious scholars or theologians in the traditional sense, religious experience and theological discourse were an integral part of their thought. Both Bataille and Klossowski began as Catholics and even aspired to become priests, but eventually the former decidedly embraced atheism, while the latter, while retaining his religious beliefs, developed a non-Christian theological theory that incorporated pagan traditions.[3] Levinas identifies as Jewish, but he has a very personal and unorthodox understanding of the Jewish faith. Blanchot, though born into a Catholic family, grew up to be a humanist atheist. Weil, a Jew, is deeply influenced by Catholicism and claims to have had a mystical experience of Christ, yet comes up with a non-Catholic, anti-Orthodox theology. They have very different takes on faith, but they all believe that even in a modern secular society where "God is dead," religion is still very important. It is an

---

[1] Blanchot's friend, Bataille, knew Weil well. Although their personalities and ideological orientations differed greatly, Bataille took Weil as a confidant and spoke highly of her. See Georges Bataille, *Oeuvres Complètes t. 11* (Paris. Gallimard, 1988), 537.

[2] See Maurice Blanchot, *L'Entretien Infini* (Paris. Gallimard, 1969).

[3] Daniel W. Smith, "Introduction. Pierre Klossowski. From Theatrical Theology to Counter Utopia," in Pierre Klossowski, *Living Currency*, eds. Vernon W. Cisney, Nicolae Morar & Daniel W. Smith (London: Bloomsbury, 2017), 11.

irreplaceable way of experiencing and responding to "the impossible."[1] As Weil says, "Impossibility is the door to the supernatural,"[2] and Bataille also argues that "to face the impossible ... is to have an experience of the divine."[3]

Derrida is so familiar with the writings of these thinkers that he can be seen as the second, or external, intersection of this "community." The influence of Bataille, Blanchot, and Levinas on Derrida is most obvious. Their names appear frequently in Derrida's writing, beginning with his early work Writing and Difference, and On Grammatology. Klossowski also "appeared" in Derrida's writings a limited number of times. However, his influence is equally far-reaching, and he is instrumental in Derrida's early formulation of the concept of "supplement," analysis of Bataille's economic thought, and later exploration of the ethics of hospitality.[4] Though Weil almost never appeared in Derrida's post-college work, he had in fact read her intensively while studying at the Sorbonne in Paris[5] and was attracted to her "atheistic mysticism," the idea that an authentic love of God must be premised on the belief that God does not exist, and that atheism is a purification of faith.[6]

Perhaps the most obvious mark left by this community on deconstructive thought is this description of Deconstruction by Derrida, "The interest of deconstruction, its force and its desire - if it has one - is experience of the impossible."[7] In 1989, in Force de loi, Derrida re-emphasized, "Deconstruction, as an experience of the impossible, is possible."[8] In 1992, in *Sauf le nom*, he

---

[1] See John D. Caputo, "Dreaming the Impossible Dream. Derrida and Levinas on the Impossible," *The Prayers and Tears of Jacques Derrida: Religion without Religion* (Bloomington: Indiana University Press, 1997), 20-25; Simone Weil, "The Impossible," *Gravity and Grace*, trans. Emma Crawford & Mario von Ruhr (London: Routledge, 2002), 94-97; Georges Bataille, *Inner Experience*, trans. Leslie Anne Boldt (Albany: State University of New York Press, 1988); Maurice Blanchot, *L'Entretien Infini*.

[2] Simone Weil, *Gravity and Grace*, 95.

[3] Georges Bataille, *Inner Experience*, 33.

[4] Pierre Klossowski, "Letter on Walter Benjamin," trans. Christian Hite, *Parrhesia*, No. 19 (2014), 22 n. 11.

[5] Geoffrey Bennington & Jacques Derrida, *Jacques Derrida*, 328.

[6] Edward Baring, *The Young Derrida and French Philosophy, 1945-1968* (Cambridge: Cambridge University Press, 2011), 63. Simone Weil, *Gravity and Grace*, 15, 114.

[7] Jacques Derrida, "Psyché. Inventions de l'autre", in *Psyché. Inventions de l'autre (Nouvelle Édition)* (Paris: Galilée, 1998), 27.

[8] Jacques Derrida, *Force de loi: Le 'Fondement mystique de l'autorité'* (Paris: Galilée, 1994), 35, 78 n1.

was at pains to confirm yet again, "deconstruction has often been defined as the very experience of the (impossible) possible experience of the impossible, of the most impossible, a condition that deconstruction shares with the gift, the 'yes', the 'come,' decision, testimony, the secret, etc. And perhaps death."[1] Both "the impossible" and "experience" are, in fact, key words repeatedly used by this "community" in its exploration of religion.

Derrida's close friend, the American philosopher and theologian John D.Caputo (1940-), was the first to note the importance of this description by Derrida. Caputo pointed out that this "definition" which is not a definition — "Deconstruction.... is the experience of the impossible" — is key to understanding Deconstruction, and it shows the close connection between Deconstruction and religion. Caputo also restates the description in the context of Derrida's later biographical work "Circonfession," "Deconstruction is a passion and a prayer for the impossible, a defense of the impossible against its critics, a plea for/to the experience of the impossible."[2] In this reconstructed "definition" of Deconstruction, is it possible that Caputo's striking use of the religious word "prayer" is due to his profession as a theologian? Indeed, prayer is a word that Derrida himself uses several times in "Circonfession," going so far as to say, "My life is but a long history of prayer."[3]

Prayer means to beseech, and to make sincere requests to God.[4] To whom is an atheist praying, and what response does he expect? If one's prayers do not presuppose a belief in the existence of a listener, do they still qualify as sincere, and are they still meaningful? One explanation is that the atheist's prayer is merely a parody of the believer's prayer, a simile, a rhetorical device to show that the atheist's earnestness and value of what he asks for is comparable to that of the believer. Yet this mimetic interpretation hides a dangerous dichotomous hierarchy in which the devout, earnest religious believer is superior to the vain, materialistic atheist.

In this regard, the second main point to be made in this paper is that

---

[1] Jacques Derrida, "Sauf le nom (Post-Scriptum)," trans. John P. Leavey, Jr. in *On the Name*, ed. Thomas Dutoit (Stanford: Stanford University Press, 1995), 43.

[2] John D. Caputo, *The Prayers and Tears of Jacques Derrida. Religion without Religion* (Bloomington: Indiana University Press, 1997), xx.

[3] Jacques Derrida, "Circumfession,"39.

[4] See "prayers": Etymonline Online Etymology Dictionary. https://www.etymonline.com/search?q=prayer.

Deconstruction breaks down the impenetrable boundary between the interior and exterior of faith, i.e., between religious faith and atheism, and dismantles the dichotomous hierarchy between faith and reason. In other words, deconstructive discourse is able to be effective in both religious and humanistic discourses. This is not because Deconstruction is only a method and a tool, without positions and completely neutral. Deconstructive thought, on the one hand, uses religious discourse, recognizing and valuing the value of religious experience, while on the other it insists on the reflective-critical nature of humanistic discourse, without relaxing its demands for logical rigor and consistency. In other words, Deconstruction is the product of maintaining a dialog between religious and humanistic discourse.

Therefore, when we say that Deconstruction has a religious orientation from the very beginning, "religion" here does not refer to any specific, established and doctrinal religion, but rather to the religiosity that exists universally in the life experience of humans, both religious and non-religious. It is an experience of faith that transcends all established religions, what Derrida calls "religion without religion."[1]

"Religion without religion" nicely summarizes deconstructed "religion," or the religious orientation of Deconstruction. Here Derrida emulates the oxymoron, a rhetorical technique especially favored by Blanchot, Weil, and Levinas, in which two opposing terms are juxtaposed in the same phrase, thus creating a paradox. Religion and irreligion do not constitute a Hegelian dialectical unity, but have always maintained a paradoxical relationship of mutual interrogation. Then, how to understand the Deconstruction of the view of "religion without religion?"

First of all, "religion without religion" means that the deconstructed religious orientation is a kind of self-questioning, never-ending self-Deconstruction, Deconstruction of its own "religion," especially Deconstruction of the self-sanctification of religion, the self-confidence and arrogance of holding the truth, and the gathering of strength and power. "Religionlessness" is not a denial or destruction of religion, but rather a caution against the inherent metaphysical structure of religion, against the tendency to idolatry in religion, that is, against the substitution of worship of

---

[1] Yvonne Sherwood and Kevin Hart. eds., *Derrida and Religion*, 45.

anything tangible for authentic faith in the Unpresentable. In Derrida's words, "True believers knows they run the risk of being radical atheists ... In order to be authentic ... the belief in God must be exposed to absolute doubt."[1]

Second, "religion without religion" is the remainder of the Deconstruction of religion by "nothingness," the endless resistance encountered in Deconstruction, pointing to an undeconstructible faith.[2] At the same time, "religion without religion" highlights the passion of faith with its logical paradox that cannot be tamed by rational cognition. This passion longs for the impossible. As the young Derrida puts it, "I believe because it is absurd ... which is to say, my belief is not naive and spontaneous; neither is it detached from reason; it is a voluntary and courageous act."[3] Weil also discusses the relationship between logical paradoxes and faith. She points out that it is the paradoxical oppositions that stimulate thought, "Whenever the intelligence is brought up against a contradiction, it is obliged to conceive a relation which transforms the contradiction into an correlation, and as a result the soul is drawn upwards."[4] She thus calls contradiction "the lever of transcendence."[5] Kierkegaard, who inspired Weil and Derrida, noted that the experience of faith is necessarily a paradox, a marvelous combination of infinite passion and uncertainty. The believer is infinitely passionate about the "object" of faith, but the object of faith is "objectively" in a state of uncertainty, because if it could be determined through empirical evidence and reason, then there would be no subject's choice of belief or disbelief. Belief would be completely replaced by cognition.[6]

Third, if one of the central significances of religion is bond or connection, then the connection that religion establishes is first and foremost a connection

[1] J. D. Caputo, Kevin Hart, and Yvonne Sherwood, "Epoché and faith. An Interview with Jacques Derrida,"46.

[2] Jacques Derrida, *Aporias*, trans. Thomas Dutoit (Stanford: Stanford University Press, 1993), 19.

[3] Jacques Derrida, "Les Dieux et Dieu," sheet 4. Quoted in Edward Baring, *The Young Derrida and French Philosophy, 1945-1968*, 63.

[4] Simone Weil, *On Science, Necessity, and the Love of God*, trans. & ed. Richard Rees (London: Oxford University Press, 1968), 113.

[5] Simone Weil, *First and Last Notebooks*, trans. Richard Rees (London: Oxford University Press, 1970), 134.

[6] Søren Kierkegaard, *Provocations. Spiritual Writings of Kierkegaard*, ed. Charles E. Moore (Farmington: Plough Publishing House, 2007), 70-71.

with the impossible. Deconstruction is an "impossible (possible) experience of the impossible." As a "religion without religion," deconstruction tries to keep this connection as a "relation without relation."① This relation without relation will always recognize and welcome the impossibility of the impossible, rather than vainly attempting to understand it as, or even transform it into, the possible.

The phrase "relation without relation" comes from Levinas and Blanchot. Levinas uses it to remind us that the connection between the subject and the transcendental being, or between the subject and the infinite, can never cancel the infinite interval between the two. In this connection, the subject is confronted with "things" that she cannot absorb (whether by thought, knowledge, or power), grasp, or comprehend, i.e., the impossible. So much so that, ultimately, between the subject and the transcendental being, "no community of concept or totality" can arise. Levinas also emphasizes that "the same and the other cannot enter into a cognition that would encompass them," and the relation of the two "do not crystallize into a system." In his view, it is this "relation without relation" that is at the heart of religion.② Derrida sees Levinas's understanding of religion as what he calls "religion without religion."③ In other words, Levinas's anti-system, anti-totality, and insistently spaced-out view of religion in relation to connection offers a reciprocal hermeneutic echo of Derrida's "religion without religion."

Finally, it can be argued that "irreligion" for "religion," and "unconnectedness" for "connectedness" constitute what Derrida calls the "absolute interruption"—another expression from Levinas and Blanchot. Simply put, "interruption" refers to the disintegration, separation, and severance of connections and bonds, while "absolute" refers to

---

① Derrida concludes that the word religion in European languages contains two main meanings: (1) harvest, gathering, and (2) connection, binding. See Jacques Derrida, "Faith and Knowledge," in *Acts of Religion*, ed. Gil Anidjar (New York: Routledge, 2002), 71. Michel Serres (1930-2019), on the other hand, argues that etymologically religion encompasses two meanings: rereading and linking. Michel Serres, *Religion: Rereading What is Bound Together*, trans. by Malcolm DeBevoise (Stanford: Stanford University Press, 2022), xii.
② Emmanuel Levinas, *Totality and Infinity*, trans. Alphonso Lingis (The Hague: Martinus Nijhoff Publishers, 1979), 80.
③ Jacques Derrida, *The Gift of Death*, 49.

the impossibility of the interruption being completely resolved and disappearing.[1] Derrida points out that absolute disruption is implicit in the constitution of all social bonds, the space in which all communities breathe.[2] For what makes a bond a bond is that it must be a link between different things. If there is only a link without the possibility of separation and interruption, then there is only conformity, a single item, and the necessity and possibility of making a connection is completely lost. As Blanchot puts it, it is the interruptions — the pauses between sentences; the pauses created by picking up, interjecting, or switching speakers; the pauses of attention; the pauses of tacit agreement, etc. — that make conversation possible.[3]

The "absolute interruption" does not cease to break with what Levinas calls the "hegemony of the Same"[4] and the panoramic vision of the synchronization[5] that takes everything in, to open to the ungraspable difference, the unexpected and the transcendent, thus making real connections possible. More importantly, this interruption also "opens up the space of faith," which in turn becomes the experience of the "absolute interruption."[6] For it is precisely because of the existence of the "absolute interruption" that, in establishing any social bond, however ordinary, whether religious, philosophical or scientific, we are forced to have, in spite of all the assurances that institutions, proofs, and knowledge can provide, a "blind faith." With this "blind faith," we take risks that cannot be completely eliminated (lies, perjury, one-sidedness, etc.), to believe in a promise that cannot be completely guaranteed ("What I say is true!"), to believe in a promise that cannot be fully assured ("I am telling the truth."), and to have to believe in what the promisor says "as if it were a miracle."[7]

Derrida also states that "the possibility of the impossible... leaves an

---

[1] Robert Gibbs, *Why Ethics? Sings of Responsibilities* (Princeton. Princeton University Press, 2000), 110.

[2] Jacques Derrida, "Faith and Knowledge,"99.

[3] Maurice Blanchot, *L'Entretien Infini* (Paris: Gallimard, 1969), 106.

[4] Emmanuel Levinas, "Transcendence and Height," in Emmanuel Levinas, *Basic Philosophical Writings* (Bloomington: Indiana University Press, 1996), 12.

[5] Emmanuel Levinas, *Otherwise than Being, or Beyond Essence*, trans. Alphonso Lingis (Pittsburgh: Duquesne University Press, 1998), 19.

[6] Jacques Derrida, "Faith and Knowledge," 99.

[7] Ibid., 98-99.

absolute interruption in the frontier of the domain of possibility," providing another perspective for understanding "absolute interruption."[1] To explore what is possible and what is impossible, we always need to do so within a certain horizon. This horizon, which is implicitly a premise, consists mainly of the "reality" that the judge determines in the present, in this moment, and the inferences and extensions of the future that follow the logic of the known on the basis of this "reality." In Derrida's words, "This horizon is ... a limit forming a backdrop against which one can know, against which one can see what is coming. The idea has already anticipated the future before it arrives."[2] Thus, when we say that something is possible, it means that it conforms to the logic of reality as we know it. When we say something is impossible, it means that it does not conform, after being compared and tested against the established logic. But, even more so, it means that we have already placed it, and are able to place it, in that field of vision, i.e., we can already see it. That is to say, the impossibility that we are able to judge and speak of, is in fact an impossibility that can already be foreseen, an impossibility based on possibility, an impossibility subordinate to the possible that is still under the horizon of possibility.

The "true" impossibility, or what Derrida calls "more impossible than the impossible," is outside the horizon of possibility, or rather, an impossibility that cannot be placed under any horizon. Derrida calls it "the messianic," which "may come at any moment, [but] no one can see it coming, can see how it should come, or have forewarning of it."[3] Thus, from this point of view, the "possibility of the more impossible" indeed marks an "absolute break" in the domain of possibility.

The relation between impossibility and possibility is not simply one of opposition and isolation. On the one hand, the impossible transcends the horizon of possibility. But on the other hand, impossibility is in fact the condition of possibility, "it runs through possibility and leaves in it a trail of its withdrawal."[4] This can be understood through what Derrida calls an "event." For him, the true event, the absolute event, must be an unanticipated

---

[1] Jacques Derrida, *On the Name*, 43.

[2] Jacques Derrida, *Negotiations: Interventions and Interviews 1971–2001*, trans. Elizabeth Rottenberg (Stanford: Stanford University Press, 2002), 242.

[3] Ibid.

[4] Ibid., 362.

occurrence, an accident and an exception, the arrival of which is absolutely other, without any horizon of expectation, i.e. impossible.[1] However, once an event occurs, it always changes or even subverts the original horizon and introduces a new logic, thus enabling us to construct new possible explanations for the past and to open up new possibilities for the future. That is to say, we must recognize the occurrence of the event as possible in some way, and that the interruption of the original horizon of possibilities caused by the event has left a break in the continuity of "reality", which is marked by the uniqueness of the event, a trace of the withdrawal of impossibility.

If Deconstruction is the "experience of the impossible," if Deconstruction is not a method, but only a happening, "an event that does not await consideration, consciousness or organization by a subject [even Derrida, who has been called the "father" of reconstruction]," then we find that before Derrida, in the respective writings of Bataille, Levinas, Klossowski, Blanchot, and Weil, the experience of the impossible had already existed in a rich variety of explorations and that Deconstruction as an event was occurring in a variety of different ways.[2] All of this has profoundly influenced Derrida, but he is not the "master" of these experiences and Deconstructions, not only because he does not have the will to be so, but also because of the impossibility — these pioneers constituted a heterogeneous "community" that declined communion and unity, and their ideas could not be homogenized into a whole.

Therefore, the Deconstruction mentioned in this paper will no longer be limited to Derrida. Derrida will no longer be regarded as the absolute origin and center of Deconstruction — which is contrary to the logic of deconstructing the myth of the anti-origin, the center, and the patriarchy.[3]

---

[1] Jacques Derrida, *Negotiations: Interventions and Interviews 1971–2001*, 194, 96.

[2] Jacques Derrida, "Letter to a Japanese Friend", trans. David Wood & Andrew Benjamin, in Peggy Kamuf & Elizabeth Rottenberg eds, *Psyche: The Invention of the Other Vol. II* (Stanford: Stanford University Press, 2008), 4.

[3] "This thing called deconstruction, if there is any, is not reducible to Derrida; it must always be 'done' without him, in his complicated absence." Martin McQuillan, *Deconstruction Without Derrida* (London: Continuum, 2012), 1. "Derrida's work should not occupy a privileged or transcendental place in the discourse of deconstruction. If this were allowed, deconstruction would indeed become a 'sect' and certain texts would be given a fatherly position, while presence and authority status would be granted to Derrida as a person." Martin McQuillan, "Introduction. Five Strategies for Deconstruction," in *Deconstruction: A Reader*, ed. Martin McQuillan (Edinburgh: Edinburgh University Press, 2000), 1.

We extend our examination to this "community" of what might be called the pioneers of Deconstruction, exploring each "member's" discourse on religion, in the hope of thereby more fully presenting the "religious orientation" of Deconstruction. It is hoped that this will more fully "present" the rich possibilities of the religious orientation of deconstruction. This is the third main point made in this paper.

Indeed, we will find much in common between Derrida's definition of Deconstruction as the "experience of the impossible" and the "limit experience" proposed by these pioneers of deconstruction.[1] If we say the former focuses on the "object" of the experience, the impossible, then the latter emphasizes the most important "characteristic" of the experience, i.e., the limit, the boundary. In exploring the "experience of the limit," these pioneers, like Derrida, relied heavily on the resources of religious experience and theological discourse, and creatively put forward their own distinctive radical religious ideas, demonstrating a variety of deconstructive approaches.

Derrida's fellow thinker, Foucault, described his understanding of "limit experience" in the following way: " (For Bataille, Blanchot, and Klossowski) experience is trying to reach a certain point in life, that is as close as possible to the "unlivable," that which can't be lived through, What is required is the maximum of intensity and the maximum of impossibility at the same time … Experience has the function of wrenching the subject from itself, of seeing to it that the subject is no longer itself, or that it is brought to its annihilation or its dissolution. That is a process of desubjectivation."[2]

"Limit experience" is Blanchot's creative reworking of Bataille's notion of "inner experience."[3] It is easy to mistake Bataille's "inner"as referring to the inner self that the Romanticists prized, and "inner experience" as referring to one's inner feelings and experiences. In fact, however, what he means by "inner" is to be within the experience, or to be focused on the experience

---

[1] Maurice Blanchot, "L'Expérience Limite," *L'Entretien Infini* (Paris: Gallimard, 1969), 300-342.

[2] Michel Foucault, "Interview with Michel Foucault", in *Power (Essential Works of Foucault 1954-1984, Vol. 3)*, ed. James D. Faubion, trans. Robert Hurley and others (New York: The New Press, 2001), 241.

[3] See Georges Bataille, *Inner Experience*, trans. Leslie Anne Boldt (Albany: State University of New York Press, 1988).

itself, i.e., the experience "cannot have any other concerns nor other goals," and it can have no "principles, either in a dogma (a moral attitude), or in science (knowledge can be neither its goal nor its origin), or in a search for enriching states (an experimental, aesthetic attitude)". In short, in inner experience, " itself is authority."[1] And accordingly, this means that everything will be endlessly tested, challenged and questioned by experience, i.e., that experience ultimately gives us no knowledgeable answers, i.e., that it "reveals nothing, and cannot found belief nor set out from it."[2] Inner experience will lead one to the extreme of possibility, when "all possibilities are exhausted; the possible slips away, and the impossible prevails."[3] The "I" facing the impossible will be torn to pieces by this experience.[4]

Bataille's reason for promoting inner experience is that he believes, first of all, that inner experience is capable of overcoming the subject-object dichotomy that inevitably results from the use of tools, and regaining the "fusion of subject and object."[5] This fusion is as subject non-knowledge (neither acquiring nor seeking knowledge) and as object unknown — not the unknown that may be known, but the unknown that can never be known.[6] Second, inner experience can save modern society from an over-indulgence in the intellect. After the Enlightenment, "the development of intelligence leads to a drying up of life which in turn has narrowed intelligence."[7] It is only in inner experience that we can break through the limited, stale possibilities, reach the extreme boundaries of what is possible, and connect what is necessarily divided by logical thought.[8] Finally, the "ego" that is shattered in inner experience is no longer a subject that separates itself from the world. On the contrary, it becomes a "place of communication," an "ocean" — a group of many people. — A swarm of people, a community.[9]

Georges Bataille recognizes that the formulation of "inner experience"

---

[1] Georges Bataille, *Inner Experience*, 7.
[2] Ibid., 3-4.
[3] Ibid., 33.
[4] Ibid., 7.
[5] Georges Bataille, *Theory of Religion*, Robert Hurley (New York: Zone Books, 1989), 27.
[6] Georges Bataille, *Inner Experience*, 9.
[7] Ibid., 8.
[8] Ibid., 89.
[9] Ibid., 27.

is inspired by religious mystical experience, but points out that there is a fundamental difference between the two. Inner experience is "laid bare, free of ties, of an origin," or even a God-less, a-theist, experience. The problem with mystics is that they see only what they want and discover only what they already know. In other words, mystics experience only what is within the limits of their understanding, whereas inner experience is about entering into the "dark night" of total "non-knowledge."[1]

When Blanchot rewrites inner experience as "limit experience," he has in mind similar considerations to those of Derrida, namely, the need to remind the reader that what he means by "experience" differs from the Western metaphysical understanding of experience. The traditional view is that the universal form of experience is presence, and that consciousness is the self-presentation of experience, or that experience is able to scrutinize its own presence in silence.[2] Blanchot uses the term "limit" to emphasize that the "limit experience" is the end of experience, the impossibility of experience, a presence in which nothing is present anymore, which "may sound like an experience, but we can never say that we have encountered it," because "(it) is not an event or a state that can be experienced," but rather "the experience of the non-experience" (expérience de la non-expérience).[3] Blanchot further points out that all experiences, in fact, necessarily contain a "limit experience" aspect, since every event we encounter always exhibits both the possible, that is, that it can be "understood, borne, mastered (by connecting it to some goodness or value, and ultimately to the whole)," and at the same time exhibits the impossible, that is, we experience the event as "free from all utility and purpose, escaping even our ability to experience it, but in turn, it tests us in a way that we cannot escape."[4]

Foucault points out that Klossowski was also a central thinker involved in the construction of the notion of "limit experience."[5] Starting from the

---

[1] Georges Bataille, *Inner Experience*, 33, 3, 9, 175.

[2] Jacques Derrida, *Speech and Phenomena*, trans. by David B. Allison (Evanston: Northwestern University Press, 1973), 58.

[3] Maurice Blanchot, *L'Entretien Infini*, 311, 310.

[4] Ibid., 307-308.

[5] Michel Foucault, "Interview with Michel Foucault," in *Power (Essential Works of Foucault 1954-1984, Vol. 3)*, ed. James D. Faubion, trans. The New Press, 2001, 241.

Greek myth of Actaeon, who was condemned to be transformed into a deer after mistakenly entering the forbidden bathing place of the goddess Artemis, Klossowski explores the theophany as a kind of "limit experience." Theophany, the manifestation of the gods in front of mortals, is a very important religious experience and theological issue. God is infinite and transcendent, whereas humankind is finite and immanent; God is far beyond human perception, and when God manifests Godself in a form that humankind can experience, it makes the otherwise impossible communication between God and humankind possible. However, Klossowski points out that the event of theophany cannot change the absolute otherness of God, cannot remove the absolute interval between God and humankind, and therefore the possibility of theophany — divine-human communication — must at the same time manifest the impossibility of this communication, and the encounter between the divine and the human must at the same time be a miss of the encounter.[1]

Although Weil does not use the term "limit experience," her theology of decreation is a major inspiration for Blanchot's formulation of "limit experience." It could even be argued that the "decreation" she advocates for the emptying of the self is a kind of "limit experience" that the subject will undergo. In Weil's view, God's creation is at the same time God's self-concealment, abandonment, and emptying, or self-sacrifice out of love, so as to make room for the world and for the creation to exist. Thus, in the real world, God does not exist and the Supreme Good is absent. The absence of God/Goodness leaves a hole in our souls, which expresses itself in our desires, our infinite longing for "goodness." However, in reality, no finite beings can truly satisfy our infinite desire for the Infinite. It is in this sense that "our life is impossible, absurd." But, it is only misfortune, the malheur, that makes us feel this impossibility, "forcing us to recognize the impossible as real."[2] Giving up the illusion of seeing the finiteness of the "relative good" of the world, and the illusion of using it to satisfy the longing for the infinite, requires us to learn to love truly, to follow God's example of the "decreation," to give up "the power to say 'I'" and to "become something."[3] Weil's understanding of

---

[1] See Pierre Klossowski, *Diana at Her Bath/ The Women of Rome*, trans. by Stephen Sartarelli, Sophie Hawkes (Boston: Eridanos Press, 1990).

[2] Simone Weil, Gravity and Grace, 95, 81.

[3] Ibid., 26, 33.

gensis as decreation deconstructs the metaphysics of presence and understands God/goodness as not based on being, or "beyond Being," prefiguring the later thought of Derrida and Levinas. Her philosophy of life as "decreation" points to the ethical value and significance of the "limit experience" of "self-emptying."

Levinas has a concept very close to "limit experience," that is, "absolute experience" (l'expérience absolue).[1] It is an experience that cannot be incorporated into any given framework, nor translated into any concept, and that transcends the egocentricity and the capacity of the subject to feel.[2] It is the experience of the infinite, of the face of the Other, or of the face-to-face relationship.[3] Levinas points out that, the relation to the infinite cannot be expressed in terms of a so-called "objective experience" because "infinity overflows the thought that thinks it." Yet, on the other hand, if the essence of experience is the experience of the new, of that which overflows the thought, then the true experience, the experience par excellence, is the experience of the Absolute New, or the Absolute Other, or precisely the relation to the Absolute Other.[4] This "absolute experience," Levinas suggests, exceeds my powers., not quantitatively, but by putting all my powers into question.[5]

As mentioned earlier, the French thinkers who preceded Derrida, such as Bataille, Blanchot, Klossowski, Weil, and Levinas, explored in their own ways the "experience of the limit" of the "impossible." When Derrida describes deconstruction as "the experience of the impossible," we have a suitable opportunity, a "secret path" that connects him explicitly to this "community of the impossible," identifying this community as a pioneer of deconstruction. We also find that in the process of deconstructing the Western metaphysical tradition, both they and Derrida, who was inspired by them, not only relied heavily on religious experience and theological discourse, but also engaged in highly creative religious thinking, presenting a rich possibility of the religious dimension of deconstruction. Due to the limited space of this article, the specific manifestations of the religious orientation in their respective thought,

---

[1] Emmanuel Levinas, *Totalité et Infini* (Paris: Librairie Générale Française, 2000), 61.

[2] Ibid., 103, 211.

[3] Ibid., 103.

[4] Ibid., 10, 242.

[5] Ibid., 213.

the differences between their thinking, and other more in-depth issues cannot be developed here/ must await further study.

**特邀执行主编简介：**

汪海，中国人民大学文学院副教授。

**Introduction to the guest editor**

WANG Hai, Associate Professor, School of Liberal Arts, Renmin University of China.
Email: hai.wang@ruc.edu.cn

**译者简介**

柳博赟，北京语言大学高级翻译学院副教授。

**Introduction to the translator**

LIU Boyun, Associate Professor, School of Translation and Interpreting, Beijing Language and Culture University.
Email: boyunliu.pku@gmail.com

# 一、道无常名：
## 理论与经典解读

## I. Dao Wu Chang Ming:
## Study of Theories and Classics

基督教文化学刊

Journal for the Study of Christian Culture

# 神圣世界的丰盈空无

## ——巴塔耶论自主

# An Exuberant Nothing in the Sacred World: Georges Bataille on Sovereignty

何 磊

HE Lei

**作者简介**

何磊，首都经济贸易大学文化与传播学院教授。

**Introduction to the author**

HE Lei, Professor, School of Culture and Comunication, Capital University of Economics and Business.

Email: rholeh@hotmail.com

# Abstract

The theory of sovereignty represents the pinnacle and ultimate goal of Georges Bataille's lifelong pursuit. For him, mirroring the degeneration from "a society of consumption" to "a society of enterprise," contemporary capitalist society has reduced human beings to objectified slaves, devoid of sovereignty. Nevertheless, sovereignty remains the noble essence of what it means to be human, an enduring and glorious fire within the inner self. The pursuit of sovereignty entails comprehending and forsaking the enslavement imposed by the utilitarian world, seeking sacred and miraculous moments beyond rational thought, relinquishing plans so as to embrace living in the present, actively choosing a life marked by dedication and sacrifice, and finally, experiencing the supreme glory of freedom and liberty at the moment of rupture with the utilitarian world.

**Keywords**: Georges Bataille, *désœuvrer*, *non-savoir*, the sacred, sovereignty, nothing

1953年，第二次世界大战已经过去八载，即将走向生命终点的乔治·巴塔耶（Georges Bataille）开始着手写作《被诅咒的部分》（*La Part Maudite*）最终卷《自主权》（*La Souveraineté*，中文学界又译作《至尊性》，日本译作《至高性》）。历经两年努力，贫病交加的巴塔耶最终放弃了完成全书的念头，留给我们一部谜一样的未竟之作。如果将贯穿《被诅咒的部分》的"耗费"概念类比为黑格尔哲学体系中的"理性"或"精神"，我们不难发现，这部三卷巨作其实正是"巴塔耶的黑格尔式《历史哲学》"[①]，可谓巴氏思想的集大成之作。其中，作为三卷本乃至巴塔耶思想的终章，作为其哲学体系的最后组成部分，自主权理论具有极为重要的旨归意义。

## 一、极境与丰盈："自主"的缘起

相较于巴塔耶的其他理论，自主权得到的关注明显不足，受到的误解也更多。而且，《自主权》至今未有中文译本面世。究其原因，除了理论本身的晦涩，作者本人的研究取向与写作风格也难辞其咎。巴氏理论著作总是呈现出与传统哲学格格不入的文学风格或呓语气质，这绝非无意疏忽，而是有意为之，因为哲学思想对他而言不仅是理论表达，更是用书写进行"自我治疗"的实践[②]。此外，虽然巴氏反对现代哲学的理论体系与宏大叙事，但又总是主张采用跨学科杂糅的"总体"思维方式，用"总体的眼光来看待……问题背后的各种势力并试图从中找出彼此的本质的联系"[③]。

---

[①] 张生：《通向巴塔耶》，南京：南京大学出版社，2020年，第12-13页。[ZHANG Sheng, *Towards Georges Bataille* (Nanjing: Nanjing University Press, 2020), 12-13.]

[②] 同上，第9页。

[③] 同上，第10页。

　　这一取向源自科耶夫（Alexandre Kojève）对黑格尔的解读，在科氏看来，人既不是纯粹的否定性，也不是所谓的同一性，而是整体性的存在。[①] 所以，要想了解人类，就不能局限于一时一地或某一领域的问题，而要采取打破局限、全面认知的思维模式——从《被诅咒的部分》三卷本的副标题"普遍经济"就能看出，巴塔耶采取的就是摒弃"局限"的"普遍"视角，亦即对人类社会进行跨时空、跨学科的全面研究与整体考察，形成从宗教史、社会学、政治经济学、精神分析、人类学到哲学等的综合拼贴。[②]

　　作为思想家，巴塔耶最重要的理论源头无疑是哲学，而"自主"问题最重要的哲学来源则首先是巴氏表面上极力否定的黑格尔。经过科耶夫解读的黑格尔主奴辩证法影响了当代法国思想界一代学人，但是，由欲望来推动、为承认而斗争的主奴辩证却在巴塔耶的进一步演绎下变成了"为自主而斗争"的动态历史。对此，有学者将巴氏的改写概括为"从主奴到兄弟""从空间到时间""从主人到自主"三方面。[③]

　　同黑格尔一样，死亡及其催生的死亡意识与自我意识在巴塔耶思想体系中占据至关重要的地位。人类对死亡的体认塑造了人类最为根本的存在尊严，也激荡了人类生死存亡的斗争历史。但不同之处在于，巴塔耶的理论旨归并非现代哲学意义上主宰客体的主体。人类的追求不再是宰制他者的主人，而是超越主客二分的"自"主者。人类的发展不再是不断换位的主奴对立，而是"四海之内皆兄弟"的友爱共通。人类的关系不再是你死我活的奴役，而是主体互涉的平等。

　　受人类学家卡约瓦（Roger Caillois）启发，巴塔耶用"神圣时间"

---

①　[法]科耶夫：《黑格尔导读》，姜志辉译，南京：译林出版社，2005年，第56页。[Alexandre Kojève, *Introduction to the Reading of Hegel*, trans. JIANG Zhihui (Nanjing: Yilin Press, 2005), 56.]

②　Georges Bataille, *The Accursed Share: An Essay on General Economy, Vol. II: The History of Eroticism, Vol. III: Sovereignty*, trans. Robert Hurley (New York: Zone Books, 1991), 201.

③　张生：《通向巴塔耶》，第16-26页。

与"世俗时间"的二分改写了主奴的本质差别：主奴之别不再取决于空间性的物质占有，而是时间性地耗费殆尽——一旦我们超越物化世界的规则，摆脱面向未来的谋划，放弃不断增长的渴求，就可以投身于慷慨耗费的神圣世界，成为活在此时此刻的主人。反之，就只能沦为汲汲营营于功利算计的物化奴隶，甘做无法摆脱量化评判的受缚客体。

可见，巴塔耶追求的并不是驯服奴隶的主人，而是以内在状态取代外在目标的自由自主。在巴塔耶的体系中，勇于赴死的人类才是最自主的生命，因为赴死的旅程是最奢华的耗费。于是，主奴斗争的本质变成了人类自身内部主性与奴性的角力，黑格尔式外向扩张的主客争夺被巴塔耶消解为内在无言、瞬间顿悟的精神逍遥。

在巴塔耶对黑格尔的戏仿阐发中，在"角力"之类的表达中，我们不难看出尼采的影子。而尼采也正是巴塔耶理论体系最重要的另一哲学来源。作为尼采哲学在法国最早的忠实信徒之一，巴塔耶强调身体、感性、力量、斗争、运动、变化……却不满足于尼采的酒神精神，而要"从'希腊—罗马'传统之前的原始社会汲取思想"[1]。尼采将现代人堕落的症结归咎于现代科学的机械与物化，巴塔耶则将问题归结为人类的劳作活动与功利谋划。早在《耗费》中他就指出，指向具体目标的行动有如"更换轮胎"或"切割囊肿"之类琐碎而有限的活动[2]，必将使人类局限于一时一地，无法窥见生命全貌。所以，执着于行动与劳作的人必将囿于井蛙之见，沦为碎片、工具、褊狭的物化个体，也就无从了解宇宙大化的真相。

更为激进的是，巴塔耶将指向功利目标的行动筹划视作奴役的根源，于是全然否定未来，将目光转向神秘混沌的此刻、机缘、偶然与瞬间。在巴塔耶的理论体系中，尼采的权力意志也让位于赌徒般任

---

[1] 张生：《通向巴塔耶》，第7页。

[2] Georges Bataille, *The Accursed Share: An Essay on General Economy, Vol. I: Consumption*, trans. Robert Hurley (New York: Zone Books, 1991), 19.

性的"机缘意志"（the will to chance）。机缘的意义在于其相对于局限与固化的超越，在于其打破束缚的突破与偶然。机缘既是突破极限的超越事件，又是未知的随机事件。机缘是充满禅意的内在体验，是以不死方式体验死亡、接近死亡，由此实现连贯共通的极致体验，更是"一场不知终了的冒险的体验"，一种"敞开自己，向另一个人打开"的共通尝试。①

在《爱欲史》（*L'Histoire de l'Érotisme*）等数部以爱欲为主题的作品中我们看到，恣肆奔流的人类爱欲（érotisme）就属于这样的机缘。爱欲是人类的极致耗费，作为耗费的旨归，作为三卷本终章的核心概念，自主同样如此。而之所以将权力意志改写为机缘意志，因为机缘就是尼采所谓的"孩子"②。孩子意味着永远活泼轻盈、充满随机偶然、蕴含无限潜能、始终冲破束缚的生命力量。就此而言，自主者是充盈着孩子般生命能量的人类，是涤净奴隶气质、重焕勃勃生机的"超人"。

如果说黑格尔代表哲学的极境，尼采代表力量的丰盈，那么同时深受二者影响的巴塔耶就是用丰盈挑战极境、在极境歌颂丰盈的古怪哲人。站在两位巨人的肩上，巴塔耶一方面试图以自主权理论达到思想巅峰，借此总结毕生所思所为。另一方面却又极力避免落入目的论窠臼，唯恐僵化体系有损生命动能。可以说，这样一个充满悖论与张力的概念，既是在丰盈极境开放的花朵，又是在旅程巅峰处召唤新生的悖论之花。

## 二、耗费与空无："自主"的意义

从巴塔耶著述生涯的早期开始，自主权概念就时常显现在一些片

---

① 张生：《通向巴塔耶》，第51页。
② Georges Bataille, *On Nietzsche*, trans. Stuart Kendall (New York: State University of New York Press, 2015), 151.

段，但直到《被诅咒的部分》前两卷，他才有意识地将这一概念设定为理论体系的终极指向。无论是《耗费》卷中惊心动魄的阿兹特克神话，还是《色情史》中光怪陆离的寓言隐喻，背后都有这一概念的身影。因此，巴塔耶用"自主权"作为三卷本的结尾，以此概念为自身体系"封顶"，也是理所当然之事。

自主权是巴塔耶最令人费解的概念，要想了解它是什么，我们必须首先知道它不是什么。面对souveraineté一词，最常见的误会便是将其理解为"主权"，或是古代君王的"至尊"。所以，在《自主权》卷首，巴塔耶开宗明义地表明，他笔下的自主权不同于该术语的通常含义。首先，自主权并非国际法意义上的主权，而是奴性与屈从的对立面——这一澄清区分了广义的哲学概念和具体的政治运作，显然，巴塔耶的概念属于前者。①

更重要的是，尽管存在着关联与共通之处，但自主权不同于古代社会的各类"至尊性"。在古代"人的依赖性社会"中，至尊性属于奴隶主、君王等人群首领，还属于宗教性的神明与神性事物——可见，至尊性属于等级社会巅峰处的存在：至尊者。他可以是首领、君主或神祇，但无论是谁，都只是"例外的自主者"。因为此类至尊者身上体现的自主都只属于部分人类，而作为巴塔耶毕生追求的理论呈现，自主权是人之为人的根本，是人之所以区别于物的关键，不可能只是部分人群的禁脔。②

只不过，随着"物的依赖性社会"到来，资本主义带来的异化愈演愈烈，大部分人类逐渐沦为身不由己的物性存在，这就让主宰他人的少数人类看起来像是拥有自主权的至尊者，也让人们对自主的误解越来越深——毕竟，这些养尊处优的至尊存在可以攫取占据大部分人的劳作成果，还可以让他人心甘情愿地为其劳动，甚至成为其臣属与

---

① Georges Bataille, *The Accursed Share: An Essay on General Economy, Vol. II: The History of Eroticism, Vol. III: Sovereignty*, 197.
② Ibid., 239.

附庸。

但巴塔耶提醒我们，真正的自主权属于一切拥有尊严的人类。乞丐的尊严与贵族的尊严并无二致，两者都具有自主性质，但当今社会的新贵未必比乞丐更加自主。在《耗费》中巴氏就曾反复强调，奢华与荣耀并不由占有财富的数量决定，富可敌国但不懂慷慨挥霍的人类最为贫乏。同理，在他眼中，资产阶级虽然奢华自由，气质却同自主相距最远。他们看似逍遥自主，实则极尽卑微。①

至此，我们已经隐约看出巴塔耶所谓自主权的关键所在：耗费（dépénse/consumation）。耗费是《被诅咒的部分》第一卷的标题，是三卷本的核心概念，更是巴塔耶理论体系的根本原则。纵情耗费是奴役劳作的对立面，后者意味着劳动生产、财富积累与必要消耗，耗费则是不事生产与挥霍无度。巴塔耶认为，功利性劳作会将人类本身异化为奴役的工具。"在实践的世界中，人类本身就是物"②，自主当然无从谈起。

因此，非功利性耗费是人类通达自主的必要条件。唯有将富余能量不计代价、不求回报地挥霍至无目的、无意义的活动之中，人类才有资格接近自主状态。从古至今，无论是奴隶主还是君王，人类社会的至尊者始终处在物质财富耗费链条的顶端。虽然至尊者并不等同于巴塔耶意义上的自主者，但耗费越甚、自主程度越高的规则从未改变。

但是，仅仅拒绝劳作、挥霍财富还远远不够，自主还意味着"自觉主动"地打破庸常世界的理性谋划与功利追寻，如此才能摆脱一切外物奴役。换言之，自主不仅要求耗费物质财富，更要求拒绝理性知识。这是因为，理性世界的知识总是同劳作、发展与未来息息相关。物化世界的理性知识意味着有用的知识，它会将人类的目光局限于一时一地的事务活动，让人无法理解更为广阔的宇宙大化。囿于此类知

---

① Georges Bataille, *The Accursed Share: An Essay on General Economy, Vol. II: The History of Eroticism, Vol. III: Sovereignty*, 197.

② Ibid., 213.

识的窠臼，求知就意味着主动追求奴役，唯有"无为"（désœuvrer）与"绝智"（non-savoir）才能导向自主。[①]

面向未来的劳作不仅将人引向物化奴役，更牺牲了当下最真实的此时此刻。功利谋划与理性认知将包孕无限潜能的时间流逝简化为可供量化的线性计划。与之相对，自主的生存状态要求摒弃功利劳作、拒绝理性认知，也就使人类超越了褊狭的功利活动，进而转向生命潜能的无限敞开。自主状态下，人类得以尽情享用生命的丰盈流溢，不为功利，只为自己，只为生命本身。此时，意义不再取决于行动的功利性结果，人类进入了同"世俗"世界截然异质的"神圣"世界。[②]

从《耗费》到《爱欲史》，巴塔耶不断地重复着世俗与神圣的二分。这两个术语的含义与日常语言有异，前者指千人一面、钻营算计、劳碌奔忙、不舍耗费的同质理性世界，后者则是个性缤纷、纵情恣肆、不事生产、慷慨挥霍的异质非理性世界。追求圣洁的人类宗教属于神圣世界，人类道德不齿的污秽放荡同样属于巴塔耶意义上的神圣世界。与之相应，深受劳动奴役的奴隶身处理性算计主宰的世俗世界，过着面向未来、审慎谋划的生活；摆脱外物束缚的自主者则身处超越功利法则的神圣世界，享受此时此刻、充盈流动的生命。[③]

但不同于上述两卷的是，巴塔耶在《自主权》中更频繁地强调同神圣相关的"神奇"（miracle）——不是宗教意义上的神迹，而是偶然、意外与断裂的惊奇瞬间，亦即同必然、谋划与法则截然相悖的异质时刻。突然迸发的大笑，不期而至的眼泪，扰动心绪的意乱情迷，拂过面颊的春日气息……这些都可以是庸常生活中的神奇时刻。它们的到来打破了井井有条的时间规划，构成了一个个与同质、连续的世俗时间截然相反的神圣时刻。正如死亡超越了理性的理解一样，异质时刻标志了世俗的边界，同时也就开启了通往神圣的孔穴。巴塔耶指

---

[①] Georges Bataille, *The Accursed Share: An Essay on General Economy, Vol. II: The History of Eroticism, Vol. III: Sovereignty*, 202.

[②] Ibid., 198.

[③] Ibid., 214.

出，自主权是宇宙万物间所有惊奇机缘的汇聚之处。也就是说，理性算计无法统摄的所有异质神奇最终都将指向自主权。[①]

其实，无私慷慨、不计代价的耗费行为本身就是功利思维无法理喻的神奇事件，它们充分展现了人类睥睨万物、无惧生死、超越一切的自由内核，因为耗费的对象不仅是物质财富、劳动产品或人类知识，更是人类生命本身。在无私挥霍的熊熊火焰中，在勇往直前的牺牲献祭中，汲汲营营的小我生命超脱了有朽之躯的束缚，投身至宇宙大化的熔炉。归根结底，之所以如此强调神奇，不仅因为神奇与死亡都标志着理性理解的极限，更因为神奇事件的断裂特质恰是死亡大限的表现形式：死亡虽是回归宇宙大我的融合，却表现为小我生命的断裂。谋划与占有不可能为人类带来自主，而拥抱神奇，就是以无言的方式燃烧生命、接近死亡、体认空无、通达自主。

理性世界避谈死亡，死亡的焦虑却充斥着芸芸众生的每一根神经。之所以要在《耗费》之后书写《爱欲史》，除了为避免人们将耗费误解为有利生产的消费，更为了借爱欲表象让人理解耗费行为展现的自主本质：无惧死亡、主动献祭，如此方能超越生死、活出自由。《耗费》中阿兹特克太阳神的传说早就生动地说明了这一点：纳纳瓦津（Nanahuatzin）非但不畏死亡，反而倾其所有，主动投身献祭烈火，肉身陨灭终成神祇。[②] 这就是典型的自主者，他摆脱了小我的算计恐惧，也就不再属于功利的奴役世界。对他而言，死亡只是新生的起点，自我同一性的界限、生死之间的大限全都不复存在，因为自主本就意味着界限的消弭。他不再是唯唯诺诺的劳作者，而是轻盈欢快的嬉戏者。[③]

---

[①] Georges Bataille, *The Accursed Share: An Essay on General Economy, Vol. II: The History of Eroticism, Vol. III: Sovereignty*, 209, 232.

[②] Georges Bataille, *The Accursed Share: An Essay on General Economy, Vol. I: Consumption*, 46-49.

[③] Georges Bataille, *The Accursed Share: An Essay on General Economy, Vol. II: The History of Eroticism, Vol. III: Sovereignty*, 223.

面对烈焰中冉冉升起的太阳神纳纳瓦津，《自主权》卷尾结语"自主即空无"[1]的含义也豁然开朗："空无"（rien）并非"虚无"（néant），而是以耗费为原则，通过无为绝智来摆脱物化、超越生死，涤除一切功利负累，最终回归生命本真的状态，是丰盈充实却毫无挂碍的自由。一言蔽之，自主是通过否定、耗费、摧毁达到的"主体性"，是消解物化奴役之后，看似一无所有，实则生命充盈的"无主体性"，也是无须建立在我他对立基础上的"自主体性"。[2]

自主是巴塔耶哲学的旨归，也是巴塔耶版本的"人是目的"，因为自主指向的是人类本身。自主是有朽之躯的无上荣耀，人之为人的终极尊严。在巴塔耶的笔下，自主者是终极的耗费者，他身处人类财富的盛宴祭典之中，却不流连于物质财富的占有。人类的劳作汇聚于此、湮灭于此，自主者在慷慨的挥霍中实现了丰盈的空无。[3]

自主权内在于每一个人类，即便是奴役状态也无法抹杀人类根基处的自主性。但是，一旦沉湎于功利算计的物化法则，一旦丧失见证生命奔流的爱欲激情，一旦沦为贪生怕死的蝇营狗苟之辈，自主权就会逐渐褪去，直至完全消失。由此视之，将资本主义法则奉为圭臬的"最后的人"，实则正是尼采意义上虚弱衰颓、潜能殆尽的"末人"。

所以，历史上的等级制度与至尊存在只不过是喧嚣表象，自主权的关键在于人之为人的内在世界，在于人类内心百折不挠的坚毅尊严。的确，物质基础极为重要——毕竟，没有富余财富，也就无所谓耗费。但如果物质丰饶无法激发人类内心反抗物化、摆脱功利的决心，如果人类甘于财富享乐、自满于理性知识，拒绝将既有成果耗费殆尽为空无，那么自主就只会继续遭到人类的误解，以至尊的假象萦绕在功利算计者筹划未来的幻梦之中。

---

[1] Georges Bataille, *The Accursed Share: An Essay on General Economy, Vol. II: The History of Eroticism, Vol. III: Sovereignty*, 430.

[2] Ibid., 237.

[3] Ibid., 241.

## 三、至尊与奴役："自主"的历程

《被诅咒的部分》三卷都具有某种"史论"性质：《耗费》以无用耗费的慷慨程度为标准，建构了人类由"耗费社会"堕落至"事业社会"的另类发展史；《爱欲史》试图描绘爱欲活动在人类社会中的变迁；《自主权》同样如此，为了说明自主何为、自主何往，巴塔耶勾勒了自主权在人类历史长河中的种种变形。

关于自主权的嬗变，巴塔耶使用了一以贯之的衡量标准：人类对待富余财富的方式，也就是人类社会的耗费程度。无论大小贫富，人类社群总会出现无法继续用于体系增长的能量与物质富余，如何处理此类富余，如何在慷慨与悭吝之间做出抉择，决定了社会的根本性质。一言蔽之，耗费的方式与程度标志着人类自主权的形式与程度。

首先登场的是巴氏所谓的封建社会。不同于马克思意义上的封建社会，这其实是《耗费》中所谓的耗费社会，或是人类学家所谓的古式社会。关于这一社会，《自主权》中的金字塔形象足以说明一切。在埃及人眼中，金字塔是阳光的象征，也是王权的象征："站在金字塔脚下，劳作的世界湮灭无踪，这个世界的各类界限霎时不复存在。"[1] 死去的国王化身为金字塔与阳光，继续照耀世界、滋养万物。

这一说法令人联想起巴塔耶著作中不断出现的"国王之死"寓言：国王死后，一切秩序瞬间崩溃，整个国家陷入仪式般的混乱狂欢之中，群氓如蛆虫般啃噬着国王的尸体，享受着逾矩无度的自由。[2] 国王代表着至尊权力的凝结，其尸体则象征着丰盈能量的流溢。于是，如同海洋生物受到鲸落的滋养一样，群氓也在狂欢中分享着国王躯体中凝聚的权力与能量。

---

[1] Georges Bataille, *The Accursed Share: An Essay on General Economy, Vol. II: The History of Eroticism, Vol. III: Sovereignty*, 223.

[2] Ibid., 89.

金字塔象征的等级结构完美地展示了古式社会中人类自主的根本性质与分布情况。整个社会由上至下，处于金字塔顶端的国王拥有"人的依赖性社会"中最为极致的自主权：至尊性，国王以降的臣民与奴隶只能由多到少、不同程度地获得短暂的自主权。作为自主权的象征，物质耗费所体现出的荣耀是古代人最关心的根本问题——国王处在耗费的顶端，他就是荣耀的化身。但对现代人而言，这可能只是无意义的虚荣而已。原因在于，古代社会的根本原则并非功利、算计、机械的理性思维，而是超越理性的耗费、神圣与神奇。[①]

一旦勤勉取代挥霍、功利赶走荣耀，人类就远离了神圣世界，由耗费社会堕入生产繁荣、物质发达却锱铢必较、平庸乏味的事业社会或曰物化社会。相较于古代社会的挥霍无度，事业社会就像一家只知逐利的企业（巴塔耶所用entreprise一词兼有"事业"与"企业"二义），它只求财富的不断积累，却绝不将其虚掷于无法量化计算收益的任何活动之中。

事业社会以相同标准衡量所有人，这终将导致人类的同质化：一方面，社会不再具有绝对的金字塔结构，勤俭谨慎的中产阶级成为绝对的大多数，至尊的荣耀不复成为人类追求。另一方面，社会发达与物质繁荣的表象欺骗了大多数人，以为一切都将匀速向前，反抗与斗争也因此成为匪夷所思之事。至此，人类自主的根基荡然无存，仅剩千人一面的平庸无趣。[②]

可悲在于，身处其中的人类毫无自觉，反倒认为自己无比自由，转而通过各类区隔（distinction）手段追逐着某种类似自主的优越地位。貌似与众不同，实则囿于同质境地，因为一切都无法摆脱物化诅咒。在这样的社会中，自主的精神内核沦丧为物的追求与物的占有。殊不知，这正是资本主义社会功利法则的弥天大谎，它让人将奴役

---

[①] Georges Bataille, *The Accursed Share: An Essay on General Economy, Vol. II: The History of Eroticism, Vol. III: Sovereignty*, 226.

[②] Ibid., 300.

误认作自由。区隔品位、追逐时尚看似逍遥自由，其实与自主相去万里。归根结底，区隔是通过获取、占有实现的自由幻象，与通过耗费、挥霍实现的自主奢华可谓南辕北辙。所以，资本主义社会不过是变成了"物的依赖性社会"，其逍遥假象只是扭曲变形的物化造作。人类非但不是挥霍财富的主人，反而成了追逐物化的奴隶。[①]

虽然实现自主的外在条件不复存在，但人类追求自主的内在冲力始终蠢蠢欲动。于是，在资本主义社会，战争成了接近自主、实现自主的唯一途径。这是因为，战争迫使人类接近死亡、挥霍财富，以残酷暴力的形式逼迫人类进入神圣时刻与神圣状态，由此摆脱功利原则的支配与物性社会的枷锁。正因如此，战争成了物化社会难以规避的必然结局：它既是资本主义社会富余能量无从消耗的必然产物，又是人类变相接近自主的必然代价。[②]

20世纪的法西斯主义可谓是虚假自主为害人间的极致表现，其出现也印证了巴塔耶的观点。在法西斯主义社会中，领袖以自主至尊自居，将自身装扮为理性无法统摄的绝对异质存在。"元首"既像古代社会至高无上的君主，又像宗教世界圣洁无瑕的神祇，国民与军人因此对他表现出绝对的忠诚与服从，因为其一己之躯凝结了所有人的荣耀、神圣与自主。

但法西斯的根本骗局在于，其首领吸纳了所有国民与军人的碎片异质性，以终极的异质性自居。但是，其手段不过是极致耗费性（宗教）与极致工具化（军队）的现代糅合，其结果则是整齐划一的战争机器："构成军队的群体从虚弱无力的乌合之众变成纯粹的几何秩序，从涣散无形的一盘散沙变成南征北战的骁勇铁骑。"[③]

法西斯领袖的虚假神话欺骗、统合了原本分散的社会个体，在

---

[①] Georges Bataille, *The Accursed Share: An Essay on General Economy, Vol. II: The History of Eroticism, Vol. III: Sovereignty*, 349.

[②] 张生：《通向巴塔耶》，第234页。

[③] Georges Bataille, "The Psychological Structure of Facism," in *The Bataille Reader*, eds. Fred Botting and Scott Wilson (Oxford: Blackwell, 1997), 136.

他的蛊惑下，情感服膺于政治、非理性受制于理性，一切异质力量最终汇聚至一身。在这个虚假至尊的身上，异质性荡然无存，仅剩同质性的宰制奴役。在法西斯社会中，个体献出自身最珍贵的情感与力量，成为战争机器的螺丝部件，共同塑造出海市蜃楼的自主至尊：元首——神祇与君主的"珠联璧合"①，熠熠生辉的人类自主在矜夸虚华的伪神圣、伪异质当中彻底沦丧。②

　　二战之后，法西斯主义已为陈迹，巴塔耶的批判矛头指向了斯大林时代的苏联社会。同大部分西方思想家出于意识形态偏见的攻击不同，巴塔耶对苏联和西方采用了同样的批判标准：如何对待富余能量。据此标准，斯大林时代的苏联社会同资本主义社会并无二致：首先，两者都将古代社会的耗费活动视作无法理喻因而必须革除之事。其次，两者具有类似追求，但都向往生产力的无限增长，只不过苏联是以国家手段实现这一目的罢了。所以，苏联社会与资本主义社会都属于物化思维与工具理性统摄的事业社会，区别在于处置财富的主体不同：前者为国家，后者为个体，仅此而已。③

　　更重要的是，在巴塔耶看来，斯大林社会磨平了一切阶级差别，其结果是比资本主义社会更甚的同质社会。在这样的社会中，一切权力都属于国家，自主权内在于人类个体的情感根基与政治根基遭到釜底抽薪式的摧毁。最终，人性的缤纷、自主的星火都将在无差别的平均状态中消磨殆尽。④就此而言，斯大林社会甚至是资本主义社会的"升级版"：生产扩张成为首要追求目标，个体尊严沦为无关紧要之

---

① Georges Bataille, "The Psychological Structure of Facism," 139.

② 汪民安：《巴塔耶的神圣世界（编者前言）》，载《色情、耗费与普遍经济》，汪民安编，长春：吉林人民出版社，2003年，第25-26页。[WANG Min'an, "Georges Bataille's Sacred World," in *Eroticism, Expenditure, and General Economy*, ed. WANG Min'an (Changchun: Jilin People's Publishing House, 2003), 25-26.]

③ Georges Bataille, *The Accursed Share: An Essay on General Economy, Vol. II: The History of Eroticism, Vol. III: Sovereignty*, 349.

④ Ibid., 350.

事。[①] 终于，告别古式社会的慷慨，穿越新教伦理的变革，经过两次大战的洗礼，整个人类社会都走向了极致膨胀的事业社会。慷慨耗费逐渐沦丧、悭吝积累成为主宰，人成为奴隶、物成为至尊。

## 四、嘲笑与眼泪："自主"的回响

从古代社会的君主至尊蜕变为工业社会的劳动奴隶，甚至法西斯社会的战争炮灰，人类自主权的变迁正对应着《被诅咒的部分》第一卷中耗费日渐式微、奴性主宰人类的历程。在《自主权》开头，巴塔耶就戏仿了莫里哀的名言，嘲讽资本主义社会的芸芸众生深陷于"工作为了吃饭，吃饭为了工作"的可悲循环。[②] 作为三卷本的终章，作为巴氏毕生探索的理论总结，自主权理论的首要任务，仍然是以反骨之姿嘲弄资本主义社会的根本逻辑：功利算计与物化奴役。

在巴塔耶眼中，资本主义社会无异于千人一面的荒芜沙漠。以量化与物化为准则的同质社会将一切不"合理"的事物尽数排斥在外，使之成为晦暗与污秽的诅咒之地，将包含着惊奇、爱欲、圣洁、污秽等多重面向的"神圣"世界禁锢于"理性"人难以靠近的领域。但他大声疾呼道，人类生存不能只靠食物，神圣时刻同样不可或缺。物质需求与财富占有绝对生命的唯一目的，超越需求之外，人类不能忘却神奇的领域。这一领域，就是超越理性、功利、算计与劳作的异质领域。

神奇与财富多寡无关，财富无法带来神奇，因为神奇的体验属于人性内在，它可能只是源自一缕阳光、一丝清风、一声鸟鸣……巴塔耶始终强调，即便身处奴役状态，我们也不要忘记人之为人的自主本质。以资本主义社会的工人为例，尽管劳作奴役看似无法摆脱，但日常耗费活动中仍然存在着自主的星火。即便是劳作之余的饮酒放纵，

---

[①] 张生：《通向巴塔耶》，第237-238页。
[②] Georges Bataille, *The Accursed Share: An Essay on General Economy, Vol. II: The History of Eroticism, Vol. III: Sovereignty*, 199.

仍然昭示着人类无法全然受制于物化奴役的自主光辉。巴氏指出，饮酒无关财富区隔，其关键在于耗费活动本身的指向，亦即某种"奇妙的况味，这种况味正是自主的本质"——在神奇瞬间把握世界，此时此刻，人类不再是辛劳的奴隶，而是自己的主宰。[1]

神奇、神秘、神圣虽与物质生产无关，却是支撑人性、鼓舞人心的关键所在。在美、奢华、暴力、葬礼、神圣、悲怆、荣耀等时刻之中，蕴藏着人类超越功利的崇高理想与终极追求：自主。因此，同巴塔耶不断重复论述的爱欲一样，艺术、建筑、音乐、绘画、诗歌的本质也隐含在时间凝固、目瞪口呆、沉默无言的惊奇极境：神圣自主的刹那此刻。[2]

然而，二战后的西方社会却陷入了贫乏与丰盈交织的困境之中：一方面，面对苏联的威胁，人们发展不出真正有力的思想，只能在无力的喟叹之中原地踏步；另一方面，在马歇尔计划的"慷慨援助"下，西方社会的经济又重现欣欣向荣之势，这就让"历史终结论"逐渐占据上风。繁荣盛景之下，仿佛西式"自由民主"社会注定成为人类最后的归宿。显然，巴塔耶对此不会苟同。恰恰相反，历史终结论中暗含的同质倾向正是巴塔耶不遗余力批判的对象。

由此我们不难指出巴氏自主权理论在哲学层面的真正价值，亦即由新型主体模式出发建构人类共通体的有益尝试。建立在我他对立基础上的主体模式可谓现代西方哲学最重要的基石，但是，历经殖民的罪行与战争的摧残，无论在理论还是现实意义上，这一模式在20世纪已经摇摇欲坠。我们已经知道，巴塔耶所谓的自主其实是一种建立在耗费、否定与空无基础上的"无主体性"或"自主体性"，我他对立或物权占有非但不是它的基础，反而是它要否定、耗费的对象。

在这样的模式中，共处此世的他人就不再是萨特笔下地狱般的

---

[1] Georges Bataille, *The Accursed Share: An Essay on General Economy, Vol. II: The History of Eroticism, Vol. III: Sovereignty*, 199.

[2] Ibid., 200.

他者，而是共有血肉之躯的兄弟姊妹，是如我一般享有人性自主的存在。人类不再是他者或对象，而是必须互相交流的同胞。而人类之所以能够成为同胞，并非因为相同的血缘，而是因为共同孕育自宇宙大化的事实，更是因为共同拥有人之为人的本质：自主权。可以说，巴塔耶用自主权理论再次回应了莫斯（Marcel Mauss）"走出自己"的呼吁。不屈的自主权成了团结世人的情感纽带，"它能联结我与他人，将具有共同本质、共同起源的人类联结到一起"①。

有了共性，就有了共通的必要和可能。但这样的共通尝试绝不会因为共性而追求绝对同一，由此抹杀世人丰富多样的异质特性。巴塔耶强调，共通的真谛绝非宰制他人，而是"知他人而识自身"②，也就是通过接近、尊重、了解色彩缤纷的人类生命，真正理解自己身而为人的真理。正因如此，他才会痴迷于人类学与异文化的文献记载，才会执着于恣肆逾矩的异质言行。其实，巴塔耶想要通过惊世骇俗的资料与行动告诉我们，拒绝驯服、勇于逾矩，不将尊严与自主让渡于任何事物，这样才能在冲击边界的过程中感受自主、认识自己，而这本就是哲学探索的题中应有之义。③

就个人层面而言，自主权理论也是巴塔耶同自身和解、向世人告别的理论宣言。为了说明自主权，为了说明其神奇特点与空无本质，他反复强调眼泪的意义。眼泪可能源自欢喜，亦可能源自悲伤，两种泪水都是突如其来的意外。同狂笑一样，眼泪划破了劳作时间的连续绵延，因此具有神圣的异质色彩，是自主之光突然显现的神奇瞬间：

> 欢笑、流泪、诗歌、悲剧、喜剧（更宽泛地说，所有包含悲剧、戏剧与诗意成分的艺术形式）、游戏、愠

---

① Georges Bataille, *The Accursed Share: An Essay on General Economy, Vol. II: The History of Eroticism, Vol. III: Sovereignty*, 244.
② Ibid., 247.
③ Ibid., 252.

怒、酒醉、迷狂、舞蹈、音乐、角斗、葬礼中的恐惧、童年的魔力、神圣之物（人牲献祭是其中最激烈的形式）、神性之物、魔性之物、爱欲（个体或非个体的、精神或感官的、腐坏的、大脑的、暴力的或精致的），犯罪、残忍、恐惧、恶心——所有这些时刻都代表着自主的流溢。①

文字本身虽然气宇轩昂，但我们仍能感受到，这是一位哲学家走到生命尽头时不甘向命运低头的最后呐喊。如巴塔耶本人所言，神奇时刻同样有积极与消极之分：消极的神奇就是死亡降临，而积极的神奇可以体现为极致之美。但无论何种神奇，都是理性语言无法把捉、无法占有的空无。面对即将到来的死亡，他试图用理论书写将这两种神奇融为一体。②

像对待爱欲问题一样，巴塔耶总是期待以燃烧一己之躯的方式照亮思想荒野。但是，这样的尝试最终只能是徒劳。尽管他"甘愿推起西西弗斯的石头，尽力想要开启别样的视角"③，但深深浸淫于资本主义物化逻辑的人们对此可能只会投以不屑与轻蔑——毕竟，由功利原则视之，劳作兹事体大，眼泪不值一提；物质财富代表一切，内在自主只是空无。

---

① Georges Bataille, *The Accursed Share: An Essay on General Economy, Vol. II: The History of Eroticism, Vol. III: Sovereignty*, 230.

② Ibid., 207.

③ Ibid., 430.

# 参考文献 [Bibliography]

## 西文文献 [Works in Western Languages]

Bataille, Georges. *La Part Maudite*. Paris: Les Éditions de Minuit, 1967.

————. *Œuvres complètes*, Tome 8. Paris: Gallimard, 1976.

————. *The Accursed Share: An Essay on General Economy, Vol. I: Consumption*. Trans. Robert Hurley. New York: Zone Books, 1991.

————. *The Accursed Share: An Essay on General Economy, Vol. II: The History of Eroticism, Vol. III: Sovereignty*. Trans. Robert Hurley. New York: Zone Books, 1991.

————. *On Nietzsche*. Trans. Stuart Kendall. New York: State University of New York Press, 2015.

————. "The Psychological Structure of Facism." In *The Bataille Reader*. Edited by Fred Botting and Scott Wilson. Oxford: Blackwell, 1997.

## 中文文献 [Works in Chinese]

[法]科耶夫：《黑格尔导读》，姜志辉译，南京：译林出版社，2005年。[Kojève, Alexandre. *Introduction to the Reading of Hegel*. Translated by JIANG Zhihui. Nanjing: Yilin Press, 2005.]

汪民安：《巴塔耶的神圣世界（编者前言）》，载《色情、耗费与普遍经济》，汪民安编，长春：吉林人民出版社，2003年，第1-36页。[WANG, Min'an. "Georges Bataille's Sacred World." In *Eroticism, Expenditure, and General Economy*. Edited by WANG Min'an, 1-36. Changchun: Jilin People's Publishing House, 2003.]

张生：《通向巴塔耶》，南京：南京大学出版社，2020年。[ZHANG Sheng. *Towards Georges Bataille*. Nanjing: Nanjing University Press, 2020.]

基督教文化学刊

Journal for the Study of Christian Culture

# 裸体与动物生命
## ——从德里达到阿甘本

# Nudity and Animal Life:
# From Derrida to Agamben

庞红蕊

PANG Hongrui

**作者简介**

庞红蕊，河北师范大学文学院副教授。

**Introduction to the author**

PANG Hongrui, Associate Professor, Literature Department, Hebei Normal University.

Email: panghongrui@126.com

# Abstract

While Derrida and Agamben's philosophical perspectives may differ significantly, they converge on the themes of nudity and animal life, while also critiquing the tendency of Western discourse to separate humans from animals. This paper conducts a comparative analysis of their respective ideas, aiming to uncover both the commonalities and distinctions in their thought. In each, "naked consciousness" emerges as a violent construct that perpetuates the division between humans and animals. The question then arises: How can we reshape the relationship between these two realms? Derrida delves into theological origins, interpreting God's "in order to see" as a means to uncover its ethical potential. In contrast, Agamben presents "Messianic life" as a potent form of resistance, representing a Sabbath-like existence where all distinctions are suspended, and life takes on new purpose. While Derrida's exploration primarily emphasizes the ethical dimension, Agamben's inquiry is centered on the political dimension. By connecting these seemingly disparate modes of thinking, we may deepen our understanding of the shared concerns within contemporary continental philosophy.

**Keywords:** Nudity, Animal Life, Carno-phallogocentrisme, Dispositif, Messiah

1996年，吉奥乔·阿甘本（Giorgio Agamben）发表了《绝对的内在性》（*L'immanenza assoluta*）一文。在该文结尾，他指出，关于"生命"这一概念，西方现代哲学史大体可呈现为两大脉络谱系：一种是超越性的脉络谱系，从康德到胡塞尔到海德格尔再到列维纳斯和德里达；另一种是内在性的脉络谱系，从斯宾诺莎到尼采到海德格尔再到德勒兹和福柯。[①] 阿甘本推崇内在性的脉络谱系，在他看来，内在性的"生命"概念"必将构成来临中的哲学的主题（the subject of the coming philosophy）"。[②] 他将德里达归于"超越性的脉络谱系"，由此可见二者之间的巨大思想差异。其实，在较早期的文本《语言与死亡：否定之地》（*Il linguaggio e la morte: Un seminario sul luogo della negatività*，1982）中，阿甘本便与德里达针锋相对。他指出，尽管德里达是一个"极有思想穿透力的哲学家"，但他并未真正认识到形而上学的否定性根基。[③] 在德里达看来，西方传统哲学是一种带有语音中心主义倾向的在场形而上学，它预设了在场之于缺席的优先性，也由此预设了语音之于书写的优先性——因为语音是在场的载体。阿甘本颠倒了德里达的观点，在他看来，"形而上学早已并且一直就是文字学"，语音是被扬弃的对象。[④]

---

* 本文为河北省教育厅人文社会科学研究项目"德里达与库切的动物思想之比较研究"（项目号：SQ201152）的成果。[This paper is supported by Hebei Provincial Department of Education Academic Project "The Comparative Study of Animal Thought between Derrida and Coetzee" (Project No.: SQ201152)]

[①] [意]吉奥乔·阿甘本：《绝对的内在性》，载吉奥乔·阿甘本《潜能》，王立秋、严和来等译，桂林：漓江出版社，2014年版，第434页。[Giorgio Agamben, "The Absolute Immanence," in *Potentialities*, trans. WANG Liqiu and YAN Helai et al.(Guilin: Lijiang Publishing House, 2014), 434.]

[②] 同上，第433页。

[③] [意]吉奥乔·阿甘本：《语言与死亡：否定之地》，张羽佳译，南京：南京大学出版社，2019年版，第80页。[Giorgio Agamben, *Language and Death: The Place of Negativity*, trans. ZHANG Yujia (Nanjing: Nanjing UP, 2019), 80.]

[④] 同上，第80页。

2002年1月16日，德里达在"野兽与主权者"（La bête et le souverain）课程的第三讲对阿甘本的文风展开了批判。他指出，阿甘本偏爱用"第一个""第一次"等措辞，譬如，"黑格尔第一个最终理解……""品达是第一个……"等。<sup>①</sup> 在德里达看来，阿甘本的吊诡之处在于，他一方面致力于批判主权权力，另一方面却不断强调自己是"第一个指出谁会是第一人的人"。<sup>②</sup> 他在文字中坚守自身的主权者地位：他抢先一步，争当第一，丝毫没有呈现出"after you"（您先请）的伦理姿态。<sup>③</sup> 在第十二讲，德里达又对阿甘本的《神圣人:至高权力与赤裸生命》的核心观点展开了批判，大体可归纳为如下两点：第一，阿甘本"修正和完善"福柯生命政治思想的出发点是古希腊时代的zoē与bios之区分（这是他的原创性发现）：zoē指的是人、动物、神都共享的生命形式，bios则指的是个体或群体所特有的生命形式。<sup>④</sup> 他指出，将zoē引入polis的领域，将赤裸生命政治化，构成了"现代性的关键事件"，当今的政治话语正在"经历一个漫长的衰落期"，原因在于，它没有考虑到这一现代性的关键事件。<sup>⑤</sup> 在德里达看来，zoē与bios之间的区分并不是一个"可靠而有效的工具"，它并不足够深刻，不足以深入这一现代性的关键事件。<sup>⑥</sup> 在《形而上学》中，亚里士多德提及神的"高贵而永恒的生命"

① [法]雅克·德里达：《野兽与主权者》（第一卷），王钦译，西安：西北大学出版社，2021年版，第147-148页。[Jacques Derrida, *The Beast and the Sovereign*, Vol. I, trans. WANG qin (Xi'an: Xibei UP, 2021), 147-148.]

② 同上，第146页。

③ 同上，第151页。

④ 中文参见[意]吉奥乔·阿甘本：《神圣人：至高权力与赤裸生命》，吴冠军译，北京：中央编译出版社，2016年版，第3页。[Giorgio Agamben, *Homo Sacer: Sovereign Power and Bare Life*, trans. WU Guanjun (Beijing: Central Compilation & Translation Press, 2016), 3.] 英文参见[Giorgio Agamben, *Homo Sacer: Sovereign Power and Bare Life*, trans. Daniel Heller-Roazen (Stanford: Stanford University Press, 1998), 1.]

⑤ Ibid., 4. 中文参见[意]吉奥乔·阿甘本：《神圣人：至高权力与赤裸生命》，第7页。[Giorgio Agamben, *Homo Sacer: Sovereign Power and Bare Life*, 7.]

⑥ [法]雅克·德里达：《野兽与主权者》（第一卷），第519页。[Jacques Derrida, *The Beast and the Sovereign*, Vol. I, 519.]

（zoē aristē kai aidios）。"高贵而永恒"是神特殊的生活方式，因此，在这里，"zoē"指的是神所特有的生命形式，而非赤裸生命。[①] 在《尼各马可伦理学》中，亚里士多德区分了三种生活方式，即：沉思生活（bios theōrētikos）、享乐生活（bios apolaustikos）以及政治生活（bios politikos）。此处，"bios"指的是人类特殊的生命形式，即"沉思""享乐""政治"是人类专有的生活方式。在《政治学》中，亚里士多德将人定义为"政治的动物"（politikon zōon）。阿甘本强调，在这里，"政治的"（politikon）不是生物本身的属性（attribute），而是决定"zōon"之种属的特定差异（specific difference）。[②] 德里达指出，阿甘本试图区分"生物本身的属性"和"决定'zōon'之种属的特定差异"，然而这两者之间并没有"清晰而必然的差异"。[③] 第二，阿甘本试图令政治话语意识到这一"现代性的关键事件"，然而与此同时，他又强调，生命政治是一种原初古老的东西。德里达质疑道："如果承认这一点（生命政治古已有之），那么为什么要费力地装作在唤醒政治，让它意识到所谓的'现代性的关键事件'？"[④] 尽管德里达对阿甘本的思想持批判立场，但他仍对在座听众说"我强烈建议你们读一下"《神圣人:至高权力与赤裸生命》，因为"在这本书里能找到很多要点"。[⑤]

　　尽管这两位哲学家之间存在很多争执，但他们的思想也有很多交叠。1997年，德里达在第三届个人著作研讨会上宣读了长篇文章《动物，故我是/故我追随》（L'animal que donc je suis）。在该文本中，他深入剖析了自己的一次裸体体验，并在此基础上探讨了人与动物之关系重塑的可能性。从这一视域出发，他对《圣经·创世纪》中的相

---

[①] [法]雅克·德里达：《野兽与主权者》（第一卷），第520页。

[②] Giorgio Agamben, *Homo Sacer: Sovereign Power and Bare Life*, 2.

[③] [法]雅克·德里达：《野兽与主权者》（第一卷），第523页。[Jacques Derrida, *The Beast and the Sovereign*, Vol. I, 523.]

[④] 同上，第524页。

[⑤] 同上，第145页。

关表述进行了考察：一方面是为了探究"食肉—菲勒斯逻各斯中心主义"（carno-phallogocentrisme）的神学源头；另一方面是为了挖掘神学原初场景的伦理潜能。2009年，阿甘本出版了论文集《裸体》（*Nudità*）。在该书中的同名文章《裸体》中，他也剖析了《圣经·创世纪》中的相关细节，其目的是考察神学装置在人类个体生命内部制造bios与zoē之区分的运作机制。这两位哲学家都从裸体出发对《圣经·创世纪》的相关细节进行了考察，尽管他们的研究视域和考察方式并不相同，但有一些观点具有内在的相通之处。我们可以将这两种彼此陌异的思考勾连在一起，组成一个思想的"异质联盟"，创造事件，开启另类启蒙。

## 一、羞耻和命名——德里达的解构

在《动物，故我是/故我追随》的开头，德里达讲述了他的一次裸体经历：他在浴室里赤身裸体，羞愧地站在家猫面前。他写道："我很难抑制这种羞耻的本能反应（a reflex of shame）……在一只猫面前一丝不挂，它一动不动地盯着我，只是为了看看（just to see）。"[1] 他为自己的不得体行为感到羞耻，然而在自己的母语中，并没有恰当的词汇来形容这一行为。法语词"malséance"是"失礼""不得体"的意思，它指的是人在他人面前的失礼行为。德里达自创了"animalséance"一词来形容"一种动物在另一种动物面前赤身裸体的失礼行为"。[2] 他指出，这是一种"不可比较的、原初的失礼体验"，它揭示了真理的原初面貌。[3] 眼前的这只猫目不转睛地看着他，它的眼神里有没有爱意呢？它这么注视着他，是因为惊讶吗？

---

[1] Jacques Derrida, *The Animal That Therefore I Am*, ed. Marie-Luise Mallet, trans. David Wills (New York: Fordham University Press, 2008), 4.

[2] Ibid., 4.

[3] Ibid., 4.

对此，德里达并不清楚，在这一刻，猫的眼神是难以捉摸的。猫不再是他的宠物，而仿佛是一个先知，是一个有着超凡远见的盲者。[①] 德里达所描述的这一场景是对《圣经·创世纪》中"人类堕落"事件的戏仿。亚当和夏娃违背了耶和华的戒律，偷吃了知识树上的果子，于是，"两人的心眼打开了，他们看出自己赤身露体"（3:7）。当耶和华来到园中，他们便藏到了树林里，"躲避耶和华神的面"：一方面是因为他们违背了戒律，对神有亏欠感；另一方面则是因为自己赤身裸体，羞于见神（3:8-3:10）。在德里达所描述的"animalséance"（动物的失礼）场景中，亚当和夏娃被置换为哲学家本人，上帝被置换为猫。赤身裸体的哲学家被猫目不转睛地盯着看，一种出自本能的羞耻之感油然而生。这是哲学家的第一情绪反应，是一种原初的失礼体验，它到底意味着什么呢？

在回答这一问题之前，德里达讲述了他的情绪转变：停驻片刻以后，他又为"心生羞耻"而感到羞耻。这是一种"经过反射的间接羞耻"，是"为自身感到羞耻而产生的羞耻镜像"。[②] 我们可以看到，此处有两种"羞耻"情绪：第一种是直接的羞耻感，是哲学家的本能反应，是第一情绪；第二种是间接的羞耻感，是哲学家恢复理智之后的派生性反应，是非原初的情绪。我们先看这种"间接的羞耻感"的缘由。德里达指出，人在一只猫面前赤身裸体，似乎不应感到羞耻，他为自己在一只猫面前心生羞耻而感到羞耻。[③] 这是因为，在西方文化中，裸体意识是人类的专有特征。"动物浑身赤裸而不自知，正是这一点，最终使人类区别于动物。因为它们没有裸体的知识，所以无所谓'赤裸'，也没有善恶的观念。"[④] 在万物众生中，只有人类有裸体的知识，也只有他们想用衣物来遮蔽自己的裸体。

---

[①] Jacques Derrida, *The Animal That Therefore I Am*, ed. Marie-Luise Mallet, trans. David Wills (New York: Fordham University Press, 2008), 4.

[②] Ibid., 4.

[③] Ibid.

[④] Ibid., 4-5.

> 穿衣是人类的独特属性之一，尽管人们较少谈论它，但它与人类的其他专有属性(如言语、理性、逻各斯、历史、笑、哀悼、埋葬、礼物等)密不可分。这一"人类专有属性"的清单从一开始就形成了一种构造（configuration）。正因如此，它是永远敞开的，不会局限于一个属性。从结构上来讲，它可以产生不计其数的概念，从一个概念的概念开始。①

此处，德里达罗列了"人类专有属性"的概念清单，这一清单"从一开始就形成了一种构造"（forme toujours une configuration）。②"configuration"的词根是"fig"，意思是"制造""塑造"。从这个意义上来说，这一概念清单是一台制造机：西方主流文化借助它将人类与动物区分开来，从而制造人类，捍卫人性。德里达认为，在西方文化史上，大体有两种动物话语：一种话语刻意忽视了动物的能动性，将动物看作是机器；一种话语则捍卫动物的能动性，将动物看作是伦理意义上的他者。③第一种往往是哲学、科学和理论话语，第二种则往往是诗歌话语。显然，第一种话语占据绝对优势。在《动物，故我是/故我追随》中，德里达批判了笛卡尔以来的动物话语。④他指出，笛卡尔的"动物机器说"奠定了现代形而上学思考动物生命的整体基调。之后的康德、海德格尔、列维纳斯和拉康等都在笛卡尔的思想框架中来描述动物，刻意忽视动物的主动性，将动物定义为"只可被看，却无法主动看"（something seen and not seeing）的存在。⑤这些哲学家都在"逻各斯（包

---

① Jacques Derrida, *The Animal That Therefore I Am*, ed. Marie-Luise Mallet, trans. David Wills (New York: Fordham University Press, 2008), 5.

② Jacques Derrida, *L'animal que donc je suis* (Paris: Galilée, 2006), 19.

③ Jacques Derrida, *The Animal That Therefore I Am*, 13.

④ 除了《动物，故我是/故我追随》外，德里达也在《明天会怎样？》《野兽与主权者》等文本中批判了笛卡尔以来的动物话语。

⑤ Jacques Derrida, *The Animal That Therefore I Am*, 14.

括语言、理性、死亡、技术等能力）中心主义"的框架中探讨动物问题，从能力入手探讨生命，通过制造动物之无能来凸显人类之能。动物被剥夺了拥有"逻各斯"的能力，人类的优越性由此确立，这便是制造人类的机制。形而上学暴力体现为从否定性角度思考动物，这已经形成了一种思维定式，渗透于西方政治、法律、伦理乃至日常生活的各个面向。在《"健康饮食"，或主体的算计》（*"Eating Well", or the Calculation of the Subject*）《法律的力量》（*Force of Law: The "Mystical Foundation of Authority"*）以及《野兽与主权者》（第一卷）中，德里达都谈到了"食肉—菲勒斯逻各斯中心主义"（carno-phallogocentrisme）这一自创性概念。"carno"对应于"meat"，"phallo"对应于"masculine"，"carno-phallogocentrisme"一词揭示了一个巨大的吞食机器的运作过程，揭示了西方文化中各种对立性边界（文明与自然、男性与女性、人与动物等）之建构的内在机制。①

> 在我们的文化中，食肉牺牲是基本的、占主导地位的，它受到了高度发达的工业技术的调节，正如在动物身上进行的生物实验一样，这对我们的现代性是最为根本的。我在别的地方试图证明，食肉的献祭牺牲对于主体性结构是本质的，也可以说，对意图主体的建立、对法律主体的建立，至少是对法权主体的建立是最为根本的。②

在德里达看来，任何主体或主权的建构都需依赖"食肉的献祭牺牲"，这里的"食肉"既指字面意义上的借吞食他者来获取营养，也指

---

① [法]雅克·德里达：《野兽与主权者》（第一卷），第33页。[Jacques Derrida, *The Beast and the Sovereign*, Vol. I, 33.]

② [法]雅克·德里达：《法律的力量》，载《〈友爱的政治学〉及其他》，胡继华译，长春：吉林人民出版社，2006年版，第430页。[Jacques Derrida, "The Force of Law," in *The Politics of Friendship and Other Articles*, trans. HU Jihua (Changchun: Jilin People's., 2006), 430.]

象征性的吞食。范式意义上的主体往往是成人男性（父亲、丈夫、兄弟），这便是"兄弟之爱"图式（the fraternal schema）的特权。[①] 这里面蕴含着一种排他性暴力，暴力的受害者是动物、女人、孩子等。有鉴于此，德里达指出，我们需认清"食肉—菲勒斯逻各斯中心主义"的运作机制，并借此"重新思考统治着西方正义和非正义思想的全部公理，而这些公理是属于形而上学—人类中心论的"。[②]

让我们再回到德里达所讲述的"羞耻"情绪：一种是直接的羞耻感，一种是间接的羞耻感。后者很快遮掩了前者，但敏锐的哲学家捕捉到了这一"羞耻"情绪的流变，并对它们进行了考察。间接的羞耻感是后天的知识和教育的结果，它透露出哲学家的思维惯性：裸体意识是人的专属特征，动物没有裸体意识，人类优越于动物。德里达致力于打破这种思维惯性，为此，他对"直接的羞耻感"进行了剖析。赤身裸体的他为何会在一只猫面前心生羞耻？这一本能反应意味着什么？首先，它意味着人的"缺陷"，而非"优越"。德里达指出，

> 衣服源自于技术，因此，我们必须将羞耻感和技术放在一起思考，将之看作是同一"主题"——它还涉及罪恶、历史、工作等其他相关要素。人类是唯一一种发明衣物来遮羞的动物。[③]

德里达分别从普罗米修斯神话和《圣经·创世纪》来探讨该话题。在普罗米修斯神话中，众神委托普罗米修斯和爱比米修斯为动物们分配能力，爱比米修斯独揽差事，给不同种类的动物分配了毛皮、锋利的牙齿

---

[①] Derrida & Nancy, "'Eating Well', or the Calculation of the Subject: An Interview with Jacques Derrida," in *Who comes after the Subject*, ed. Eduardo Cadava & Peter Connor & Jean-Luc Nancy (New York & London: Routledge, 1991), 114.

[②] [法]雅克·德里达：《法律的力量》，载《〈友爱的政治学〉及其他》，第430-431页。[Jacques Derrida, "The Force of Law," in *The Politics of Friendship and Other Articles*, 430-431.]

[③] Jacques Derrida, *The Animal That Therefore I Am*, 5.

和爪子等，却唯独遗忘了人类。为了弥补爱比米修斯的过失，普罗米修斯从诸神那里盗来火种，使人类掌握了技术。德里达说道："悖谬的是，基于人的缺陷或弱点，人后来却凭此一跃成为自然和动物的主人。基于这一缺失，这一显而易见的缺失，人类轻而易举地建立或确定了自身的特性，建立了自己相对于动物生命的优越性。而这种优越性、无限性以及傲视众生的姿态既具有绝对性，又具有献祭色彩。"[1] 在《圣经·创世纪》中，生活在伊甸园里的亚当和夏娃浑身赤裸但并不以此为耻，然而，"在某条蛇经过之后，他们开始察觉到自己的赤裸状态，并开始以此为耻"。[2] 在蛇的诱惑下，夏娃和亚当违背了上帝的律令，分食了知识树上的果子，也便有了裸体意识和羞耻之心。由此看来，裸体意识和羞耻体验并不表明人类优越于动物，反而揭示了人类的原初罪恶。人是穿衣（使用技艺）的动物，"穿衣"原本是为了遮掩自身的原初缺陷和原初罪恶，人类却将之变成一种价值评判标准：穿衣是好的，是得体的，是文明的；裸体则是坏的，是不得体的，是野蛮的。他们将自己与动物对立起来，在两者之间制造矛盾，树立"异己者"，通过压制它们来建构自我。人性建立的这一逻辑带有尼采笔下的"奴隶道德"的意味。

其次，赤身裸体的哲学家在猫的注视下心生羞耻，这种羞耻之心源自于一种亏欠感。羞耻心和亏欠感是哲学家的第一情绪反应，它发生在理性的认知之前，发生在哲学家被知识体系所笼罩之前。此刻，人尚未成为"人"，猫也尚未成为"猫"。这是两个纯粹的鲜活生命，没有等级，没有统治。德里达强调，眼前这只真实的小猫是观看的主体，拒绝被认知，与"我"保持绝对差异。它无法破译（uninterpretable）、难以解读（unreadable）、无法确定（undecidable）、深不可测（abyssal）。[3] 它独立于"我"的意识之外，未被"我"占有和把握，呈现出绝对的外在性和陌异性。它"身上没有承载我们的文化赋予猫

---

[1] Jacques Derrida, *The Animal That Therefore I Am*, 20.

[2] Ibid., 16.

[3] Ibid., 12.

科动物的象征性责任"，它尚未被归类，尚未被概念化和种属化，人类的知识在它面前失效了。① 在人和猫以赤裸之身相见的那一瞬间，两者都是"贫乏"之身，都尚未担负人类历史加载在它们身上的文化所指。德里达自言，他的第一情绪反应是"羞耻"，这是一种带有伦理色彩的"亏欠感"：在这里，猫是伦理意义上的他者，它脆弱的面容抵抗"我"的施暴，悬置了我之"所能"，它召唤"我"为它负责，与"它"建立一种新型的关系。

在德里达看来，他和猫的这一次邂逅具有原初性和事件性。它在哲学家毫无防备的情况下发生，打破了他的生活节奏和认知框架。这是一次眩晕体验，是一次思想的断裂，同时也是一次驻足思考的机会，一次重整乾坤的契机。为了阐明"食肉—菲勒斯逻各斯中心主义"的神学源头，为了挖掘神学原初场景所蕴含的伦理潜能，德里达对《圣经·创世纪》中的两种叙事进行了考察。在德里达的第一种叙事中，上帝按照自己的形象创造了人，"使他们管理海里的鱼、空中的鸟、地上的牲畜，以及全地和地上所有爬行的生物"（1:26）。在这里，我们可以看到，人拥有神赐的权威来管理动物。动物比人类更早来到这个世界，人类紧随其后（aprés），是后来者。然而，人类不仅丝毫没有作为"后来者"的谦卑之心，反而"后来而居上"，一跃成为"先来者"动物的主人。此处的"aprés"（在……之后）原本指的是受造时间上的先后顺序，经由人类的转换，却变成了一个暗含等级关系的方位词：人类在动物的后面，像猎人一样监督它、窥视它。德里达提出一连串的疑问："在有名字之前，谁先诞生的呢？很久以前，谁先看到对方来到这里呢？谁会是第一位居民？谁是主人？谁是主体？谁长期以来一直是暴君？"② 动物是先"我"而来者，"我"应对它们说一句"您先请"（Aprés vous），从而将暴君姿态置换为他者中心主义的伦理姿态。

在第二种叙事中，德里达认为上帝用地上的尘土创造了亚当，并

---

① Jacques Derrida, *The Animal That Therefore I Am*, 9.
② Ibid., 18.

在东方为他造了一个园子。尔后，上帝将各样的野兽和飞鸟带到亚当面前，"看（in order to see）他给它们叫什么名字；那人怎样叫各样有生命的活物，那就是它的名字"。（2:19）德里达指出，"in order to see"这一表述意味深长：一方面，上帝要看看亚当如何为动物命名，他是这场演出的观看者，这表明他拥有"无限的监察权力"（the infinite right of inspection）；另一方面，"in order to see"又标识着上帝的限度，他不知道接下来会发生什么，无法预知亚当如何为动物命名。① 也就是说，亚当可以按照自己的意愿为动物命名，上帝不加干涉。然而，亚当通过为动物命名的方式将它们纳入到自己的绝对权威之下，并将其视为神赐的权力。在德里达看来，这是一种暴力的命名，它蕴含着动物"深深的悲伤"（deep sadness）。② 对动物们来说，亚当的命名是一个灾难性事件：当亚当和动物们面对面遭遇的时候，他忽视了动物的注视和面容，而这正是"食肉—菲勒斯逻各斯中心主义"的神学源头。

德里达写道："它（这只猫）一动不动地盯着我，只是为了看看（just to see）。"③ 在这里，德里达将猫的"just to see"和上帝的"in order to see"相互重叠，它们都向未来敞开，都指向不可决断的将临之未来。"我仿佛听见猫或上帝在问自己，或问我：他会呼唤我吗？他会向我致意吗？这个赤身裸体的男人，会怎样为我命名呢？"④ 德里达强调，他和猫的这次邂逅具有原初性，仿佛回到了时间的本源。他要用诗性命名来取代亚当的暴力命名，前者是对动物的亏欠、致意和责任，而后者则是对动物的管理、驯化和杀戮。为此，他自创了"animot"一词来取代"animal"。可以说，"animal"是一种暴力命名，而"animot"则是一种诗性命名。他指出，"animal"是单数总称，指涉一切非人类

---

① Jacques Derrida, *The Animal That Therefore I Am*, 18.

② Ibid., 19.

③ Ibid., 4.

④ Ibid., 18.

的生物，"完全不顾蜥蜴与狗、原虫与海豚、鲨鱼与绵羊、鹦鹉与猩猩、骆驼与老鹰、松鼠与老虎、大象与猫、蚂蚁与蚕、刺猬与针鼹之间的差异"。[1] "animot" 一词有"批判"和"建构"双重意味：一方面，法语 "mot" 的意思是"词""句"，相当于英文中的 "word"，对应于 "logos"，德里达用 "ani" + "mot" 组词意在揭示"食肉—菲勒斯逻各斯中心主义"的运作机制；另一方面，在法语中，"animot" 的发音与 "animaux"（"animal" 的复数形式）近似，这是复数的"动物"，是无数陌异的生命所组成的多元体。[2]

## 二、穿衣神学与赤裸生命——阿甘本

"裸体"是阿甘本的关键概念，正如威廉·罗伯特（William Robert）所言，阿甘本通过写作 "Homo Sacer" 系列著作将自己呈现为思考"裸体"的哲学家（a thinker of nudity），于他而言，"裸体是一种范式，与识别标志（signature）密切相关，其实，这就是一种装置（apparatus），其目的在于生产"。[3] 在这一点上，德里达与阿甘本有共通之处，因为在前者看来，"裸体意识"是一种区分人与动物的装置，其目的也是生产人性。这两位哲学家都关注裸体和动物生命，都对西方知识话语体系区分人与动物的标准展开了批判。然而，在这些主题方面，他们也存在不同之处。首先，德里达推崇"原初的贫乏状态"，即人和动物都卸去了文化的承载，将自身还原为脆弱的有死生命。在他看来，对文化之外衣的主动剥除，可有助于重塑人与动物之关系。阿甘本也关注"原初的贫乏状态"，但却为之赋予了截然不同的含义。在他看来，政治装置通过剥除人的"外衣"来制造动物性生命，原初的贫乏状态其实是政治暴力的产物。其次，德里达关注的

---

[1] Jacques Derrida, *The Animal That Therefore I Am*, 34.
[2] Ibid., 47-48.
[3] William Robert, "Nude, Glorious, Living", in *Political Theology*, 14.1(2013), 117.

是动物生命，而阿甘本则关注的是人类共同体内部被动物化的人类生命，他称这类生命为"赤裸生命"。

在"Homo Sacer"系列著作中，阿甘本探讨的一个核心主题是权力装置生产赤裸生命的内在机制。"nuda vita"对应于英文的"bare life"或"naked life"。在《语言与死亡》（1982）的结尾，阿甘本分析了语言结构与人类共同体结构之间的内在一致性。他指出，只有语音丧失了位置，成为"空"位，人类的语言才能发生。同理，人类共同体建立在一种原初排除机制的基础上，它通过制造和排除赤裸生命来维持共同体的合法性。他写道："事实上，生命的神圣化也源于献祭：从这一点来看，它只是把赤裸的自然生命（the naked natural life）丢给它自身的暴力及其不可言说性，从而将一切文化规则和语言根植于其中。"[①] 也就是说，西方的文化和语言根植于对"赤裸的自然生命"的暴力性生产。在《神圣人：至高权力与赤裸生命》中，阿甘本将"赤裸生命"一词追溯至本雅明。[②] 在《暴力批判》（*Zur Kritik der Gewalt*，1921）一文中，本雅明使用了"bloßes Leben"（纯粹的生命）一词。在德语中，"Bloß"的意思是"仅仅""纯粹""赤裸"。在该文中，本雅明将"纯粹的生命"与司法暴力相关联。[③] 正如杜兰塔耶（Leland de la Durantaye）所言，在本雅明这里，"纯粹的生命并不是一种原初状态，而是通过被剥夺了'依据'和'属性'而变得可见的东西"[④]。在本雅明的启发下，阿甘本将这一概念挪移到生命政治的语境中。在《神圣人：至高权力与赤裸生命》的结尾，阿甘本指

---

① Giorgio Agamben, *Language and Death: The Place of Negativity*, trans. Karen E. Pinkus with Michael Hardt (Minneapolis: University of Minnesota Press, 2006), 106.

② [意]吉奥乔·阿甘本：《神圣人：至高权力与赤裸生命》，第96页。[Giorgio Agamben, *Homo Sacer: Sovereign Power and Bare Life*, 96.] 参见Carlo Salzani, "The Notion of Life in the Work of Agamben", in *Comparative Literature and Culture*, 14.1(2012), 3。

③ [意]吉奥乔·阿甘本：《神圣人：至高权力与赤裸生命》，第96页。[Giorgio Agamben, *Homo Sacer: Sovereign Power and Bare Life*, 96.]

④ 转引自Carlo Salzani, "The Notion of Life in the Work of Agamben," in *Comparative Literature and Culture*, 14.1(2012), 3. 原文参见Leland de la Durantaye, *Giorgio Agamben: A Critical Introduction* (Stanford: Stanford University Press, 2009), 203。

出，主权权力的根本活动是生产赤裸生命，赤裸生命是原初的政治元素，是自然与文化、zoē和bios之间的连接门槛。① "赤裸生命"中的"赤裸"对应的是希腊语"haplōs"。在形而上学领域，该词指的是纯粹的存在。西方形而上学将人规定为"有理智的动物"（thinking animal），其根本活动是将"纯粹存在"（pure being）从"存在"这个词的诸多意义中分离出来。② 这一点与西方政治的根本活动相类似：西方政治将人定义为"政治的动物"（political animal），其运作机制是将赤裸生命从具体生命（concrete life）的诸多形式中分离出来。③ 阿甘本指出，对于形而上学和西方政治来说，"纯粹存在"与"赤裸生命"这两个概念"含混不清、无法透视"，然而，正是这两个概念，"成为西方历史—政治命运的关键"④。

何谓"赤裸生命"？阿甘本回归西方形而上学和政治的源头，探索古希腊人的"生命"概念。他指出，古希腊人用"zoē"来指涉一切生物（包括动物、人类、神）所共有的生存方式，用"bios"来指涉某个体或群体所专有的生活方式。⑤ 也就是说，"zoē"指的是单纯活着的生命，而"bios"则指的是一种生存风格，"它意味着生命应该有一种质量，应该为自己建造一种特殊的形式，即超出单纯活着之外的具有某种特殊风格的生命形式"⑥。赤裸生命与政治相关，与共同体相关，它是被共同体所"纳入—排除"的生命。它与"zoē"都是没有品质的生命状态，然而两者有所不同。因为赤裸生命在政治领域被剥夺了品质，它不再是"zoē"，但又尚未成为"bios"，这一居间状态恰恰是赤裸生命的本质。

2002年，阿甘本出版了专著《敞开：人与动物》（*L'aperto: L'uomo*

---

① Giorgio Agamben, *Homo Sacer: Sovereign Power and Bare Life*, 181.
② Ibid., 182.
③ Ibid., 182.
④ Ibid., 182.
⑤ Giorgio Agamben, *Homo Sacer: Sovereign Power and Bare Life*, 9.
⑥ 汪民安：《何谓赤裸生命》，载《马克思主义与现实》，2018年第6期，第88页。[WANG Min'an: "What is Bare Life?" in *Marxism and Reality*, no.6(2018), 88.]

*e l'animale*）。在该书中，他以"人类学机器"（the anthropological machine）为线索，以"人与动物之区分"为主题，揭示了神学、哲学、生物学领域制造非人生命的机制。"人类学机器"预设了"人/人性"的存在，并通过制造人与动物的二元对立来生产"人"与"非人"。2006年，阿甘本出版了文集《什么是装置？》（*Che cos'è un dispositivo?*）。在同名文章《什么是装置？》中，他指出，早期神学中的"oikonomia"概念、黑格尔的"实证性"（positivité）概念、海德格尔的"集置"（Gestell）概念以及福柯的"装置"（dispositif）概念有共通之处，它们都指向的是引导和管束人类的思维习惯和行为方式的"一套实践活动、知识体系、措施和制度"。① 阿甘本在此基础上对"dispositif"的意义进行了拓展。在他看来，"dispositif"从来不是"人类偶尔深陷其中的偶然事件"，而是植根于"使'人类'脱离动物的'人类化'进程中"。②

> 对于活生生的存在来说，创造了人类的那个事件，构成了某种区分，后者又以某种方式复制了oikonomia引入了上帝的那种存在与运动之间的区分……通过这些装置，人试图废弃那些早已与自己分离的动物性行为，并且享受开放性本身以及存在（就开放性即存在而言）。在每个装置的根部，都存在一种太过人性的幸福欲求。在一个独立的领域，捕获这种欲望并且使之主体化，是装置明白无误的能力。③

阿甘本"创造了人类的那个事件，构成了某种区分"的意思是说，人类和动物同是上帝的受造物，然而上帝按照自己的形象创造了人，这意味着人类自其诞生的那一刻便优于动物。尔后，上帝赋予

---

① [意]吉奥乔·阿甘本：《什么是装置？》，载阿甘本：《论友爱》，刘耀辉、尉光吉译，北京：北京大学出版社，2017年版，第15页。[Giorgio Agamben, "What is an Apparatus?" in *Friendship*, trans. LIU Yaohui & WEI Guangji (Beijing: Beijing UP, 2017), 15.]
② 同上，第20页。
③ 同上。

了人类管理伊甸园动物的权力。上帝是动物的创造者，人类则是动物的管理者。这种区分又被复制，成就了上帝的存在和上帝的管理的区分。在这里，阿甘本意义上的"dispositif"不仅指涉人的"主体化"过程，还指涉"人类化"的整个进程。人性化和主体化的过程是同一过程。我们可以看到，在阿甘本这里，"人类学机器"和"装置"这两个概念其实表达的是同一内涵。这两个概念又和德里达的"食肉—菲勒斯逻各斯中心主义"概念有着共通之处：它们都意在揭示主体或主权在建构过程中的排他性暴力。

2009年，阿甘本写下了《裸体》一文，他从裸体角度深入考察了神学"装置"的运作机制。他指出，在西方文化语境中，赤裸总是与"一种神学印记"相关。[1] 为此，他援引了神学家埃里克·彼特森（Erik Peterson）在《穿衣的神学》（*Theology of Clothing*）一文中的观点。在《圣经·创世纪》中，亚当和夏娃在偷吃禁果之后有了裸体意识，"于是两人的心眼打开了，他们看出自己赤身露体"（3:7）。人"是不穿衣服被创造出来的"，他"拥有与神圣本性完全不同的自然本性"，他之所以浑身赤裸，是为了穿上神的恩典之衣。[2] 在偷食禁果之前，人类没有穿衣服，但呈现出"非赤裸"的状态，这是因为上帝的恩典像衣服一样包裹着人的身体。偷食禁果以后，人类失去了上帝的荣耀，身体失去了高贵性，呈现出纯粹肉体的赤裸状态。[3] 也就是说，受造时的亚当和夏娃是纯粹的赤裸状态，这是他们的本性，同时也预设了罪的可能性。这种本性必须在上帝的荣耀中获得圆满。上帝的恩典是一件外套，是随时可以被剥夺的外在之物。"它也意味着额外的恩典一开始就把人类的身体建构为'赤裸的'，而恩典的丧失总是重新回到裸体的展现中去"。

[1] [意]吉奥乔·阿甘本:《裸体》，载吉奥乔·阿甘本:《裸体》，黄晓武译，北京：北京大学出版社，2017年版，第105页。[Giorgio Agamben, "*Nudities*," in *Nudities*, trans. HUANG Xiaowu (Beijing: Beijing UP, 2017), 105.]

[2] 同上，第111页。

[3] 同上，第109页。

[4] 同上，第116页。

④ 这便是阿甘本所说的"神学装置"：它预设了本性与恩典、裸体和穿衣的二元对立。"赤裸的肉体，就像赤裸的生命一样，只是罪行晦暗而无形的承担者。实际上，存在的只是赤裸，只是不断从人身上除去衣物和恩典的行为。"① 值得注意的是，阿甘本这里存在两种赤裸：第一种是原初的赤裸，这意味着先在的本性；第二种是被剥夺了恩典之衣的赤裸，这意味着堕落的本性。在本性方面，原初赤裸的人类与动物生命并无二致，只不过前者在受造之后穿上了上帝的恩典之衣。

吃下禁果之后，亚当和夏娃的心眼开了，并拥有了裸体意识。阿甘本指出，"他们关于善恶的知识的唯一内容只是裸体"。② 裸体意味着动物本性，意味着罪恶，意味着堕落；恩典之衣则意味着神性，意味着恩典，意味着救赎。这便是神学装置所生产的二元对立知识，我们从中清晰可见本性/恩典、堕落/救赎、zoē/bios之区分。在《敞开：人与动物》中，阿甘本对托马斯·阿奎那《神学大全》中的一段话进行了批判性的考察：

> 纯真状态下，人在身体方面不需要动物。他们虽全身赤裸但不感到羞耻，因此不需要衣服，也没有色欲之妄想；他们不需要以动物为食，因为天堂之树的果子足以果腹；他们的身体强健，不需要动物为其负重行远。然而，人还是需要动物，是为了对动物的天性有实验性的认知（an experimental knowledge）。正因如此，上帝将动物领到人的面前，让人给动物命名，因为名字是用来标明动物天性的。③

---

① [意]吉奥乔·阿甘本:《裸体》，载吉奥乔·阿甘本:《裸体》，黄晓武译，北京：北京大学出版社，2017年版，第141页。
② 同上，第145页。
③ Giorgio Agamben, *The Open: Man and Animal*, trans. Kevin Attell (Stanford: Stanford University Press, 2004), 22.

在阿甘本看来，这段表述呈现了神学装置生产人性的运作机制。伊甸园中的人不需要以兽皮为衣，也不需要以肉为食，更不需要动物为其负重行远。然而，他们仍然需要动物，是为了对它们有一种实验性的认知。亚当通过命名的方式表明了动物之天性，从而划清了人与动物之间的界限，也由此在自身内部区分了动物本性和人性。这种实验性认知的目的是通过制造人与动物之对立来生产人（性）。

## 三、"装置"的终结和弥赛亚

尽管德里达与阿甘本的思想有着巨大的差异，但在某些主题方面，他们的思想彼此呼应、相互补充。他们都关注排他性的暴力问题，都将这种暴力归于人与动物的二元区分。德里达将这种暴力机制命名为"食肉—菲勒斯逻各斯中心主义"，阿甘本则将其命名为"装置"或"人类学机器"。不同的是，德里达关注的是人类对动物的暴力，阿甘本则更关注的是人类共同体内部制造动物性生命的运作机制。尽管如此，这两位哲学家都主张去除"人（性）/动物（性）"的二元对立，使"人（性）"走向终结。"食肉—菲勒斯逻各斯中心主义"或"装置"的文化根基是什么？为了寻根溯源，德里达和阿甘本都不约而同地对《圣经·创世纪》的一些细节进行了考察，都对"裸体"进行了探讨。在德里达看来，"裸体意识"归属于"人类专有属性"的概念清单，它致力于将人和动物区分开来，从而划定生命的等级。在阿甘本看来，"裸体意识"是一种神学装置，它制造了本性/恩典、zoē/bios的二元对立。

如何瓦解"食肉—菲勒斯逻各斯中心主义"或"装置"呢？德里达尝试挖掘《圣经·创世纪》中所蕴含的伦理潜能。他尤其关注上帝授权亚当命名动物的场景。上帝授权亚当，是为了看看他如何为动物命名。"为了看看"这一短语表明，即便是有着无限权能的上帝也要

---

① Martin Hägglund, *Radical Atheism: Derrida and the Time of Life*, (California: Stanford University Press, 2008), 142.

服从不确定的将来，也无法免于有限性的规束。[①] 德里达通过解读这一细节意在强调存在的有限性和敞开性。他有一个非常重要的概念，即"无弥赛亚主义的弥赛亚性"（the messianic without messianism）。[①] 如果说"弥赛亚主义"许诺着救世主的到来，许诺着永恒和平和绝对正义的到来，那么德里达的"无弥赛亚主义"则破除了这种终极信仰，向不确定的将来敞开。永恒和平和绝对正义等同于死寂，每一个承诺都会被将临的另一承诺所取代，每一个真理都会被将临的另一真理所遮掩，世界其实是踪迹结构，此外无他。在不可决断的未来，并没有至善至美的终极价值。同样，众生万物被时间之大法所规束，生命是有限的，同时也是无限敞开的。生命应破除自身的闭环，直面机遇和风险，向无可辨识的"全然他者"敞开。这里的"全然他者"既包括有生命之物，也包括无生命之物（他们不存活于当下，不是当下在场的生物，不是同时代的生物，也就是说，他们已经死去或尚未出生，他们是非在场生物或并不在当下的生物）。[②] 换言之，人们不仅应对在场的一切生命负有伦理责任，还应对不在场的生命负有伦理责任，这包含对死者的债务以及对尚未出生者的义务。德里达强调人与"全然他者"之间的原初相遇：在这种相遇中，彼此都剥去了文化的承载（外套），将自身呈现为贫乏的赤裸之身，呈现为脆弱的有限生命。他们彼此注视，相互致意，用一次诗意的命名来创造事件，重塑伦理关系。

如果说在德里达那里，"贫乏的原初赤裸"呈现出一种伦理潜能，那么在阿甘本这里，它则呈现为一种政治暴力。从他们的视角来看，在《圣经·创世纪》中，亚当和夏娃被创造出来的时候是赤身裸体的，和动物一样，他们的本性被设定为"不完美"。他们之所以赤

---

[①] Martin Hägglund, *Radical Atheism: Derrida and the Time of Life*, (California: Stanford University Press, 2008), 132.

[②] [法]雅克·德里达：《野兽与主权者》，第174页。[Jacques Derrida, *The Beast and the Sovereign*, Vol. I, 174.]

裸是为了穿上上帝的荣耀之衣。他们的生命被分裂为两个范畴：不完美的裸体（本性）以及上帝的荣耀之衣（恩典），前者对应于zoē，后者对应于bios。如何终止装置的运作呢？阿甘本也呼唤"弥赛亚"的到来，只不过他所说的"弥赛亚"与德里达的"弥赛亚"在内涵上有所不同。在他这里，"弥赛亚"指向的是无用和安息（inoperosità）。2000年，阿甘本出版了探讨"弥赛亚"生活的专著《剩余的时间》（*Il Tempo che resta*）。何谓"弥赛亚"生活呢？《哥林多前书》中有这么一段话："有人已受割礼蒙召呢，就不要废割礼；有人未受割礼蒙召呢，就不要受割礼。受割礼算不得什么，不受割礼也算不得什么……各人蒙召的时候是什么身份，仍要守住这身份(εν τη κλησει'η εκληθη)。"（7:17-22）[①] 在这里，"εν τη κλησει'η εκληθη"直译为"停留在他受到召唤时正负的使命(κλησει)中"。阿甘本指出，这句话体现了弥赛亚的事业。每个人的"使命"是什么?是停留在当下的状态中，保持不动。割礼原本很重要，因为它是区分犹太人和非犹太人的标准，是区分奴隶和自由人的标准，然而在这里，这种区分无效化了。[②] 受割礼不算什么，不受割礼也不算什么，"使命"(κλησει)描绘了一种律法的无用状态。在接下来的段落中，保罗对弥赛亚生活进行了严格的规定："从此以后，那有妻子的，要像没有(hōs mē; as not)妻子；哀哭的，要像不哀哭；快乐的，要像不快乐；置买的，要像无有所得；用世物的，要像不用世物。因为这世界的样子将要过去了。我愿你们无所挂虑。"(7:29-32)[③] 阿甘本指出，"要像不"是一种弥赛亚生活的表述，这意味着让所有的社会身份和属性变得无用，然而又并未确立新的身份。弥赛亚之"能"体现在"柔弱"之中，它旨在悬置律法，取消行动，令其安息。

---

① 转引自[意]吉奥乔·阿甘本：《剩余的时间》，钱立卿译，长春：吉林出版集团，2011年版，第24-25页。[Giorgio Agamben, *The Time That Remains*, trans. QIAN Liqing (Changchun: Jilin Publishing Group, 2011), 24-25.]

② 同上，第29页。

③ 转引自[意]吉奥乔·阿甘本：《剩余的时间》，第29页。

2009年，阿甘本发表了《公牛的饥饿：对安息日、庆典和安歇的思考》一文。如文章标题所示，他将"无用"与"安息日"关联在一起。如《圣经·创世纪》中写道："上帝赐福给第七日，定为圣日，因为上帝在这一日安歇，放下了创造万物的一切工作。"（2:2-3）据此，安息日是庆典日，信徒们需放下日常工作，敬奉上帝。阿甘本指出，庆典日是对人类活动的重新界定。如果说工作日关涉的是人类能做什么，那么庆典日则关涉的是人类能不做什么，前者关涉潜能的实现，后者则关涉潜能的保存。在阿甘本看来，在庆典日里，"吃，不是为了果腹；穿，不是为了蔽体或防寒；醒来，不是为了工作；走路，不是为了去某个地方；说话，不是为了交流信息；交换物品，不是为了买卖"①。在阿甘本这里，"无用"是一种带有安息日色彩的悬置，它使生命的特定功能无效化，使其转化为可能性。②"无用"尝试为生命开启新的用途，使之无法被归类和界定，最终成为无法被装置所捕获的存在。

---

① [意]吉奥乔·阿甘本：《公牛般的饥饿：关于安息日、庆典和安歇的思考》，载阿甘本：《裸体》，第201页。[Giorgio Agamben, "Hunger of an Ox: Considerations on the Sabbath, the Feast, and Inoperativity," in *Nudities*, 201.]

② Carlo Salzani, "Inoperative/Deactivation," in *The Agamben Dictionary*, ed. Alex Murray & Jessica Whyte (Edinburgh: Edinburgh University Press, 2011), 107-108.

# 参考文献 [Bibliography]

## 西文文献 [Works in Western Languages]

Agamben, Giorgio. *Homo Sacer: Sovereign Power and Bare Life*. Translated by Daniel Heller-Roazen. Stanford: Stanford University Press, 1998.

_____. *Language and Death: The Place of Negativity*. Translated by Karen E. Pinkus with Michael Hardt. Minneapolis: University of Minnesota Press, 2006.

_____. *The Open: Man and Animal*. Translated by Kevin Attell. Stanford: Stanford University Press, 2004.

Derrida, Jacques, and Jean-Luc Nancy. *Who Comes After the Subject*. Edited by Eduardo Cadava, Peter Connor, and Jean-Luc Nancy. New York & London: Routledge, 1991.

Derrida, Jacques. *L'animal que donc je suis*. Paris: Galilée, 2006.

_____. *The Animal That Therefore I Am*. Translated by David Wills. New York: Fordham University Press, 2008.

Hägglund, Martin & Radical Atheism. *Derrida and the Time of Life*. California: Stanford University Press, 2008.

Salzani, Carlo. *The Agamben Dictionary*, edited by Alex Murray & Jeessica Whyte. Edinburgh: Edinburgh University Press, 2011.

Salzani, Carlo. "The Notion of Life in the Work of Agamben." in *Comparative Literature and Culture*, 14.1(2012), 1-9.

Robert, William. "Nude, Glorious, Living." in *Political Theology*, 14.1(2013), 115-130.

## 中文文献 [Works in Chinese]

[意]吉奥乔·阿甘本：《论友爱》，刘耀辉、尉光吉译，北京:北京大学出版社，2017年版。[Agamben, Giorgio. *Friendship*. Translated by LIU Yaohui & WEI Guangji. Beijing: Beijing UP, 2017.]

[意]吉奥乔·阿甘本：《裸体》，黄晓武译，北京：北京大学出版社，2017年版。[Agamben, Giorgio. *Nudities*. Translated by HUANG Xiaowu. Beijing: Beijing UP, 2017.]

[意]吉奥乔·阿甘本：《潜能》，王立秋、严和来等译，桂林：漓江出版社，2014年版。[Agamben, Giorgio. *Potentialities*, Translated by WANG Liqiu & YAN Helai. Guilin: Lijiang Publishing House, 2014.]

[意]吉奥乔·阿甘本：《神圣人：至高权力与赤裸生命》，吴冠军译，北京：中央编译出版社，2016年版。[Agamben, Giorgio. *Homo Sacer: Sovereign Power and Bare Life*. Translated by WU Guanjun. Beijing: Central Compilation & Translation Press, 2016.]

[意]吉奥乔·阿甘本：《剩余的时间》，钱立卿译，长春：吉林出版集团，2011年版。[Agamben, Giorgio. *The Time That Remains*. Translated by QIAN Liqing. Changchun: Jilin Publishing Group, 2011.]

[意]吉奥乔·阿甘本：《语言与死亡：否定之地》，张羽佳译，南京：南京大学出版社，2019年版。[Agamben, Giorgio. *Language and Death: The Place of Negativity*. Translated by ZHANG Yujia. Nanjing: Nanjing UP, 2019.]

汪民安：《何谓赤裸生命》，载《马克思主义与现实》，2018年第6期，第88-96页。[WANG Min'an. "What is Bare Life?", in *Marxism and Reality*, no.6(2018), 88-96.]

[法]雅克·德里达：《野兽与主权者》（第一卷），王钦译，西安：西北大学出版社，2021年版。[Derrida, Jacques. *The Beast and the Sovereign*, Volume I. Translated by WANG qin. Xi'an: Xibei UP, 2021.]

[法]雅克·德里达:《〈友爱的政治学〉及其他》，胡继华译，长春:吉林人民出版社，2006年版。[Derrida, Jacques. *The Politics of Friendship and Other Articles*. Translated by HU Jihua. Changchun: Jilin People's., 2006.]

# 小说与上帝之死

## ——维多利亚时代的叙事、神学与道德哲学[*]

# Fiction and the Death of God: Narrative, Theology and Moral Philosophy in Victorian Fiction

[英]贾思柏著 陈龙译

[UK]David Jasper

**作者简介**

贾思柏，英国格拉斯哥大学荣休教授。

**Introduction to the author**

David Jasper, Emeritus Professor, University of Glasgow, UK.

Email: davidjasper124@gmail.com

# Abstract

The novelist is not a theologian or a philosopher, but within the enclosed world of Victorian fiction the matter of theology, the issue of theodicy and the nature of good and evil are examined after the disappearance of God. In the fiction of Dickens, this contention is explored together with the responsibility of the reader as stories are told. Thackeray, unlike Dickens, refuses his readers the convenience of an authoritative narrator, demanding of them instead, a sense of humour and a sense of the writer's employment of hyperbole in his fictional 'rhetorics'. Thomas Hardy's stories don't pretend there is a God who can answer all the questions, and let readers make their choices. Henry James' novels resist solution but show us a world in a consciousness from which there is no escape. While theology may sometimes hamper the reader of fiction, in Victorian novels God may be absent while deeply theological issues remain to be explored and responded to.

**Keywords:** story, religion, good, evil, tragedy, consciousness

笔者学术生涯的大部分时光都致力于经由文学来研究神学。小说或许常常涉及深刻的神学或哲学主题，但小说家或诗人终究不是神学家。不过，本文聚焦的并非小说的主题，而是小说的形式——小说的形式能够向读者传达善恶的观念。无论上帝是否出现在本文所论的那些小说中，都会引出神正论的问题。总体而言，笔者怀疑上帝出现在那些小说中，下文将详述原因。相反，笔者认为，阅读小说的行为要求并构成了一种信仰行为（act of faith）（诗人柯勒律治称之为"自愿搁置不信"[the willing suspension of disbelief]），当我们进入小说的世界时，这个世界要求我们这些读者对善恶作出自己的判断，令我们自己的宗教直面善恶问题。小说绝非基督教信仰与教义的婢女。小说要求信仰，并呼吁我们由此反思我们的神学观念。

本文将聚焦四部维多利亚时代的小说，它们皆例示了希利斯·米勒（J. Hillis Miller，1928-2021）很久以前所说的"上帝消失"（the disappearance of God）。[①]

相较于后来尼采式的上帝之死，"上帝消失"事件远没有那么戏剧性，也不是那么显而易见，但蕴含更大的创伤特质。萨克雷（W. M.

---

* 本文译自David Jasper, "Fiction and the Death of God: Narrative, Theology and Moral Philosophy in Victorian Fiction," *International Journal of Philosophy and Theology* 83, 5 (2022): 331-338。原文脱胎于贾思柏在2019年1月9—11日剑桥大学举办的"金兰之交：'经验转向'之后重建哲学与神学的纽带"（Sisters in Arms: Reinventing the Bond Between Philosophy and Theology After the "Empirical Turn"）会议上所做的主旨演讲，演讲原题为"19世纪小说与小说修辞"（The Nineteenth century Novel and *The Rhetoric of Fiction*），隶属于"论小说作为一种将活生生的苦难与活生生的宗教引入神正论的方式"（Discussing Fiction as a Way of Introducing Lived Suffering and Lived Religion into Theodicy）这一大会分议题。译文为教育部人文社会科学重点研究基地重大项目"中国传统与欧陆思想的对话工具及其双向阐释"（22JJD720020）子项目阶段性成果。[This translation is supported by Minister of Education Science Foundation "Tool of Dialogue and Mutual Interpretation Between Chinese Tradition and Continental Thought" (Project No.: 22JJD720020).]

① J. Hillis Miller, *The Disappearance of God: Five Nineteenth Century Writers* (New York: Schocken, 1965).

Thackeray）在描述其小说《名利场》（*Vanity Fair*，1847-1848）的人物时，最为直白地道出了上帝消失的后果：这些人物是"一群活在世上、没有神的人"（a set of people living without God in the world）[①]。这并不是说上帝不存在甚或可能不关心他的子民。相反，上帝只是以虚构世界的形态现身。米勒在其早年的另一部著作《维多利亚时代的小说形式》（*The Form of Victorian Fiction*）中，将其所谓的维多利亚时代小说形式的本体论基础描述为一个"自我生成和自我维系的系统"（self-generating and self-sustaining system）：

> 维多利亚时代的小说从假定社会和自我建立在某种外在的超人类力量的基础之上，发展到对这一假设提出质疑，再到发现社会似乎是自我创造和自我维系的，不依赖任何外在的力量。[②]

小说家的世界被创造得"仿若"（as if）真实世界。但在此种"仿若"中，人类的生活"仿若"没有上帝，善恶完全存在于人类的行为模式中。盖利（W. B. Gallie）在其《哲学与历史理解》（*Philosophy and the Historical Understanding*）一书中，单列一章"什么是故事？"（What is a Story?），给出两点回答："（首先，）任何故事中的关键情节发展本质上都纯属偶然；其次，对此种情节发展的关注乃是取决于人类的兴趣，仰赖其激发某些特殊人类情感的能力。"[③]没有比狄更斯的小说更

---

[①] W. M. Thackeray, *The Letters and Private Papers of William Makepeace Thackeray*, ed. Gordon N. Ray (Cambridge, Mass.: Harvard University Press, 1945), Vol. 2, 309. 转引自J. Hillis Miller, *The Disappearance of God: Five Nineteenth Century Writers*, 1。米勒在他处指出，萨克雷的这番话典出《新约·以弗所书》二章12节的"活在世上没有指望，没有神"（having no hope, and without God in the world）一语。J. Hillis Miller, *Fiction and Repetition: Seven English Novels* (Cambridge, Mass.: Harvard University Press, 1982), 237, note 7. ——译注

[②] J. Hillis Miller, *The Form of Victorian Fiction* (Notre Dame and London: University of Notre Dame Press, 1968), 30.

[③] W. B. Gallie, *Philosophy and the Historical Understanding* (London: Chatto & Windus, 1964), 48.

能够阐明这些观点的了。在狄更斯的小说中，读者进入一个完全专注自身的世界，其中似乎存在着坚不可摧的纯真与彻彻底底的罪恶。关于狄更斯笔下的年轻女主人公（小杜丽、弗洛伦斯·董贝、小耐儿）[1]，雷蒙·威廉斯曾写道：

> 狄更斯十分仰赖坚不可摧的纯真与奇迹般介入的善良，此种纯真与善良的本性难以解释，它们之所以被随意视作多愁善感，恰恰是因为它们无法被解释。而可以解释的，毕竟是被自觉或不自觉建立了的制度。相信人类精神是存在的，并且最终甚至比制度更强大，这实乃一种信仰的行为，一种信仰我们自身的行为。[2]

《老古玩店》（*The Old Curiosity Shop*，1841）中著名的小耐儿之死在大西洋两岸引发了公众的巨大悲恸。在这幕死亡景象的结尾，狄更斯描绘了耐儿的遗容，死去的耐儿被手执竖琴、张开双翼的天使向上抬升至天堂，名为"灵魂的飞升"。然而，第七十一章对耐儿之死的绝对特写决然地迫使读者直面这起死亡事件，令人们因"可爱、温柔、隐忍、高尚的耐儿"[3]逝去而痛彻心扉，未曾给宗教留下任何空间。与之截然相反的是恶棍奎尔普之死，他是小说世界中恶贯满盈的恶人。奎尔普在死后被完全剥夺了人格，而接收他的世界此时拥有了人格。泰晤士河"拖着尸体，戏耍着，玩弄着，一会儿让它碰到滑腻的木堆上，一会儿把它藏在泥土或者高大的茂草丛中"，对奎尔普尸体的最后描写如同在描述地狱，但这个地狱就在此世，尸体"就躺在那里，独自一个。天空弥漫着红红的火焰，运尸的流水也染上了凄惨的颜色。被委弃的尸体刚

---

① 小杜丽出自《小杜丽》（*Little Dorrit*，1855-1857），弗洛伦斯·董贝出自《董贝父子》（*Dombey and Son*，1848），小耐儿出自《老古玩店》。——译注
② Raymond Williams, *The English Novel: From Dickens to Lawrence* (London: Chatto & Windus, 1970), 53.
③ Charles Dickens, *The Old Curiosity Shop* (London: Chapman & Hall, 1841), 692.

刚在它活着时候离开了的地方，现在变成了一片火烧的废墟"[1]。

依据盖利关于故事中偶然性的看法，在狄更斯的世界里，情节的发展是通过任意的偶然性，借助了叙事。狄更斯在叙事中"提供的并非心理过程的细节内容，而是最终结果：社会与心理产物"[2]。问题的关键是在此种小说虚构世界中，读者与文本相距甚近，无须经历此种心理过程，或者实际上无须展开神学深思。善恶皆是可感可触，当下即现，读者也深深浸淫在善恶现象中，只能怜悯哀哭或者在奎尔普的罪恶世界中艰难跋涉，这便是托马斯·卡莱尔在《衣裳哲学》（*Sartor Resartus*，1833-1834）中所指出的小说虚构世界的"自然超自然主义"（natural supernaturalism），无论好坏，其中的人物都被困在不同的名利场中。[3]

然而，善良连同罪恶与痛苦仍旧存在。那么在这些世俗世界中，还剩下了哪些传统宗教语言呢？小说家不是神学家，鲜有神学家身兼小说家，如果有的话，通常也只是糟糕的神学家。但小说的读者被要求在虚构的世界中承担责任，这些虚构的世界在19世纪为尼采的《论道德的谱系》（*The Genealogy of Morals*，1882）一书奠定了基础，《论道德的谱系》的开篇和结尾都指出"人类宁愿以虚无为目标，也不愿空无目标"（man would sooner have the void for his purpose than be void of purpose）。[4] 在此，宗教若是过快过重地要求一个目标，就会阻碍小说的发展。小说是启蒙运动的产物，在启蒙运动中，我们都被要求负责任

---

[1] Charles Dickens, *The Old Curiosity Shop*, 657.（中译文见[英]查尔斯·狄更斯：《老古玩店》，许君远译，上海：上海译文出版社，1998年，第633页，译文略有变动。——译注）

[2] Raymond Williams, *The English Novel: From Dickens to Lawrence*, 31.（在该页这句引文前，雷蒙·威廉斯写道："他[狄更斯——引注]的人物不是'圆形的'和成长的，而是'扁平的'和定型的。这些人物不是被徐徐地揭开面纱，而是被直截了当地呈现出来。……他的情节常常依赖随意的巧合事件，依赖突然的启示和心灵的突变。"——译注）

[3] 更进一步的研究，请参见Barry Qualls, *The Secular Pilgrims of Victorian Fiction* (Cambridge: Cambridge University Press, 1982)。

[4] Friedrich Nietzsche, *The Genealogy of Morals*, trans. F. Golffing (New York: Doubleday, 1956), 299.

地为自己思考①，然后，借用特里·伊格尔顿之言，"宗教信仰倘若能够从为社会秩序提供一套存在理据的重担中解放出来，那么就可以自由地重新发现自身的真正目标乃是批判所有这些政治"②。

不过，现在让我们回到小说的任务上来。我们已经看到了狄更斯的叙述者是如何紧紧抓住读者的心灵，其采取了情感教育的方式，但鲜少陷溺于感伤之中，因为善恶仍不可解，恶尤其如此，也因此真实存在。借用韦恩·布斯（Wayne C. Booth，1921-2005）名作的术语，萨克雷采取了一种迥异的小说修辞（rhetoric of fiction）。③《巴里·林登》（*Barry Lyndon*，1844）是萨克雷首部真正意义上的小说，最初以《巴里·林登的运气》（*The Luck of Barry Lyndon*）为题发表在《弗雷泽杂志》（*Fraser's Magazine*）上。回顾18世纪的流浪汉小说传统，尤其是菲尔丁（Henry Fielding，1707-1754）的《大伟人江奈生·魏尔德传》（*Jonathan Wild*，1743），我们便可发现《巴里·林登》的第一人称叙述者建基于萨克雷的观察，即爱尔兰人"是一个撒谎的民族"④。小说的叙述者和主人公巴里·林登（他很难称得上是英雄）是一个招摇撞骗的无赖，出身籍籍无名，后骗取了巨额财富与显赫地位，但最终在弗利特监狱里一贫如洗，并因酗酒而丧失了几乎所有智力。在巴里·林登的罪恶世界里，萨克雷让读者在一个后真相世界（post-truth world）里自行其是，而我们现在知道，这个后真相世界很有可能存在，并以可怕的方式诱惑世人。在巴里·林登这个叙述者的世界里，除了他自己，其他人都是傻瓜、骗子或者无赖：正如《巴里·林登》新版编者安德鲁·桑德斯（Andrew Sanders）所言：

---

① Immanuel Kant, *Kant's Political Writings*, ed. Hans Reiss (Cambridge: Cambridge University Press, 1970).

② Terry Eagleton, *Culture and the Death of God* (New Haven: Yale University Press, 2015), 207.

③ Wayne C. Booth, *The Rhetoric of Fiction* (Chicago and London: The University of Chicago Press, 1961).

④ Andrew Sanders, "Introduction" to W. M. Thackeray, *Barry Lyndon* (Oxford: Oxford University Press, 1984), vii. ——译注

人们不禁要问，巴里·林登是否真的意识到他已经失败
了。其个人叙述的最后一句话宣称，他最终的"悲惨生活"
与"声名显赫、时髦洋气的巴里·林登"完全不相称，因为
对他自己而言，他仍然沉浸在成功的幻觉中，不断地将这种
成功的幻觉插入到读者与任何其他可能的异议之间。①

迥异于狄更斯，萨克雷拒绝为读者提供权威叙述者，相反，他要
求读者有幽默感，并了解作家在其小说"修辞学"中使用的夸张手法。
但对于不可靠叙述者而言，此种小说策略确实存在风险。小说家安东
尼·特罗洛普（Anthony Trollope）在《萨克雷》（*Thackeray*，1879）一
书中，揭示了长期接触小说人物会如何影响读者的道德判断力。关于
恶贯满盈的巴里·林登，特罗洛普写道："他的故事写得极好，以至于
让人很难不对他产生某种好感……读者被他的率直性格和旺盛精力感
染，几乎到了在其成功时共欢乐、在其失败时同悲伤的地步。"②特罗
洛普写道，小说中"设定的基调"的"奇妙之处"在于，"与其说英雄
显而易见地为自己着想，不如说作者在讲述他的故事时似乎完全站在
英雄一侧"③。恶也可以非常诱人。

像特罗洛普这样的读者能够同时既被邪恶的巴里·林登诱惑，又完
全知晓自己被巴里·林登诱惑，此乃萨克雷小说艺术的胜利，能够使其
叙述者巴里·林登同时自毁和自夸。小说家教会了我们用艺术化的罪恶
之网来达成目标的方法。正如韦恩·布斯所言，"不仅是特罗洛普，许
多读者都被巴里·林登充满活力的修辞吸引。这阻碍了他们发现自己在
为巴里·林登的罪行开脱，然后他们又抱怨萨克雷不道德"④。

小说在善恶问题上为我们提供了一种实现目标的方法。沃尔夫

---

① Andrew Sanders, "Introduction" to W. M. Thackeray, *Barry Lyndon*, ix.
② Anthony Trollope, *Thackeray* (London: Macmillan, 1879), 71.
③ 转引自Andrew Sanders, "Introduction" to W. M. Thackeray, *Barry Lyndon*, xv。
④ Wayne C. Booth, *The Rhetoric of Fiction*, 323. 另见Gordon N. Ray, *The Buried Life: A Study of the Relation between Thackeray's Fiction and His Personal History* (Cambridge, Mass.: Harvard University Press,1952), 28ff。

冈·伊瑟尔（Wolfgang Iser）在对阅读过程的现象学研究中指出，小说文本拥有理想的"隐含读者"（implied reader），而我们这些"实际读者"（real readers）只能在创造性参与的危险行为中去努力实现理想的"隐含读者"的目标。我们经常会弄错，或许也因此学会了实现目标的方法。伊瑟尔写道："正是作品的虚构性产生了其动态特质，而这反过来又是作品的召唤效果的前提条件。"①

我们已经十分简要地考察了维多利亚时代小说中两种迥异的叙事形式，揭示了它们能够用无法解释的善恶问题来对抗和挑战读者。然而，小说又是如何运用西方文学的伟大体裁的呢？当今悲剧在使用时遭到了严重贬低，我们甚至可以和乔治·斯坦纳（George Steiner）一样，谈论悲剧在我们的文化中死去。我们或许最多可以和伊格尔顿一样，宣称悲剧如今不合时宜，有些浮夸，被弗朗西斯·巴克（Francis Barker）描述为"用巨大的缺席来庆祝至高存在者的在场"②。当然，悲剧从未轻易与基督教传统并肩而行。正如乌尔里希·西蒙（Ulrich Simon，1913-1997）在我编辑过的著作中所言："基督教因十字架而富有悲剧性，悲剧因复活而被基督教化。"（Christianity is tragic because of the Cross, and tragedy becomes Christian through the Resurrection.）③

那么，绝对悲剧（absolute tragedy）呢？乔治·斯坦纳曾言，绝对悲剧十分罕见。在英国文学中，笔者能想到的或许只有两个例子：莎士比亚《雅典的泰门》（*Timon of Athens*）和一部维多利亚时代小说——托马斯·哈代的《卡斯特桥市长》（*The Mayor of Casterbridge*，1886）。毫无疑问，哈代的小说阴森黑暗地冲击了基督教希望的可能性。可怜的亨察德④身处一个完全失去了任何仁慈善良的神性、毫无救赎的世界

---

① Wolfgang Iser, *The Implied Reader* (Baltimore and London: The Johns Hopkins University Press, 1974), 275.

② Terry Eagleton, *Sweet Violence: The Idea of the Tragic* (Oxford: Blackwell, 2003); Francis Barker, *The Culture of Violence* (Chicago: The University of Chicago Press, 1993), 213.

③ Ulrich Simon, *Pity and Terror: Christianity and Tragedy* (London: Macmillan, 1989), 145.

④ 《卡斯特桥市长》的主人公。——译注

里，在他自己织就的网络中挣扎浮沉。我们甚至不能说亨察德遭受的惩罚过重，因为他确实罪大恶极，但即便在最后的遗言中，他也从未低头屈服，这个可怜人被错误行为无情地螺旋式压垮。亨察德在遗言中彻底否定了自己：

> 不要把我死的事告诉伊丽莎白—简，也不要让她为我悲痛。
>
> 不要把我葬在圣地。
>
> 不要请教堂司事为我鸣钟。
>
> 不希望任何人向我的遗体告别。
>
> 不要任何人跟随我送葬。
>
> 不要在我的坟头栽花。
>
> 不要任何人纪念我。
>
> 我签名如下。
>
> 迈可·亨察德①

在英国文学中，我们找不到比这更令人不寒而栗的话了。亨察德是《申命记》中的亚玛力人（Amalek），神学本身将其名号从天下抹除了。② 那么剩下的其他人呢？法夫瑞简单地问道："我们怎么办？"伊丽莎白—简后悔自己最后一次见面"没有那样冷酷无情"就好了，"可是已经没有别的办法了——那就只好这样了"。③

---

① Thomas Hardy, *The Mayor of Casterbridge* (London: Macmillan, 1886), 333. （中译文见[英]哈代：《卡斯特桥市长》，张玲、张扬译，北京：人民文学出版社，2004年，第342页。——译注）

② 中文和合本《圣经·申命记》第25章第19节："所以，耶和华你神使你不被四围一切的仇敌扰乱，在耶和华你神赐你为业的地上得享平安。那时，你要将亚玛力的名号从天下涂抹了，不可忘记。"——译注

③ Thomas Hardy, *The Mayor of Casterbridge*, 334. 中译文见[英]哈代：《卡斯特桥市长》，第342页。——译注

　　我们可能会对伊丽莎白—简最后一次见亨察德时的冷酷无情感到遗憾，但像法夫瑞和伊丽莎白—简这样的人，他们的生活仍在继续，对伊丽莎白—简而言，生活"使一些有限的机遇尽量持久"："她的青年时代却似乎教导她：幸福不过是整个一出苦痛戏剧中一段偶然的插曲而已"[①]。哈代小说的凄厉结局与乔治·艾略特《米德尔马契》（*Middlemarch*，1871-1872）的柔和色彩形成鲜明对比。《米德尔马契》是一出绝对悲剧，拒绝任何可能将其解释为救赎的神学释义或理由。这并非哈代经常遭受指责的宿命论，而是放弃了任何希望，接受了亨察德既是根本恶（radical evil）的施害者，又是根本恶的受害者。

　　哈代被指责过分侵入"叙事，直露了其哲学观点，或者显白了其对笔下人物或所涉事件的判断"[②]。然而，这只是一种讲故事的方式。因为亨察德当然完全是哈代的发明，是哈代自己创造出来的骄傲倔强、命运多舛的英雄，亨察德这个人物的复杂性是通过亨察德自己意识不到的方式而被揭示出来的。[③]但在没有上帝的情况下，哈代照射出了唯一一束能让我们看见亨察德的光芒，而我们这些读者是要去痛声谴责，还是为之开脱，抑或仅仅哀哭？

　　哈代或许称得上是布道家，但布道家可以讲出好故事，而当他们不假装存在一个能够解答所有问题的上帝时，尤为如此。笔者谈论的最后一位维多利亚时代的小说家尽管迥然不同，但对无可逃离的人类社会中最细微之恶的认识毫不逊色。亨利·詹姆斯（Henry James）对其读者的要求很高，不过，没有作品能比《梅西的世界》（*What Maisie Knew*，1897）更出色、更痛彻心扉地分析了陷入成人世界虚伪黑暗网络中的儿童意识了，所有父母都应该读读这本书。亨利·詹姆斯念兹在兹的是人类的意识与世界对它的影响。在《金钵记》（*The Golden*

---

　　[①] Thomas Hardy, *The Mayor of Casterbridge*, 334. 中译文见[英]哈代：《卡斯特桥市长》，第342页。——译注

　　[②] H. C. Webster, "Introduction" to Thomas Hardy, *The Mayor of Casterbridge* (New York: Rinehart, 1948), vi.

　　[③] Wayne C. Booth, *The Rhetoric of Fiction*, 188.

*Bowl*，1904）的开篇，我们经由一个四处游荡张望的年轻人的眼睛，看到了在伦敦海德公园里游玩的时尚女郎，她们引人联想的脸庞"雅致地遮在紧绷的丝质阳伞下；她们用诡异的角度撑着伞，等着小马车"①。亨利·詹姆斯并没有告诉我们这个年轻人在想什么，我们是通过充满情欲、撩拨春心的丰盈语言，才觉得他在想什么，知道他在想什么。亨利·詹姆斯从不告诉我们应该怎么想，他的小说拥抱一个无法逃离的意识世界，并把这个世界向我们呈现了出来。

亨利·詹姆斯在《一位女士的肖像》（*The Portrait of a Lady*，1881）的序言中，为自己设定了一个几乎不可能完成的任务。

> 我对自己说："把问题的中心放在少女本人的意识中，你就可以得到你所能期望的最有趣、最美好的困难了。坚持这一点——把它作为中心，把最重的砝码放在那只秤盘里，这将基本上成为她与她自己的关系的秤盘……"②

从来没有神学家或者哲学家敢于承担这样的任务。在《一位女士的肖像》中，伊莎贝尔·阿切尔是一位富有、美丽、年轻的美国女继承人，她发现自己深陷一场遭受虐待的婚姻中，她的丈夫是浮薄的美国侨民，名叫吉尔伯特·奥斯蒙德，是为了她的财富才娶她的。伊莎贝尔并不缺乏其他的追求者，令人不可思议的是这样一位追求自由的女士如何让自己深陷这样的奴役中：正如杰弗逊（D. W. Jefferson）所言，亨利·詹姆斯提供了"一个非凡的例证，揭示了纯真无辜之人如何因为误解了事情的本质而伤害了自己"③。亨利·詹姆斯采用了一些小说手

---

① Henry James, *The Golden Bowl* (Harmondsworth: Penguin, 1972), 29. （中译文见[美]亨利·詹姆斯：《金钵记》，姚小虹译，上海：上海文艺出版社，2017年，第4页。——译注）

② Henry James, *The Art of the Novel* (New York: Charles Scribner, 1962), 51. （中译文见[美]亨利·詹姆斯：《一位女士的画像》，项星耀译，北京：人民文学出版社，1984年，第12页。）

③ D. W. Jefferson, *Henry James* (Edinburgh: Oliver and Boyd, 1962), 42.

法来"定位"伊莎贝尔和这个问题。伊莎贝尔的"重要性"[1]（这是亨利·詹姆斯在小说序言中的说法）是通过其他人物来衬托支撑的，即便伊莎贝尔看不到问题所在，这些人物皆已洞烛一切，他们是极其独立的女性主义记者斯塔克波尔、睿智机敏但身患绝症的杜歇、率直单纯而又深爱伊莎贝尔的戈德伍德。小说中代表亨利·詹姆斯声音的"全能叙述者"让读者了解了梅尔夫人与奥斯蒙德针对伊莎贝尔的阴谋诡计，也因此我们这些读者知道了伊莎贝尔正在坠入陷阱。然而，对我们而言，恰恰是伊莎贝尔的复杂"意识"蕴含着恶的秘密。当戈德伍德向伊莎贝尔求婚，并给她提供了一条摆脱苦难的合理道路时，伊莎贝尔知道自己已经身在地狱了。

> 伊莎贝尔哼哼哧哧的，喘息了好一阵子，像受伤的动物一样。她觉得，他像用什么在使劲刺她。……"啊，不要那么说。不要使我太伤心吧！"他[2]喊道。她紧握双手，眼泪从眼睛里滚落了下来。[3]

最终，她走上了一条"康庄大道"，重新投入了她的无爱婚姻。她已经做了决断，必须为此付出代价。

亨利·詹姆斯是我们最深刻的道德家之一。其小说拒绝给出解决方案，在礼貌的对话中深藏不露，但在一个完全没有上帝的世界中，其小说以独特的方式，蕴含着深刻的宗教色彩，或者至少具有深刻的《圣经》意涵，因为小说的世界就是一切，我们也必须充分承担我们的责任。在这些小说中，我们深入到《希伯来圣经》的智慧书传统（"但愿我有翅膀像鸽子，我就飞去，得享安息。"[诗55：6]）与亨利·詹姆斯

---

[1] [美]亨利·詹姆斯：《一位女士的画像》，第11页。——译注
[2] 引文误作"she"（她），原文应为"he"（他），今改。——译注
[3] *Henry James, The Portrait of a Lady* (Harmondsworth: Penguin, 1966), 590-591.（中译文参见[美]亨利·詹姆斯：《一位女士的画像》，第714-715页。——译注）

的《鸽翼》（*The Wings of the Dove*，1902）的联系中，① "深入到《传道书》第十二章第5-7节② 对万物异象的刻画……因为人归他永远的家，吊丧地在街上往来。银链折断，金罐破裂，瓶子在泉旁损坏，水轮在井口破烂；尘土仍归于地，灵仍归于赐灵的神。"）与亨利·詹姆斯最后一部长篇小说《金钵记》所塑造的黑暗无比的社会剧的联系中③，《传道书》第十二章第5-7节与《金钵记》均以阴暗的毁灭告终。

行笔至此，笔者用一个有悖常理的说法来结束本文。小说对读者的要求很高，神学家的身份反而会阻碍阅读小说。笔者在收到本次会议论文集初稿时，读到了下述这番话："哲学家与神学家在使用小说时，往往不重视用小说来讨论恶的问题。"狄更斯、萨克雷、哈代和亨利·詹姆斯以不同的方式，深刻认识了恶，并呈现了居于小说世界或者玩弄小说世界的恶。这些作家挑战了他们的读者，这些读者通过自愿搁置不信，敢于进入这些作家的小说虚构世界，没有人可以逃离这样的世界，所有的形而上学安全机制在这个世界中都烟消云散了。很多年前，笔者曾经读过侯活士（Stanley Hauerwas）对卡尔·巴特（Karl Barth）与维多利亚时代小说家特罗洛普（正如上文所述，特罗洛普误读了《巴里·林登》）的比较研究。④ 侯活士比较了卡尔·巴特的《教会教义学》（*Church Dogmatics*）第三卷第四册第56部分第3节与特罗洛普的小说《沃特尔博士的学校》（*Dr. Wortle's School*）对"荣誉"（honour）概念的理解。但问题在于侯活士对小说的处理方式完全错误，他把小说的情节放在最重要的位置，以适应自己的论点，而特罗洛普其实是一位不重视情节的小说家，他只重视人物和"情境"（situation）。特罗洛普对发生的事情不太感兴趣，他感兴趣的是当事情发生在人们身上时人们

① 《鸽翼》的标题典出《诗篇》第五十五章第6节。——译注
② 原文为《传道书》12：6-7，有误，今改。——译注
③ 《金钵记》的标题典出《传道书》第十二章第6节，中文和合本《圣经》译为"金罐"，意指所有美好的事物均将"破裂"。——译注
④ Stanley Hauerwas, *Dispatches from the Front: Theological Engagements with the Secular* (Durham and London: Duke University Press, 1994), 58-79.

的所作所为。笔者非常敬重神学家侯活士①，但是他未能看到，神学总是有堕入教条的危险（there is always the danger that theology will fall into formula），但小说家特罗洛普借助有时反常并且可能含藏善恶的人类灵魂，向读者展现了事物的复杂奥秘。神学家根据教义信条来研究小说的做法，恰恰与特罗洛普的小说《他知道他是对的》（*He Knew He was Right*，1869）所揭露的内容同气连枝，《他知道他是对的》这部小说暴露了性嫉妒所具有的盲目破坏力量，主人公路易斯·特里维廉属于"那种有意用某种奇怪的方式与自己的自发意志断绝联系的人。这种人固执己见，逐渐与自身疏离，一步步地毁灭了自己的生活"。②

唯有在封闭的小说虚构世界里，人们才有绝对的权利去被认真对待，甚至是像迈可·亨察德这样遭受彻底诅咒的人亦然，而读者或许也只会垂泪以对。

## 译者简介

陈龙，中国社会科学院大学文学院讲师。

**Introduction to the translator**

CHEN Long, Lecturer at School of Chinese Literature and Language, University of Chinese Academy of Social Sciences.

Email: chenlong@ucass.edu.cn

---

① 贾思柏在别处指出，侯活士对卡尔·巴特与特罗洛普的比较研究"很有价值，能给予我们不一样的启发"，促发贾思柏比较特罗洛普与孔子的"君子/gentleman"观念。[英]贾思柏：《职责、命运与君子之道》，张靖译，《基督教文化学刊》，2020年总第44辑，第52-64页。[David Jasper, "Duty, Destiny and The Way of the Good Man," trans. ZHANG Jing, *Journal for the Study of Christian Culture* 44, 2020: 52-64.]——译注

② J. Hillis Miller, *The Form of Victorian Fiction*, 138.

# 参考文献[Bibliography]

## 西文文献[Works in Western Languages]

Barker, Francis. *The Culture of Violence*. Chicago: The University of Chicago Press, 1993.

Booth, Wayne C. *The Rhetoric of Fiction*. Chicago and London: The University of Chicago Press, 1961.

Dickens, Charles. *The Old Curiosity Shop*. London: Chapman & Hall, 1841.

Eagleton, Terry. *Sweet Violence: The Idea of the Tragic*. Oxford: Blackwell, 2003.

_____. *Culture and the Death of God*. New Haven: Yale University Press, 2015.

Gallie, W. B. *Philosophy and the Historical Understanding*. London: Chatto & Windus, 1964.

Hardy, Thomas. *The Mayor of Casterbridge*. London: Macmillan, 1886.

_____. *The Mayor of Casterbridge*. New York: Rinehart, 1948.

Hauerwas, Stanley. *Dispatches from the Front: Theological Engagements with the Secular*. Durham and London: Duke University Press, 1994.

Iser, Wolfgang. *The Implied Reader*. Baltimore and London: The Johns Hopkins University Press, 1974.

James, Henry. *The Art of the Novel*. New York: Charles Scribner, 1962.

_____. *The Portrait of a Lady*. Harmondsworth: Penguin, 1966.

_____. *The Golden Bowl*. Harmondsworth: Penguin, 1972.

Jefferson, D. W. *Henry James*. Edinburgh: Oliver and Boyd, 1962.

Kant, Immanuel. *Kant's Political Writings*. Edited by Hans Reiss. Cambridge: Cambridge University Press, 1970.

Miller, J. Hillis. *The Disappearance of God: Five Nineteenth Century Writers*. New York: Schocken, 1965.

_____. *The Form of Victorian Fiction*. Notre Dame and London: University of Notre Dame Press, 1968.

N. Ray, Gordon. *The Buried Life: A Study of the Relation between Thackeray's Fiction and His Personal History*. Cambridge, Mass.: Harvard University Press, 1952.

Nietzsche, Friedrich. *The Genealogy of Morals*. Translated by F. Golffing. New York: Doubleday, 1956.

Qualls, Barry. *The Secular Pilgrims of Victorian Fiction*. Cambridge: Cambridge University Press, 1982.

Simon, Ulrich. *Pity and Terror: Christianity and Tragedy*. London: Macmillan, 1989.

Thackeray, W. M. *Barry Lyndon*. Oxford: Oxford University Press, 1984.

Trollope, Anthony. *Thackeray*. London: Macmillan, 1879.

Williams, Raymond. *The English Novel: From Dickens to Lawrence*. London: Chatto & Windus, 1970.

# 二、镜观物色：
## 基督教文化与文学研究

## II. Jing Guan Wu Se:
### Study of Christian
### Culture and Literature.

基督教文化学刊

Journal for the Study of Christian Culture

# 离经叛道与突破藩篱

## ——托尔斯泰的理性信仰观及其当代阐释

# Rebelling against Orthodoxy and Breaking through the Barriers: Leo Tolstoy's Reasonable Faith and Its Contemporary Interpretation

金美玲

JIN Meiling

**作者简介**

金美玲，中国人民大学外国语学院讲师。

**Introduction to the author**

JIN Meiling, Lecturer, School of Foreign Languages, Renmin University of China.
Email: mljin@ruc.edu.cn

# Abstract

Leo Tolstoy's religious exploration represents a historical and cultural phenomenon infused with his distinctive personality. Tolstoy firmly believed in the doctrine of Christ, yet remained committed to subjecting traditional Christianity to the scrutiny of reason, aiming to demystify religion and establish a common rational foundation for the Kingdom of God on Earth. This notion ran contrary to traditional Christian theology, resulting in the renowned writer's eventual excommunication from the official church.

While delving into Tolstoy's rational faith, this article also spotlights the latest research on this topic within contemporary Russian academic circles. Contemporary Russian scholars have adopted a more open-minded approach when interpreting Tolstoy's rational faith. They argue that Tolstoy regarded faith as the bedrock of human existence, seeing it as a harmonious fusion of knowledge and practice that does not conflict with reason— a faith centered on nonviolent ethics. Tolstoy's theories on nonviolence, while often impractical within external institutional society, hold an irreplaceable significance in the spiritual journey of individuals with rational consciousness.

**Keywords:** Leo Tolstoy, reasonable faith, Christ, nonviolent ethics

自988年"罗斯受洗"以来，东正教对俄罗斯民族的世界观、人生观、思维和行为方式均带来了深刻影响，为民族文化发展提供了强大的动力和精神资源，塑造了俄罗斯人重视直觉、渴求绝对的精神气质。与此同时，在教俗关系方面，俄罗斯东正教会表现出了明显的依附性特征，自建立之初，教会便与世俗权利密切结合，与俄罗斯中央集权同步发展。17世纪，牧首尼康的宗教改革引起了东正教会的分裂，导致俄罗斯形成了大规模的与官方教会对立的旧礼仪派，他们坚持旧的信仰、仪式和习惯，以诸种方式对抗教会。在19世纪的尼古拉一世时代，教育大臣乌瓦洛夫提出了以"东正教、专制制度、人民性"为口号的官方意识形态，压制自由思想和开放讨论，打压社会改革者的努力，依附于沙皇势力的高级神职人员滥用教会职权，从而加深了知识分子与官方教会之间的鸿沟。这一时期，出现了不少由教授、学者和学生组成的沙龙和私人小组，探讨有神论与无神论的区别、俄罗斯未来何去何从等问题，发挥了强大的思想潜力。"真正独立的宗教思想不是在教会内部产生的，而是在世俗界产生的，并且是在19世纪。世俗思想家所关心的却是宗教问题，世俗文学家和哲学家首先开始对俄罗斯民族的宗教信仰进行反思，因此，俄罗斯的文学和哲学都具有浓厚的宗教色彩。"[①]以果戈理、陀思妥耶夫斯基、托尔斯泰、列斯科夫为代表的19世纪俄罗斯经典作家都在对生命的意义等终极问题的思考中融入了自己的宗教理解和宗教理想，对俄罗斯东正

---

* 本文为中国人民大学科学研究基金（中央高校基本科研业务费专项资金资助）项目成果，项目批准号：20XNF023。[This paper is supported by the Fundamental Research Funds for the Central Universities, and the Research Funds of Renmin University of China. Project No.: 20XNF023.]

① 张百春：《当代东正教神学思想》，上海：三联书店，2000年，第2页。[ZHANG Baichun, *Contemporary Orthodox Theological Thought* (Shanghai: SDX Joint publishing, 2000), 2.]

教精神的探索作出了独特贡献。

　　其中，托尔斯泰的宗教探索以其"轰轰烈烈"的形式和结果而尤为受人瞩目。这位举世闻名的大文豪在发表了《战争与和平》《安娜·卡列尼娜》等扛鼎之作后却经历了深刻的精神危机，在《忏悔录》中全然否定了自己此前的生活和创作，并把余下的三十年献给了对生命意义与宗教真理的求索，不遗余力地向大众说教和布道，然而结果却是被官方教会革除教籍，其宗教思想也被后世思想家们广泛诟病。① 2000年出版的《列夫·托尔斯泰：赞成与反对——俄国思想家、研究者论列夫·托尔斯泰的个性与创作》及2002年出版的《俄罗斯思想家论列夫·托尔斯泰》② 便是对以往研究成果的合集。自苏联解体以来，俄罗斯学界对思想家托尔斯泰的研究既有对白银时代宗教哲学家观点的继承，也有对后者的反驳。在回顾前人研究的基础上，当代俄罗斯学界致力于更加开放包容地看待托尔斯泰的宗教思想及其现实意义。

---

　　① 艺术家托尔斯泰与思想家托尔斯泰的关系问题在其生前便受人重视，从米哈伊洛夫斯基的著名文章《列夫·托尔斯泰的左右手》（1875）开始，大部分批评家倾向于一分为二地看待这个问题，一方面高度评价托尔斯泰的文学创作，另一方面批判其宗教思想的平庸。白银时代宗教哲学家（如梅列日科夫斯基、舍斯托夫、别尔嘉耶夫）、无产阶级批评家（如普列汉诺夫、列宁）虽然从不同的立场出发，却得出了相似的结论，即托尔斯泰的文学天赋和思想天赋是大相径庭的，甚至相互对立的。英国著名思想家以赛亚·伯林也将托尔斯泰艺术观与道德说教之间的关系解释为二者的斗争。这样的历史评价令许多后人在接受托尔斯泰时产生了思维定式，即托尔斯泰的宗教思想在其光辉灿烂的文学成就面前显得黯然失色、幼稚浅薄，后人自动接受这种程式化的定论，以至于不愿意去深入剖析其思想遗产的真谛。

　　② See К. Г. Исупов, сост., *Л.Н. Толстой: Pro et contra. Личность и творчество Льва Толстого в оценке русских мыслителей и исследователей* (СПб.: Русский христианско-гуманитарный институт, 2000)；С. М. Романова, сост., *Русские мыслители о Льве Толстом* (Тула: Ясная Поляна, 2002)。 [See K. G. Isupov, ed., *L. N. Tolstoy: Pro et contra. The Personality and the Works of Leo Tolstoy in the Assessment of Russian Thinkers and Researchers* (St. Petersburg: Russian Christian Humanitarian Institute Publ., 2000); C. M. Romanova, ed., *Russian Thinkers about Leo Tolstoy* (Tula: Yasnaya Polyana, 2002).]

## 一、失去神秘性与神圣性的基督

从精神气质上看，托尔斯泰是一个怀疑主义者和理性主义者，他在青年时期的日记中已然记下了一个宏大的梦想，即创立一种"剔除了盲目的信仰和神秘性的基督的宗教"，"不应许来生幸福、却赐予现世幸福的实践的宗教"，① 这也的确成为他生命后三十年的主要任务。晚年托尔斯泰批判基督教义中一切不能为理性所解释的神秘部分，否定神迹，否定圣三位一体，否定末日审判，否定基督的神性。在他看来，一切超出人类理性范围的基督的特性都是不能接受的：基督没有起死回生，以此为人类赎罪；他不是上帝之子，不是救世主，也不是默祷时的神灵，只是一位道德水平极高的人类的先师。这一思想在他19世纪70年代所作的《安娜·卡列尼娜》中已见端倪，托尔斯泰托书中栖身意大利小城的俄国画家米哈伊洛夫之口，表达了他对基督的看法：当戈列尼谢夫认为米哈伊洛夫"把基督画成一个人神，而不是神人"，且"把基督降到一个历史人物的地位"时，画家回答道："我画不出一个不是我心中的基督。"②

托尔斯泰在晚年曾尝试过做一个教会认可的虔诚的东正教徒，而官方教会的现状和他本人强大的理性头脑却让他无法心悦诚服地接受教会的领导。于是，他仔细研究一手材料，如希伯来文的《圣经》、希腊文的《新约》、陈述在《信经》和莫斯科大主教马卡里的教条主义神学中的俄罗斯东正教的教条，他的目的在于分清基督的教诲和教会的教条。他继而得出结论，教会的三位一体教义、基

① [俄]托尔斯泰：《列夫·托尔斯泰文集》(第十七卷)，陈馥等译，北京：人民文学出版社，2013 年，第60页。[L. N. Tolstoy, *Works of Leo Tolstoy*, vol. 17, trans. CHEN Fu, et al. (Beijing: People's Literature Press, 2013), 60.]

② [俄]托尔斯泰：《列夫·托尔斯泰文集》（第十卷），周扬等译，北京：人民文学出版社，2013 年，第654页。[L. N. Tolstoy, *Works of Leo Tolstoy*, vol. 10, trans. ZHOU Yang, et al. (Beijing: People's Literature Press, 2013), 654.]

督奇迹般的降生、赎罪和拯救的计划的解释经不起最简单的逻辑检验，只是肤浅的语言游戏。教条主义神学之所以能够存在，只是因为它被教会赋予了权威。对于托尔斯泰来说，教会不是上帝的"代言人"，而是政权的附庸，是真正宗教信仰的敌人，它非但不能传播宗教真理，而且还会影响人的道德进步。这种对教会与教会礼仪毫不客气的指控在其晚期的文学作品，如《复活》《地狱的毁坏和重建》中屡见不鲜。

然而，托尔斯泰对基督的追随是真诚的，他在自己的心灵深处接受了基督关于生命之路的教导。对他来说，基督的教义，尤其是《马太福音》中的"登山宝训"才是基督教的本质，即不发怒、不犯奸、不发誓、不以怨报怨、不与任何人为敌以及当爱人如爱己。可以说，托尔斯泰要建构的是一个以基督的部分教义为圭臬的道德化宗教。在他的后期作品中，有很多阅读《福音书》、谈论上帝的情节，很容易让没有宗教背景的世俗读者理解为作家在宣扬基督教，是虔诚的基督教徒。但实际上，他笔下的人物对《福音书》的接受是选择性的，是经过作家精心筛选的。

《复活》之所以被托尔斯泰如此命名，并非因为他相信圣子基督的复活。他故意将涅赫柳多夫诱奸喀秋莎的情节安排在基督复活节前夜，以讽刺这一节日的意义。涅赫柳多夫精神上的复活是在小说的结尾处通过他阅读《福音书》的过程来完成的，但这种阅读并非对《福音书》内容的全盘接受。涅赫柳多夫对自己所不能理解的地方有意跳过，这里作家运用了被后来的俄国形式主义学派称作"陌生化"的手法：

> "凡为我的名，接待一个像这小孩子的"，这话是什么意思？在什么地方接待？什么叫作"为我的名"？他问自己，感到这些话没有向他说明什么。"再者，为什么要把大磨石拴在这人的颈项上，而且要把他投进海

> 洋的深处？不，这有点不那么对头：讲得不明确，不清
> 楚。”他暗想，回忆他在一生当中有好几次着手阅读福
> 音书，而这类不清楚的地方总是使得他无法读下去。①

托尔斯泰继而写道，让涅赫柳多夫最为倾心的是《马太福音》中的"登山宝训"。他在这里读到了简单明了而实际可行的诫命：不应当杀人动怒；不应当奸淫；不应当起誓；不应当以怨报怨，而应当在有人打你的右脸的时候，连左脸也转过来由他打；不应当恨仇敌、打仇敌，而应当爱他们、帮助他们、为他们服务。一旦执行这些诫命，人类社会的全新结构就会建立起来，到那时不但所有暴力会被自动消灭，而且人类所能达到的最高幸福，即人间天国也可以得到实现。涅赫柳多夫想象着人们按这些箴规教育自己，按此生活，"于是一种很久没有经历过的欢乐抓住了他的心。这就像是他经过长久的疲劳和痛苦以后突然找到了安宁和自由一样"②。这正是托尔斯泰有意识筛选的福音书的内容，代表了托尔斯泰对基督教义的理解。

19世纪90年代，在和女儿一起拜访了以东正教长老的修行而著名的奥普塔修道院后，托尔斯泰在自己的日记中对这次的拜访做出了否定的评价，并构思了以修道院和修士生活为题材的《谢尔基神父》，小说在作家去世后才得以问世。曾经前程似锦的近卫骑兵连连长斯吉邦·卡萨茨基公爵在发现未婚妻曾是沙皇的情妇后毅然辞职，进了修道院，做了修士。他在修道院和隐修地中修行数年，成为声望很高的长老。谢尔基神父俨然成为世人敬仰的长老的典范，且果真治愈了一些病人。然而他的内心却十分明白，所谓神迹不过是一种巧合。前来向他求助的一个智力低下的年轻姑娘十分轻易地就让曾经为抵

---

① [俄]托尔斯泰：《列夫·托尔斯泰文集》（第十一卷），汝龙译，北京：人民文学出版社，2013年，第549页。[L. N. Tolstoy, *Works of Leo Tolstoy*, vol. 11, trans. RU Long (Beijing: People's Literature Press, 2013), 549.]

② 同上，第554页。

御肉欲而不惜断指的谢尔基神父走向了堕落，犯下了奸淫之罪。谢尔基神父带着有罪的灵魂逃离了修道院和隐修室，走向了人间，在善良、羞怯、逆来顺受的农妇巴申卡身上得到了真正的信仰的启示。在故事的结尾，谢尔基神父云游各处，到西伯利亚一个农民的垦地上干活，教孩子们读书，照料生病的人，践行起了托尔斯泰所认同的实用道德。可想而知，这一以神父为主题的作品令教会人士大为不满，如曾著有《托尔斯泰与教会》一书的大主教沙霍夫斯科依（Иоанн Шаховской）指出，《谢尔基神父》"故事的轻率"在于"其整个内在情节缺乏的恰恰应该是最主要的东西：基督"，主人公在结尾处向一个普通农妇悔过，而非在基督面前，"复活是在没有基督的情况下发生的，整个生活也是在没有基督的情况下进行的"[①]。作家田德里亚科夫甚至认为："神性在这个伟大艺术家的创作中只是一个微薄的表层，在这一表层下则蕴藏着人性的基础。我认为，在我们的文学中从来没有出现过甚于托尔斯泰的唯物主义者。"[②]实际上，托尔斯泰并非一个纯粹的唯物主义者，即使他不能被称作官方意义上的基督教徒，也应该被称作信徒，因为他始终都在孜孜不倦地追求他所能够认可的信仰和"天国"。

## 二、信仰与理性的融合

去除了神秘性和神圣性的基督教信仰，还能否作为生命意义和无私之爱的基础？在传统神学视域下，这无疑是个谬误。托尔斯泰主

---

① 参见吴泽霖：《托尔斯泰与中国古典文化思想》，北京：三联书店，2017年，第207-208页。[WU Zelin, *Tolstoy and Classical Chinese Thought* (Beijing: SDX Joint publishing, 2017), 207-208.]

② В. Ф. Тендряков, "Божеское и человеческое Льва Толстого," Л.Н.Толстой и русская литературно- общественная мысль (Л.: Наука,1979), 288. [V. F. Tendryakov, "Divine and Humanness of Leo Tolstoy," in *L. N. Tolstoy and Russian Literary and Social Thought* (Leningrad: Science, 1979), 288.]

张动用理性和意识来找到主宰生活的善的规律，并一生服从于此，让自我得到完善。他把上帝代表的真理等同于意识所揭示的生活的理性规律，认为一个人只要意识到真正的生活规律就不会不去实现这一规律。俄罗斯白银时代宗教哲学家们大多对托尔斯泰的宗教道德学说所表达的理性主义意识感到不满，在他们看来，把拯救看作是一种认识，依赖于人的主观能动性，这是理性主义的致命错误。

宗教哲学家弗兰克（С.Л.Франк）对托尔斯泰理性与信仰的阐述则另辟蹊径，他认为信仰和理性在托尔斯泰身上达成了妥协。在弗兰克看来，在认识基督和上帝方面，托尔斯泰的确很少能满足他们时代的大多数人，一方面，信徒会质疑托尔斯泰信仰的正确，认为他赋予了理性过多权利；另一方面，无神论者会批评他拒绝科学与文化，看不到人类理性的成就。而托尔斯泰的惊人之处正在于他融合理性和信仰这一行为所体现的完整性与坚定性。把理性看作魔鬼抑或上帝的时代均已逝去，在这两个原则之间的斗争和矛盾是大部分人生活的常态。忠实于信仰的人其实也是承认理性和科学知识的，只是不希望这种知识跨越边界而干涉信仰的事务；而崇拜科学的人也并不全盘否定信仰，只是把信仰看作个人的"私事"。因此人们的解决方案是既相信理性也保留信仰，只是将它们安置于大脑的不同地盘，因为对绝大多数人来说，信仰和理性的混淆会导致紊乱，尤其是在动荡的时刻。因此，在世纪之交的俄国混乱而分裂的文化生活中，把信仰与理性融合起来、拥有统一的心灵和统一的宗教的托尔斯泰便显得弥足珍贵，他就像一个旧约的先知、一位古希腊的智者、一座岿然不动的高山。[①] 这也解释了为什么在那个没有移动通信的时代，托尔斯泰的庄园会成为全世界有识之士希冀前去朝圣的圣地。

当代俄罗斯学界以更加包容的心态去理解托尔斯泰的"理性的

---

① 参见[俄]弗兰克：《悼念托尔斯泰》，张百春译，《俄罗斯文艺》，2010年第3期，第81-86页。[S. L. Frank, "In Memory of Leo Tolstoy," trans. ZHANG Baichun, Russian Literature and Art, no.3(2010):81-86.]

信仰"。① 在俄罗斯科学院哲学院士古谢因诺夫（А.А.Гусейнов）看来，托尔斯泰认为宗教与信仰在本质上是一致的，其区别在于：宗教是对世界之无限的一种外在态度，而信仰是这种态度的内在设定，是一种内在体验。托尔斯泰将信仰重新定义为有意识的人赖以生存的根本，他将信仰看作对生命意义的认识，看作生命的力量和生活的动力。古谢因诺夫认为，要理解托尔斯泰对信仰的认识需要考虑以下两点：首先，信仰与人的行为是相一致的，即知行当合一，因此要注意区分交织在个人的实际生活实践中的信仰和关于信仰的空洞的思想。托尔斯泰自认为是真正的基督徒，他反对教会基督教的主要论据正是他认为教会基督教用《信经》替换了登山宝训；其次，信仰不应当与理性相矛盾，作为生命力量的信仰是一种特殊的知识，是将人的理性推向边界的知识，可以在理性认可的范围内超出理性的界限。② 另一位哲学家斯捷潘诺娃(Е.В.Степанова)试图证明托尔斯泰的信仰在精神和内容层面的等值性，她得出如下三个结论：托尔斯泰把信仰理解为人类生存的基础；这一信仰的内容是基督关于非暴力的教义；这样

---

① 提出该说法的论文有：А. А. Гусейнов, "Разумная вера Л.Н. Толстого," in *Философия – мысль и поступок* (СПб.: СПбГУП, 2012), 540-561; "Философские наследие Толстого. Интервью Предрага Чичовачки," *Философский журнал*, Т.11, no.2(2018):5-21; Е. В. Степанова, "Вера Льва Толстого: тождество состояния и содержания," *Государстово, религия, церковь в России и за рубежом*, Т.38, no. 2(2020):377-406; М.Л. Гельфонд, "'Разумная вера' и обоснование морали: уроки Толстого для современной этической теории," *Этическая мысль*, Т .20, no.1(2020):82-97。[See A. A. Guseynov, "The Reasonable Faith of Leo Tolstoy," in *Philosophy as Thought and Act* (St. Petersburg: Saint-Petersburg University of the Humanities and Social Sciences Publ., 2012), 540–561; "The Philosophical Legacy of Leo Tolstoy. An Interview with Predrag Cicovacki," *The Philosophy Journal*, Vol. 11, no. 2(2018):5–21; E.V. Stepanova, "Leo Tolstoy's Faith: The Equivalence of State of Mind and Content," *State, Religion and Church*, Vol.38, no.2(2020):377-406; M. L. Gelfond, "'Reasonable Faith' and the Justification of Morality: Tolstoy's Lessons for Modern Ethical Theory," *Ethical Thought*, Vol. 20, no.1(2020):82-97.]

② 参见А.А. Гусейнов, "Философские наследие Толстого. Интервью Предрага Чичовачки," 11。

的信仰被他贯彻到了日常生活实践当中。该学者认为，托尔斯泰的信仰具有强烈的个人色彩，当代读者应当尊重托尔斯泰个性化阐释信仰的权利，"如果我们拒绝别人拥有这样的权利，那么也是拒绝自己拥有这样的权利"[①]。

托尔斯泰将信仰和理性相结合的结果是他的非暴力伦理学，这正是托尔斯泰本人的信仰。为了得到这一信仰，他深入研究了世界各地的经典人文思想，尤其是包括佛教、孔孟、老庄在内的东方思想，以期寻找到生发各大宗教之树的共同种子。这是一种具有求道性质的理性研究，融合了托尔斯泰本人的理解，如在1886年改写佛祖的故事时，他没有直接引用佛教的教诲和教义，没有试图去考证佛祖具体的活动年代或详细的事实，而是抱着便于大众接受这个宗教智慧的意图去塑造佛祖的形象。对中国诸子的思想，托尔斯泰也是带着自己的主观视野分析扬弃，进行杂糅，以追求天下至真之理。他惊奇地发现，它们都有一个普遍的伦理规范，即"己所不欲，勿施于人"，而基督教义也正是对这一观点的全面表达。托尔斯泰认为，不抵抗的爱是基督之爱的实质，《旧约》中虽然也反对恶与暴力，但为了善的目的，还保有它们的一席之地；而基督则认为暴力永远也不能带来善，因此绝对禁止暴力。相比摩西十诫而言，基督教义的新内容正是不以暴力抗恶，拒绝暴力和对恶的不抵抗是基督式爱的基石。不抵抗并不意味着与恶和解，在内心中向它屈服，而是一种特殊的斗争，即不接受、谴责、拒绝和反击。托尔斯泰强调，按照基督的教导，地球上所有的行为都是对具有多种表现样态的恶的反抗，有必要与恶做斗争。而暴力意味着杀人、外部强制、对某对象施加其所不愿意接受的作用，按照基督学说，暴力是无法从根本上解决冲突的，也不能彻底铲除恶，创造善，而根本的解决需要内心的作用，要用长期的善的增长来排挤恶，把冲突从外部转移到人的内在精神领域。托尔斯泰认为理性和爱

---

[①] Е.В. Степанова, "Вера Льва Толстого: тождество состояния и содержания," 403.

是这种斗争的最佳手段。

古谢因诺夫认为，托尔斯泰思想的内在和谐和逻辑建构正是基于暴力与爱截然对立的事实。暴力的基础是令周围人和世界屈服于自己的利益，是强调"我"的意志，而非他人的意志，这是利己主义自我肯定的极端表现，而爱恰恰与暴力相反，是对"我"的意志的克制和对他人意志的尊重，是对他人的服务，其实质是对上帝旨意的追随。那么上帝的旨意为何？托尔斯泰认为，这个旨意是无法得知的，虽然人在理性认知框架内可以得出上帝是无限基础的结论，却无法得出这个基础究竟是什么。因此，在对爱的实践中可操作的只有第一步，即对"我"的意志的克制，这便要求人们拒绝暴力。拒绝暴力就意味着遵循爱的法则——这正是托尔斯泰思想架构的基石。[①] 作为托尔斯泰信仰的非暴力伦理学，首先关心信徒自己的灵魂得救而非他人的善恶，要求把人的弃恶从善的积极努力从他人转到自己内在的道德自我完善，这正是托尔斯泰为一个具有理性意识的人的灵魂与身体应当如何相处的问题提供的解决方案。

## 三、托尔斯泰理性信仰观的当代关照

历来学界对托尔斯泰非暴力伦理学的质疑来自两方面，一是恶的来源问题，二是抗恶的手段问题。白银时代哲学家大多认为，托尔斯泰没有考虑到恶来自原初的、非理性的自由，且没有对待外部的恶和内心的恶的不同手段。而托尔斯泰本人的假设是，上帝已经在这个世界上确立了人类应该遵循的善的法则。人性本善、无罪，一个人会作恶是出于对善的法则的无知。善本身是理性的，只有它才能带来生活的平安和幸福，恶的发生正是因为缺乏对理性超出日常生活范畴的理解。因此，托尔斯泰极力揭露现实生活中的恶与谎言，呼吁人们在一

---

[①] 参见 А. А. Гусейнов, "Философские наследие Толстого. Интервью Предрага Чичовачки," 9-10。

切方面实现即刻的、终极的善。

托尔斯泰在晚年强烈抨击国家的存在，认为国家是有组织的暴力机构，是对内的镇压机器和对外的战争武器。他反对国家政权、警察机构、司法组织等一切外在强制机关。在政论作品《天国在我们心中》里，托尔斯泰探讨了为什么国家、教会及任何外部力量都无法左右我们脆弱且充满痛苦和意外的人的生命，在他看来，唯一能够被人所完全掌控的，是能够认识最高真理并能够受到真理引导的理性意识。在19世纪末到20世纪初的一段时间里，许多托尔斯泰主义的追随者，包括知识分子、小职员、农民等，在俄国内外建立了诸多"托尔斯泰公社"，他们拒绝纳税和服兵役，主张自由、平等地生活在一个共同体中，践行"托尔斯泰主义"。因此，很多学者在无政府主义的语境中探讨托尔斯泰的学说，古谢因诺夫把它概括为"伦理无政府主义"。[1] 托尔斯泰区分了人的社会存在和道德存在：前者追求外在的顺利、好处与利益，在这个层面上必然有一拨人管理另一拨人，而道德生活则相反，追求不以暴力抗恶、良心、爱和兄弟般的团结。在托尔斯泰看来，道德法则并非自然过程或社会过程的延续，它是独立自主的，是人类存在的另一个维度。

那么，这种在社会生活中看似缺乏合理性和现实性的学说是否为一种乌托邦？古谢因诺夫否定了这种观点。他认为，首先，从柏拉图笔下的亚特兰蒂斯开始到当今的各种乌托邦，指的都是社会的形态，而托尔斯泰的学说面对的是个人生活。他的学说并非要回答该如何更好地建构社会，而是要回答个体该如何建构自己的生活。其次，乌托邦指的是不存在的、无法实现的想象。而托尔斯泰的学说是可以在日常生活中实践的学说，他呼吁人们去获得真实的生活经验，按照学说去组织自己的生活。托尔斯泰认为，人不应在幻想中期盼未来的上帝之国，在天空或彼岸中去寻找，而应该在自己的灵魂中，在自己的理性意识中

---

[1] А. А. Гусейнов, "Философские наследие Толстого. Интервью Предрага Чичовачки," 13.

去寻找它。托尔斯泰提供的是道德自我完善的方案，是对生命意义的新的理解，这并非乌托邦。他坚信不抵抗的真理是道德成长的新的高度，人类已经向这个目标走了近两千年，每一个意识到这个真理的人都应当践行这个真理。的确，一个道德意义上的理想社会，取消人统治人的政治传统，使人与人之间像兄弟般团结，在当今社会学的角度看是不可能的，社会还会按既有的轨道向前发展，而托尔斯泰的非暴力学说虽然在制度和统治原则中并不现实，但在个体的精神世界中，应当被看作时代的普遍理想。道德自我完善的意义并不在于改善社会或其外在的建构，而在于重塑一个理性的个体和其内心的精神生活。

这同时也可以证明托尔斯泰并不赞同消极的无为主义，他不是在宣扬为了和上帝结合而避世，而是要改变人在世界中生存的方式。托尔斯泰认为生命意义在于人对灵魂的关照，而不是对肉体的关照，因为肉体让人和人分离，而灵魂让人和人相结合。但他也清醒地认识到，灵魂不存在于肉体之外，肉体具有自己的时空维度。对灵魂的关照，即建构心中的上帝之国，意味着身体成为灵魂的武器，而不是与之相反。"托尔斯泰在获得自己的信仰后所秉承的生活方式，如他对暴力的机构和喉舌进行的斗争，对自己的生活方式的彻底改变，其中包括体力劳动，以及孜孜不倦地研究不抵抗理论等，所有的一切令我们联想到徒手击杀雄狮的参孙，而不是回归自我的印度瑜伽。"[1]托尔斯泰坚信非暴力的真理会为自己打通道路，虽然晚年托尔斯泰的努力与付出并没有彻底改变世界的现状，但无疑有助于世界向更好的方向发展，有助于人们将非暴力看作人们共同生活的基础，这样的呼声在当今世界显得尤为迫切和珍贵。

的确，托尔斯泰的伟大"不仅在于其文学创作的规模和成就，风格和影响，更在于他身体力行的存在方式和作用于现实的思想力

---

[1] А. А. Гусейнов, "Философские наследие Толстого. Интервью Предрага Чичовачки," 17.

量"①。大文豪的最后出走，并非因怀疑自己的信仰，而是为了彻底摆脱亚斯娜亚·波利亚纳庄园主人、私有财产所有者的身份，摆脱对其追求表示不解和反对的家人的禁锢，从而达到真正的知行合一。个人的理想境界与生活现实之间的巨大差异造成了托尔斯泰精神上的痛苦。可以说，托尔斯泰并非传统的理论意义上的思想家或哲学家，而是属于用自己的学说和实践为人们带来对生活的全新理解的人生导师。他敢于突破东正教神学的界限，渴望为全人类拓展精神发展的广阔空间，体现出其超越宗教、民族、文化和意识形态等藩篱的博大胸怀和对未来世界中人的精神困境的敏锐预感。

① 刘文飞:《俄国文学的有机构成》，北京：东方出版社，2014年，第342页。[LIU Wenfei, *The Organic Composition of Russian Literature* (Beijing: Oriental Press, 2014), 342.]

# 参考文献

## 西文文献 [Works in Western Languages]

Гусейнов, А. А. *Философия – мысль и поступок*. СПб.: СПбГУП, 2012.

_____. "Философские наследие Толстого. Интервью Предрага Чичовачки." *Философский журнал*, Т.11, №2(2018):5-21.

Гельфонд, М. Л. "'Разумная вера' и обоснование морали: уроки Толстого для современной этической теории." *Этическая мысль*, Т.20, №1(2020):82-97.

Исупов, К.Г. (сост.) *Л.Н.Толстой: Pro et contra. Личность и творчество Льва Толстого в оценке русских мыслителей и исследователей*. СПб.: Русский христианско-гуманитарный институт, 2000.

Романова, С. М. (сост.) *Русские мыслители о Льве Толстом*. Тула:Ясная Поляна, 2002.

Степанова, Е. В. "Вера Льва Толстого: тождество состояния и содержания." *Государство, религия, церковь в России и за рубежом*, Т.38, №2(2020):377-406.

Тендряков, В.Ф. *Л.Н.Толстой и русская литературно – общественная мысль*. Л.: Наука,1979.

## 中文文献 [Works in Chinese]

[俄]弗兰克：《悼念托尔斯泰》，张百春译，《俄罗斯文艺》，2010年第3期，第81-86页。[Frank, S. L. "In Memory of Leo Tolstoy." Translated by ZHANG Baichun. *Russian Literature and Art*, no.3(2010):81-86.]

刘文飞：《俄国文学的有机构成》，北京：东方出版社，2014年。[LIU Wenfei. *The Organic Composition of Russian Literature*. Beijing: Oriental Press, 2014.]

[俄]托尔斯泰：《列夫·托尔斯泰文集》（第十七卷），陈馥等译，北京：人民文学出版社，2013 年。[Tolstoy, L. N. *Works of Leo Tolstoy*, vol. 17. Translated by CHEN Fu, et al. Beijing: People's Literature Press, 2013.]

[俄]托尔斯泰：《列夫·托尔斯泰文集》（第十卷），周扬等译，北京：人民文学出版社，2013年。[Tolstoy, L. N. *Works of Leo Tolstoy*, vol. 10. Translated by ZHOU Yang, et al. Beijing: People's Literature Press, 2013.]

[俄]托尔斯泰：《列夫·托尔斯泰文集》（第十一卷），汝龙译，北京：人民文学出版社，2013年。[Tolstoy, L. N. *Works of Leo Tolstoy*, vol. 11. Translated by Ru

Long. Beijing: People's Literature Press, 2013.]

吴泽霖：《托尔斯泰与中国古典文化思想》，北京：三联书店，2017 年。[WU Zelin. *Tolstoy and Classical Chinese Thought*. Beijing: SDX Joint publishing, 2017.]

张百春：《当代东正教神学思想》，上海：三联书店，2000 年。[ZHANG Baichun. *Contemporary Orthodox Theological Thought*. Shanghai: SDX Joint publishing, 2000.]

# 从圣像的凝视到神圣时空体的真理

## ——对弗洛连斯基反透视理论的一种扩展性解读

# From the Gaze of the Icon to the Truth of Holy Chronotope:
# An Ampliative Interpretation of Pavel Florensky's Theory of Reverse Perspective

李 雪

LI Xue

**作者简介**

李雪，陕西师范大学文学院师资博士后，助理研究员。

**Introduction to the author**

LI Xue, Post-doctoral lecturer and Assistant Research Fellow, School of Chinese Language and Literature, Shaanxi Normal University.

Email: lixue1991@snnu.edu.cn

基督教文化学刊

Journal for the Study of Christian Culture

# Abstract

In response to the classical Western spatial form of painting known as "perspective," Pavel Florensky holds in high regard the principle of "reverse perspective" found in Russian Orthodox icons. Reverse perspective primarily manifests in the scale of objects and the arrangement of shadows, imparting a sense of holiness to the icon's visage.

By combining the theories of Marion and Bakhtin, it becomes evident that the face of the icon, within the space of reverse perspective, serves as an intermediary between the religion and the truth. It forms a "crossing of gazes" with the viewer, giving rise to a sacred chronotope between them. At an individual level, this chronotope influences the viewer, while in a universal sense, it criticizes the inherent subjectivity of human perspective, paving the way to the universal truth of God and resonating with the desire to solve the problems of the times and seek a path through Orthodox spirituality within Russian religious philosophy. The sense of mission that arises from artistic theory reflects Florensky's unique contribution to Russian religious philosophy.

**Keywords:** reverse perspective, face of the icon, sacred chronotope, Orthodox, truth

与文艺复兴以来兴盛的"透视法"（perspective，перспектива）相对的"反透视"（reverse perspective，обратная перспектива）是拜占庭和俄国东正教圣像画重要的空间视觉形式。反透视的概念源自于德国学者奥斯卡·武尔夫（Oskar Wulff），而后经由俄国思想家帕维尔·亚历山德罗维奇·弗洛连斯基（Павел Александрович Флоренский，1882-1937）的详述而得到了广泛关注。[1] 在《反透视》（*Обратная перспектива*，1919）一文中，弗洛连斯基将反透视归纳为俄国东正教圣像画的空间形式，通过分析数个遵守透视法规则的作品，指正透视法六大原则的"谬误"，说明相对于透视法的"破坏自然"，反透视是与艺术真实和感知真实直接关联的艺术形式。在另一篇文章《圣像壁》（*Иконостас*，1922）中，弗洛连斯基聚焦东正教圣像画在教堂中的组合——圣像壁，从其内容和功能出发，结合反透视形式，论述了圣像壁勾连现实世界与宗教世界的作用。

弗洛连斯基被称为"俄罗斯的达·芬奇"，身兼艺术史学家、神学家和物理学家等多重身份，他对东正教圣像画形式、内容与功能的思考是其思想的重要组成部分。[2]《反透视》与《圣像壁》分别侧重

---

[1] Marcus Plested, *Orthodox Readings of Aquinas* (Oxford: Oxford University Press, 2012), 9. 本文使用的译文，如无特别声明，皆为作者所译。在"反透视"概念的发展史上，与弗洛连斯基具有同等重要贡献的还有著名艺术史学家欧文·潘诺夫斯基（Erwin Panofsky），他的名作《作为象征形式的透视法》（"Die Perspektive als symbolische Form"）同样将"反透视"归为正教圣像画的主要空间表现形式。但限于主题，本文将不对潘诺夫斯基的相关观点进行展开论述。参见Marcus Plested, *Orthodox Readings of Aquinas* (Oxford: Oxford University Press, 2012), 9; Clemena Antonova, *Space, Time, and Presence in the Icon: Seeing the World with the Eyes of God* (Farnham: Ashgate Publishing Limited, 2010), 33。

[2] 目前我们读到的弗洛连斯基的《反透视》，脱胎于作者1919年的一篇演讲稿，在其后的几年间，文章中有关艺术作品空间分析的内容一直为弗洛连斯基所关注。并且，在俄罗斯艺术科学院的简历中，弗洛连斯基称自己为"空间分析领域的教授"，他也于1921-1924年教授"空间形式分析"和"透视法分析"等课程，可见他对这一话

论述东正教圣像画的形式与内容，在学界目前关于弗洛连斯基反透视理论的阐释中，对形式与内容之间的紧密内在联系以及这一内在联系和精神旨归的考察尚有亟待发掘的广阔空间。此外，反透视在绘画中的事实展现早于线性透视法被系统化论述和广泛应用的文艺复兴时期，因而这一概念的命名和论述包含显而易见的历史倒错，这种倒错背后不仅仅是对透视法本身的反思，而是有着更深层的内涵。[①] 本文认为，它与俄国特有的东正教精神传统紧密结合，指向的是一条东正教普遍"真理"的道路，它也是拥有神父身份的弗洛连斯基身处的俄国宗教哲学谱系念兹在兹的目标。

本文将在前人研究的基础上，对弗洛连斯基的反透视理论进行一种扩展性的解读，展现其作为艺术理论与俄国东正教精神传统的内在联结。首先，本文从东正教圣像画反透视的空间形式分析出发，展现弗洛连斯基对东正教圣像画的重要成分——圣像面容的阐释；其次，在此基础之上，结合巴赫金（Mikhail Bakhtin）和马里翁（Jean-Luc Marion）的相关理论，本文扩展弗洛连斯基的阐释，指出作为现实世界与宗教世界之"中介"的圣像面容与观看者之间形成了一种以东正教教义为底色的神圣时空体，它能够影响观看者的精神；最后，本文第三部分结合弗洛连斯基的整体思想进一步阐明，圣像面容与观看者所共同构筑的神圣时空体不仅影响了圣像观看者的精神世界，更蕴含对东正教普遍真理的追寻，它指向的是俄国宗教哲学独有的精神传统。

## 一、反透视空间中的圣像面容

弗洛连斯基认为，俄国东正教圣像画的反透视空间是对透视空间

---

题的重视程度。如今，《反透视》等论述东正教圣像画的著作已成为弗洛连斯基的代表作之一，在俄语世界，凡举"反透视"，必言弗洛连斯基。参见Clemena Antonova, *Space, Time, and Presence in the Icon: Seeing the World with the Eyes of God* (Farnham: Ashgate Publishing Limited, 2010), 31。

[①] Clemena Antonova, *Space, Time, and Presence in the Icon: Seeing the World with the Eyes of God*, 30.

的"反转"，这一反转主要通过人物与物体的整体比例以及画面光影的布局展现出来。圣像画中的圣像面容以反透视的视觉形式，呈现为不同于现实世界的比例，同时散发出具有不同于透视法的宗教意味的光。这里的"面容"不再是自然界中人的"面孔"，并直接与庸俗之人的"面具"相对抗。反透视空间中的东正教圣像面容，是圣像作用于信徒精神世界的基础。

弗洛连斯基在多部著作中都谈到了东正教圣像画特殊的视觉形式——反透视：反透视不似透视法那样以再现"正确的"、只有一个中心视点的"自然"为主要任务，而是圣像作者根据自身对圣像艺术的理解来对画面进行多中心视点的艺术造型，这具体表现在画面中各个部分的相对比例，与光线和阴影的分布上面。与"反透视"相对的是文艺复兴时期的阿尔伯蒂（Leon Battista Alberti）与弗朗西斯卡（Piero Della Francesca）在前代艺术家的作品以及理论中所总结、系统化并予以实践的"线性透视法"。众所周知，遵循线性透视法的绘画作品号称模拟人类的现实视觉，在这些作品中所有的直线相交并消失于唯一的灭点（vanishing point），所有物体的相对比例与灭点的距离成正比。比欧几里得的数学出现年代更早的透视艺术，不仅在几何学层面、也在艺术层面利用线条的追踪和交汇模仿了现实。朱莉亚·迪亚兹·卡尔维特（Julia Diaz Calvete）指出，线性透视法即为："在平面上追踪线条，因此使它们汇聚于灭点，并与观看者所感受到的真实场景中的线条相重合（光线应从观看者的双眼向物体发射）。"① 而所谓反透视，其词义本身意为"对透视法的反转"。物体不再遵循近大远小、近景的物体比远景大且细节更丰富的原则，也不再按照整个画面仅有一个灭点的规律进行比例上的变化，本不应处在同一平面上的物体在画面中却并行排布。弗洛连斯基概括道："通常视线投向被描绘建筑物的正立面时，同时还会显示出两个侧面墙壁；而在投向福音

---

① Júlia Díaz Calvete, *Pavel Florensky, Reverse Perspective and the Neurosciences* (Barcelona: Universitat Pompeu Fabra, 2019), 7.

书时，却一下子让人看到三个或全部四个侧面；面部也被画上头顶、两侧太阳穴和两只耳朵，而且这些部分都翻转朝前，仿佛贴在圣像画表面上一样，就连鼻子的各个面以及面孔上其他不应当被表现出来的面也都翻转朝向观众，就好像那些自然应当朝前展示的平整表面一样。"①最重要的是，作为透视法的反转，反透视表明："某物在空间中越远越大，而越近越小就是所谓反透视。看到这样的透视以及由此产生的效果，让人产生一种感觉，完全无法将自身和壁画空间相联系。我们不会被拖入这个空间；不仅如此，它还会将我们推出来，就好像我们的肉体被水银的海洋所顶出去一样。虽然是可见的，但是它对于按照康德和欧几里得方式思考的我们来说是超验的。"②

当然，弗洛连斯基也指出："反透视这个名字不能完全呈现这种绘画特点的多面性。"③他认为，单纯的对线性透视法的反转，并不能一语概括东正教圣像画的全部空间特质，物体本身的描绘与日常经验的违背、物体光线与阴影的分布与日常光影的不同，也是反透视形式中极其重要的特征。首先，与透视法意图在画面中制造"现实空间"的幻觉不同，东正教圣像画并不十分关注和遵循"自然的"规律。学者米哈伊尔·阿尔巴托夫（Mikhail Arbatov）指出：

> 那时俄罗斯的圣像画家们并不是按某种现实客观的规律去处理空间，它并不造成人物既进入又可走出去的真实环境效果。空间存在于表现对象密切的关系中，并且是由它们而产生的，空间是通过所表现对象的运动与

---

① [俄]帕·亚·弗洛连斯基：《反透视（一）》，于润生译，《世界美术》，2018年04期，第118页。[Pavel Florensky, "Fan tou shi I," trans. YU Runsheng, *World Art*, no. 4(2018): 118.]

② [俄]帕·亚·弗洛连斯基：《反透视（二）》，于润生译，《世界美术》，2019年01期，第107页。[Pavel Florensky, "Fan tou shi II," trans. YU Runsheng, *World Art*, no. 1(2019): 107.]

③ [俄]帕·亚·弗洛连斯基，《反透视（一）》，第119页。

布局表现出来的。空间是某种圣像内在活力因素的形式
显现，因此它并不拘泥于测量式的规律。①

以著名的《圣三位一体》为例，这幅圣像中，三个以人的外表呈
现的东正教位格与现实世界中的人类相比，身体过于瘦长，手脚比例
在细长的肢体上显得失调，头部相对躯干又太过小巧。我们绝对不能
说，安德烈·鲁勃廖夫的这幅旷世之作是完全模仿现实世界的成果。其
次，在弗洛连斯基看来，在东正教圣像画中的光线与阴影，也与透视
法下的光影不尽相同。一般的透视法绘画中有固定的光源，而在东正
教圣像画中则不尽然。弗洛连斯基所论圣像画的光影特点如下："没
有固定的光线焦点，在圣像画中不同部分之间照明关系彼此矛盾，将
应该罩在阴影中的部分向前移。"②如果观察一幅圣像，就会发现圣
像中的人没有方向明确的光源和暗影，而是或者全身都笼罩在均匀的
光线中，或者自身分布着数个光源，而不依赖于画面外部的照明。

弗洛连斯基所论及的东正教圣像画的空间形式"反透视"，其特
殊之处除了人物、物体与光影，也在于圣像画借助这一空间形式，以
具有宗教意味的神性光芒独到地呈现出了圣像的"面容"。弗洛连斯
基在《反透视》中指出，不同于线性透视的空间中人物的面孔是"立
体"的，东正教圣像中圣人面孔的各个部分全部处于同一平面上；而
在《圣像壁》中他进一步分析道，不同于线性透视的空间中有固定的
外部光源，圣人的面孔仿佛是被出于自身的光源所照亮，或者说，圣
像在这里犹如一扇窗户，而从窗户中透出的光照亮了整个画面和画面
外的空间，这种光不是透视法对自然光线的模仿，而是一种神学意义

---

① 米哈伊尔·阿尔巴托夫：《古代俄罗斯圣像画》，载利兹·詹姆斯等：《图像
与题铭》，张宝洲、范白丁选编，杭州：中国美术学院出版社，2011年，第253页。
[Mikhail Arbatov, "Gu dai e luo si sheng xiang hua," trans. ZHANG Baozhou, in *Tu xiang yu ti ming*, ed. ZHANG Baozhou and FAN Baiding (Hangzhou: China Academy of Art Press, 2011), 253.]
② [俄]帕·亚·弗洛连斯基：《反透视（一）》，第119-120页。

上的光，具有宗教的意味和内涵："给我们带来光的窗户，它看起来并不像光，与主观上可以想象的光的概念没有联系，而是光本身，在本体中自我认同，与自身不可分割，与照亮了外部空间的太阳也不可分割。"① 这种宗教之光，在弗洛连斯基的艺术理论中，与东正教的核心概念"索菲亚"（София，Sophia）有着密切的联系，弗洛连斯基的研究者科列斯尼科夫（С. А. Колесников）就明确指出过这一点。② 弗洛连斯基在论述色彩、光线与上帝真理的文章《天堂的象征（对色彩象征意义的沉思）》（Небесные знамения (размышления о символике цветов)）中说："光是上帝的活动，而索菲亚是这些活动的第一个也是最微妙的产物……"③ "索菲亚"意指"神的圣智慧"，它起源于古希腊哲学，并经由《旧约》进入基督教神学视野中；19世纪末20世纪初，俄罗斯宗教哲学家索洛维约夫将索菲亚概念纳入到东正教神学中，将其解释为一种处在上帝之中的神秘的、非逻各斯的智慧；弗洛连斯基又在此基础上指出，索菲亚是上帝创世的原则和目的，是所有人和物的本源，并因这一本源性成为"圣三位一体"之外的第四位格。④ 在弗洛连斯基关于圣像画的论述中，圣像中的光本质上属于索菲亚，是上帝的产物，结合索菲亚在东正教神学中的地位和作用，反透视空间中的"光"由此是上帝智慧的表现，而不仅仅是一种特别的、纯形式的光影技巧。科列斯尼科夫也说："对一个艺术神学家来说，对圣像中的光线的某些特征的思索不能仅限于技术层面的

---

① Павел Флоренский, *Иконостас* (Санкт-Петербург: Мифрил · Русская Книга, 1993), 43.

② С. А. Колесников, "Метафизика света и тени в богословии иконы о. Павла Флоренского," *Труды Белгородской духовной семинарии*, no. 4 (2016): 57.

③ Павел Флоренский, *Священник Павел Флоренский сочинения в четырех томах том 2* (Москва: Издательство «мысль», 1996), 417.

④ 参见景剑峰："论西方哲学史上的索菲亚观念及其转变"，《内蒙古大学学报（哲学社会科学版）》，2011年第6期，第102-105页。[JING Jianfeng, "On the Idea and Transformation of Sophia in the History of Western Philosophy," *Journal of Inner Mongolia University (Philosophy and Social Sciences)*, no. 6 (2011): 102-105.]

分析：在具有高度灵性的圣像画的每一种技巧背后，都有一个特殊的神学立场，一种独特的灵性体验。"① "光成为圣像用灵性语言与人交谈的主要工具。"②

从弗洛连斯基的视角来看，闪烁着"神圣"光芒的圣像"面容"，与寻常人的"面孔"和恶人的"面具"颇有不同，通过它，圣像画得以影响观看者。圣像的面容（лик）蕴含索菲亚的光芒，这一面容与自然界中的人的面孔（лицо）相比，经过了艺术层面的加工与神学层面的提炼，可以突破现实生活中恶人的面具（личина）。圣像的面容是以普通人的面孔为底本描绘的，因而，即便面孔在这里只是未被加工的初级材料，但它仍旧是具有展现宗教精神的潜能。弗洛连斯基指出："面孔——这是未经加工的自然，肖像画家以此为基础进行工作，然而这在艺术上仍旧是没有完成的……精神完善的能力和天赋，使全部经验上的个性形成的力量，所有这些组成的上帝的形式，或者说上帝的可能的形式，我们最深处的精神财富，表现在生活中、个性中，并且这一形式将自身呈现于面孔上。"③ 在面孔的基础上形成了圣像画中圣像的面容，这一面容即为上帝精神本体的展现。④ 在圣像特殊的光影中，人的面孔的潜能充分发挥了出来。正如科列斯尼科夫所说的那样，人的面孔被圣像中的光变成了上帝的象征："只有在灵性的光下出现的面孔才是圣像的面容……圣像面容是神圣形象的譬喻，上帝的世界在圣像面容中展现了它全部的宏大，而反过来说，只有反映灵性的完美高度的面孔才能成为圣像面容。"⑤ "如果光从

---

① С.А. Колесников, "Метафизика света и тени в богословии иконы о. Павла Флоренского," 55.

② С.А. Колесников, "Особенности духовного созерцания иконы в богословской концепции священника Павла Флоренского," *Труды Белгородской духовной семинарии*, no. 9(2019): 226.

③ Флоренский, *Иконостас*, 26-27.

④ Ibid., 27.

⑤ С.А. Колесников, "Богословское искусствоведение иконы священника Павла Флоренского: проблема лица и лика," *Христианское чтение*, no. 2(2017): 42.

圣像面容进入世界，那么面具则会吸收光线，产生黑暗。"[1] 由此，反透视的空间中"发光"的圣像面容，揭开人为了在现实中生存而覆盖在面孔上的面具（личина），使他们的恶行得到摒弃，而圣徒的苦行和自我牺牲的主题，就是这些圣像中的典型。[2] 在圣像那属于上帝精神的中心，仍旧是人的面孔所构成的圣像的面容。[3]

## 二、圣像面容的凝视与神圣时空体的显现

和一般艺术作品的主要功能是审美不同，圣像的主要功能是宗教传播。一般艺术作品通过形象、色彩等提升观看者的审美水平，圣像则承担着为不识字的民众传递教义的功用。人们面对二者都需"观看"，但对圣像的观看是宗教化的，不同于我们在日常生活中对艺术品的欣赏品鉴，更不同于一般线性透视法中跟随作者所创造的唯一视点而对画面形成单向把控的观看。在弗洛连斯基对东正教圣像画的研究中，反透视空间中的圣像面容作为传递上帝精神的重要元素，影响观看者的内心。因此，反透视不再只是纯形式的表征。那么，圣像的面容具体又是通过怎样的环节影响观看者的？不仅弗洛连斯基对此并未详述，后世关注其反透视理论的学者也较少深挖这一问题。结合马里翁和巴赫金的相关理论，本文扩展性地阐释了圣像面容是如何对观看者造成影响的，指出它与观看者之间形成了一种基于"目光"的"交流"，这一动态的机制使圣像不再被局限于独属于绘画本身的空间维度，而被引入了时间维度，它本身展现出了一种由圣像面容和观

---

[1] С.А. Колесников, "Богословское искусствоведение иконы священника Павла Флоренского: проблема лица и лика," *Христианское чтение*, no. 2(2017): 43.

[2] Флоренский, *Иконостас*, 32-33.

[3] Колесников, "Богословское искусствоведение иконы священника Павла Флоренского: проблема лица и лика," 45.

看者的目光所共同构筑的"时空体"。这一时空体成为现实世界与宗教世界之间的媒介，从而它自身也具有了宗教艺术中的神圣意味。

如前文所述，在弗洛连斯基看来，反透视的东正教圣像画与线性透视法迥异，灭点被设置在画面外部而非内部，如此形成"远大近小"而非"远小近大"的空间比例，将观看者推出画面空间，而非吸入空间幻觉中去。而细察这种空间形式产生的效果，可以看出反透视的空间与线性透视的空间之间这种根本上的不同。线性透视法的空间视觉形式，一般是作者设置一个单一的灭点，使画内空间继续延伸画外空间，观看者从这个单一的灭点出发，对画面中囊括的所有物体进行"万物备于我"的观察；而反透视则是将灭点推向观看者的方向，因而在效果上仿佛圣像对观看者产生了反向的影响。观看者注视圣像面容的同时，也注意到了圣像面容对自己的影响。圣像对人精神的影响、宗教世界对现实世界的影响就发生在此刻。圣像的面容承担的是将上帝世界的语言"翻译"成现实世界的语言的功能。弗洛连斯基由此认为，宗教世界与现实世界之间存在边缘和过渡，被人类时不时触碰到。[1] 因此，他认为，在圣像画中，人的面孔被注入上帝的神圣性和精神内核，变成了神圣的圣像面容，宣扬着宗教教义。[2] 如此，宗教世界对现实世界的影响，是以人的面孔为外壳、但以神圣的宗教精神为内里的圣像面容为主要的"中介"的。

然而，弗洛连斯基没有进一步详述圣像面容究竟通过何种具体环节对人的精神产生影响，这需要我们借助其他思想家的理论资源，对弗洛连斯基略过的部分进行扩充，马里翁笔下圣像面容与观看者之间"目光的交错"以及巴赫金的时空体理论，可以帮助我们完善这一扩展性解读。圣像的眼睛通常是面容上最吸引观看者目光的存在。"眼

---

[1] Флоренский, *Иконостас*, 3.
[2] Флоренский, *Иконостас*, 27-28.

睛决定面容。眼睛总是被作为面容的突出部分，尤其是在早期圣像画中。"①而且，与一般以现实中人的面孔展现基督、圣母等神圣符号的文艺复兴诸画作不同，东正教圣像的眼睛引人注目，吸引观看者的目光探索圣像背后的上帝教义。从天主教传统汲取营养的思想家马里翁也指出了圣像面容上双眼的这一特点。"我并非观看他者的可见的面容……而是观看不可见的凝视，从他者脸上的那一双朦胧的瞳孔之中涌出的凝视……"②东正教的圣像画本身便打破了透视法规则下观看者对画作的单向观看，它使圣像对观看者效果上的"观看"被凸显了出来，而观看者的目光与圣像面容，即圣像的"目光"的相遇，使这一双重的"看与被看"凝视机制得以被建立。"凝视"指的是主体对来自他者位置的目光的意识，在对圣像画的观看中，圣像的面容之于观看者，不是一个被他把捉的对象，而是在观看者的感觉中同时注视着、观看着他的存在。马里翁认为，观看者在凝视圣像的同时，也仿佛被圣像所凝视，他的目光穿透作为媒介的圣像面容，不耽于表面的影像，而察觉到了圣像背后那一道来自上帝的"凝视目光"："这个凝视可以是神圣的，以至于作为一种透明性，它可以提供卓著的不可见者即上帝

① 徐凤林：《东正教圣像史》，北京：北京大学出版社，2012年，第34页。[XU Fenglin, *Dong zheng jiao sheng xiang shi* (Beijing: Peking University Press, 2012), 34.]

② [法]让-吕克·马里翁：《可见者的交错》，张建华译，桂林：漓江出版社，2015年，第83页。[Jean-Luc Marion, La croisée du visible, trans. ZHANG Jianhua (Guilin: Lijiang Publishing Ltd, 2015), 83.] 值得注意的是，马里翁论述中的圣像面容（le visage）受到列维纳斯相关研究的影响，主要从现象学的路径出发来探讨圣像的面容，强调面容提供上帝凝视的中介功能，而弗洛连斯基论述中的圣像面容（лик）则主要是从宗教的角度出发，强调宗教教义从面容进入现实世界。虽然路径不同，但无论是le visage还是лик，都意指圣像的面容对人的面孔的改变，在这一层面，二者之间具备互通性。关于马里翁圣像理论的现象学诠释，参见陈辉：《作为面容的圣像——马里翁的现象学圣像理论初探》，载《世界哲学》，2015年第5期，第43-51页。[CHEN Hui, "The Icon as Face: On Marion's Phenomenological Theory of Icon," *World Philosophy*, no. 5(2015): 43-51.]

的圣像。"① "在圣像那里，并不是我在观看一个景观，而是另一道凝视在承受我的凝视，对抗我的凝视，或许压倒我的凝视。……如果他要求我抬起双眼去看他，这根本不是为了让我看他，只是看他，而是为了让我还可以看见而且尤其是看见圣父……"②

马里翁笔下由于圣像与观看者之间的"相互凝视"而塑造的艺术和精神领域并不是一个静止的共时空间，因为凝视机制的未完成性，圣像与观看者的交互具有时间的维度，这一蕴含时间维度的空间，可以用巴赫金的"时空体"（хронотоп，chronotope）概念进行概括。时空体即为"已经艺术地把握了的时间关系和空间关系相互间的重要联系"③，也就是说，作为事件本身，其空间位置在其中起着至关重要的作用，而作为空间本身，其中所蕴含的历史维度又是它自身不可或缺的部分。在对圣像的观看过程中，来自观看者的凝视和来自圣像的凝视在圣像画所构筑的空间内交错碰撞，并且，这并不意味着，两道凝视相遇后凝视机制即告结束，一道目光将紧随着另一道目光发出，只要观看者不将目光从圣像面容上移开，凝视就不会结束。进一步讲，这一凝视机制，由于圣像画本身所传递寓意的复杂性，而不断地在观看者和圣像之间往复来回，因此，观看者对圣像的观看是未完成的、行进中的。那么，圣像借助图像语言所搭建起来的艺术空间，就被引入了时间的维度，进而成为一个个"事件"，圣像与观看者之间搭筑起了一个时空体。"这种双向的过程——从圣像到观看者，从观看者到圣像——恰恰形成了特殊的圣像直观韵律，特殊的直观空间和时间。"④

---

① [法]让-吕克·马里翁：《可见者的交错》，第84页。

② 同上。

③ [俄]巴赫金：《巴赫金全集》，第三卷，白春仁、晓河译，石家庄：河北教育出版社，2009年，第269页。[Mikhail Bakhtin, *Ba he jin quan ji di san juan*, trans. BAI Chunren, XIAO He (Shijiazhuang: Hebei Education Press, 2009), 269.]

④ Колесников, "Особенности духовного созерцания иконы в богословской концепции священника Павла Флоренского," 222.

在反透视的圣像画与观看者所共同构筑的时空体中，圣像面容的凝视具备宗教内涵，由此圣像的面容便成了现实世界与宗教世界的媒介，帮助观看者探索教义，观看圣像的行为所构筑的时空体，因此也就有别于一般艺术中的时空体，而具有了神圣的意味。反透视在更深层的意义上将圣像从被当作客体对象、被单向观看和品评的命运中拉了出来。正如徐凤林所言："对象按照与视点距离的从近到远不是从大到小，而往往是从小到大，所有实物平行线的画面线条的焦点不在画面的深处，而在画像的前面，在观看者的地点，即指向站在圣像前的观看者。这象征着神的世界从高处流入人的低处的世俗世界。"[1]

换言之，在东正教圣像传统中，圣像画的艺术意蕴不单单停留在观看者对圣像主观的理解和欣赏层面，圣像自身的面容也同样向观看者传递出教义精神。诸多东正教圣像作品直接破坏了一般透视法中的空间纵深，使他们被赋予了陌生化效果，直接阻隔了观看者将它们当作一般的、模仿自然的物体的可能性。圣像不再是"模仿"的结果，它模仿的不是处于自然光源下的人，而是宗教之光照耀下的神，使人脱离现实图像，透过圣像直接看到圣像所代表的神性，这一神性不是静止的、被单向观看的，不是偶像（idol）或者象征（symbol），而是携带着上帝的教寓，使观看者理解上帝的世界。

依据弗洛连斯基、马里翁和巴赫金的综合性视角，圣像与观看者之间的时空体影响观看者，这个时空体与教徒们所坚信的圣像画的教寓氛围有所共鸣："正是圣像创造了一种净化视觉的氛围，它能够为自己开启道德高尚的领域。"[2]圣像体现着宗教的意涵，观看者于圣像的面容上发现了人的"面孔"所蕴藏着的潜能，揭开了世俗的"面具"，领悟到了上帝的启示。学者亚历山大·郭金（Alexander V.

---

[1] 徐凤林：《东正教圣像史》，第43页。

[2] Колесников, "Особенности духовного созерцания иконы в богословской концепции священника Павла Флоренского," 224.

Kozin）因此说："弗洛连斯基将圣像比作一扇窗户，而且如果眼睛深入灵魂的门户……，那么圣像就是灵魂的窗户；它是两个领域之间的裂隙。"①

## 三、"普遍真理"的展现：神圣时空体的深层意涵

通过马里翁与巴赫金理论的"棱镜"来看弗洛连斯基，我们了解到，反透视的东正教圣像面容在自身所参与构建的神圣时空体当中，揭示了隐藏在圣像"目光"之后的宗教教义，观看者始终对这一"目光"有所觉察，就此对上帝的精神有了更为深刻的体察。然而弗洛连斯基的反透视理论的意涵不仅限于个体信徒，它还通过对艺术的解析开辟了一条通向普遍信徒的宗教真理的道路，这条"从艺术到真理"的道路的光芒未被弗洛连斯基系统呈现。本文的第三部分就此继续上文对弗洛连斯基的扩展性解读，进一步指出，透视法偏重于观看图像过程中观看者的主体性，以透视法为空间形式的圣像难以具备宗教功能。反透视则恰恰相反，它参与构建圣像的神圣时空体，防止因为对神圣精神的客体化而带来的对教义的忽视，从而引领普遍的信徒群体走向他们的"真理"。这也在一定程度上展现了近现代以来俄国宗教哲学通过回归东正教精神来回应时代问题的倾向。

弗洛连斯基认为，透视法以"再现自然"的名义否定其他的空间形式和认知模式，从而使艺术失去了自由和生命力，并与真正的生命体验相背离。在《反透视》中，弗洛连斯基指出，透视法不是唯一完善与合理的艺术形式，它只是诸多艺术空间规则中刻板的一种，许多非透视法的艺术同样展现出了强大的艺术表现力和自洽的形式体系，它们并没有因为未采用"成熟的"透视法而退居二流艺术。和其他所

---

① Alexander V. Kozin, "Iconic Wonder: Pavel Florensky's Phenomenology of the Face," *Studies in East European Thought*, no. 4 (2007): 304.

有空间形式相类似，绘画中的透视法也是后天训练的结果，譬如在丢勒的《量度四书》中，有四种装置来辅助画家描绘透视法的空间，而这些装置可以使透视法不经过视觉这一环节，甚至只与触觉相关。[①]因而，透视法与"自然"或者"真实"的关系，并非想当然的"模仿与被模仿"的关系，而即便是普遍运用透视法的文艺复兴绘画大师，也时常会在作品中留下违背这一规则的明显痕迹，弗洛连斯基则把这一现象解释为人的视觉直觉与后天训练的透视法之间的矛盾[②]，而这是证实透视法属于"非自然"的有力证据。

弗洛连斯基还指出，除了独占"自然"与"真实"的名号，在更深层的意义上，透视法背后还代表着一套以人类为认知主体的经验与认识模式。在其反透视理论的架构中，弗洛连斯基认为这种模式是有问题的："透视性是必然从这样一种世界观——它将某种主体性看作亦真亦幻的物—观念的真正基础——中抽象出来的方法，但这种主体性本身却没有真实性。"[③] 而从马里翁的观点出发来看弗洛连斯基关注的圣像，我们可以将后者所谓的透视法弊端完整地呈现出来：透视法推崇将圣像作为一般的图像进行客体化，而这种主体对圣像的单方面赏鉴，会遮蔽圣像投向观看者的凝视，进而消解圣像向观看者"宣教"的载体，即本文第二部分所论述的圣像与观看者之间的"神圣时空体"。透视法要求以精确的欧几里得几何学以及有唯一灭点的规则来构建艺术形式，它站在历史发展的高度上，将不符合此规则的圣像画称为"中世纪的"，而它自己所代表的则是文艺复兴以来人类作为认识主体对图像的客体化。弗洛连斯基并非完全否认作为艺术形式

---

① [俄]帕·亚·弗洛连斯基：《反透视（二）》，第108-109页。

② 同上，第104-107页。

③ [俄]帕·亚·弗洛连斯基：《反透视（三）》，于润生译，《世界美术》，2019年02期，第116页。[Pavel Florensky, "Fan tou shi Ⅲ," trans. YU Runsheng, *World Art*, no. 2(2019): 116.]

的透视法，他反对的是人们将透视法视作唯一展现"真实"途径的单一化标准，因为这种所谓的"真实"并不能完全复制原型。①不仅如此，如果人们只是去辨认透视法规则下圣像与现实世界的相似性，停留于图像表层，就会削减圣像本身的宗教功能。弗洛连斯基认为，这种"科学"的视觉规则一旦作为唯一的观看标准凌驾于其他艺术形式上，就会造成人类与内在的、真正属于他们的精神相脱离，并与全人类的经验格格不入。②结合马里翁的论述，我们能够进一步了解这种圣像宗教功能的削减：观看者通过透视法的规则所把握的圣像，有基督教意义上"偶像崇拜"的倾向。透视法的运用，使得圣像的面容在观看者眼里变成了模仿真实世界的图像，圣像的面容就变成了"被看"的客体，并不投出上帝世界的"目光"或者信息。一旦圣像面容的"目光"被切断，圣像本身就成为观看者进行自我指涉的工具，也就是说，圣像原本的宗教功能在透视法规则下不能被有效呈现，反而圣像本身将被当作客体膜拜或是毁弃。在这种境况下，马里翁指出，人们不再向圣像祈祷，不再从圣像面容的凝视中获得上帝世界的教寓。③

通过对弗洛连斯基的解读，我们可以得知，对透视法的偏重会造成对圣像的客体化以及对教义的轻视，反之由对东正教圣像画"反透视"形式而引申出的神圣时空体即代表了一种"展现宗教真理"的选择，它强调观看主体与圣像之间有机的相互作用关系。结合弗洛连斯基以及同时代俄国宗教哲学家的普遍倾向，我们可以进一步加深对弗洛连斯基反透视理论的扩展式解读：观看主体与圣像之间相互作用的关系不仅能够影响作为个体的观看者的精神世界，更能够引领信徒群体进一步追

---

① [俄]帕·亚·弗洛连斯基：《反透视（三）》，第112-114页。
② [俄]帕·亚·弗洛连斯基：《反透视（一）》，第124页。
③ [法]让-吕克·马里翁：《可见者的交错》，第95页。

求教义，这条道路亦是俄国人针对时代问题的独特看法。

在弗洛连斯基看来，既然反透视所代表的是一种与透视法格格不入的世界观，那么，在反透视的基础上，观看者与圣像面容之间的相互凝视，就使圣像画免于透视法将圣像客体化的倾向，使人类充分认识来自上帝的教寓，从而规范自身，同时，这种对自身的规范从信徒个体走向信徒群体，进而向他们揭示了一条真理之路。对图像的客体化背后是人对教义的轻蔑和对自身力量的绝对自信，弗洛连斯基在《理性与辩证法》（*Разум и диалектика*）中说，这种自信是机械的认识装置，是病态的[1]。亦即，人可以将外在于他的一切事物客体化，认为自己可以通过理性把控它们。而我们在弗洛连斯基的艺术理论及其解读中可以发现对这一问题的回应：观看者与圣像目光的交错之下产生的神圣时空体使信徒可以获得关于教义的充分启示。人通过与反透视空间中的圣像面容的"目光交错"，意识到他的观看和认识同时也在上帝的"目光"之下。本文第二部分已经论证过，东正教的圣像面容与以透视法为空间形式的诸多宗教画不同，它并非被观看者的双眼所完全对象化的图像。神学家所认为的圣像在透视法中的所谓"世俗化"和"堕落"，是由于观看者意图以一己之力将圣像乃至圣像背后所代表的教义作为认识的客体对象而掌控；通过反透视圣像面容的眼睛，观看者的目光能够穿透图像的表层，从而实现与面容背后的神圣空间的相互凝视和交流，进而与圣像共同构筑一个神圣时空体，它蕴含"上帝的真理"。在弗洛连斯基的宗教哲学体系中，真理指的是"某种活的、追求目的的存在物，是有机体的器官，是认识者和被认识者的相互关系样式，也就是存在的联系"[2]，同时也是一种"大写真理"，亦如基督教传统中上帝之名通常在文本中是大写的一样，这种

---

① 徐凤林编：《俄国哲学》，北京：商务印书馆，2013年，第819-820页。[XU Fenglin ed., *E'guo zhe xue* (Beijing: The Commercial Press, 2013), 819-820.]

② 徐凤林编：《俄国哲学》，第819页。

真理是神正论的，是"本质同一"的。[①] 结合弗洛连斯基的反透视理论及其扩展，观看者感知来自圣像的所谓"目光"，也就是感知人和圣像之间、人和上帝之间的"存在的联系"。

并且，借助弗洛连斯基等俄国宗教哲学家的思路，观看者与圣像之间的神圣时空体不仅拥有针对观看者个体的宗教功能，在更为宏观的层面，在圣像放置的每一处空间，信徒们普遍接收到了来自上帝的讯息，进而一条普遍的宗教真理的道路，从对圣像画的观看开始延。这也体现了19世纪以来俄罗斯宗教哲学的精神传统。从19世纪斯拉夫派开始，俄国一部分思想家认为，18世纪以来从西欧传入的理性至上传统给俄国带来了种种精神和社会问题。在这些思想家看来，人借助理性将外界客体化，人的自由无限扩张，带来种种冲突甚至战争；19世纪俄国早期斯拉夫派宗教哲学家提倡一种以东正教教会为基准的整全真理，它囊括了人与上帝，将他们视作一个整体，和谐地生活在教会之中。[②] 斯拉夫派的这一追求在俄国白银时代宗教哲学家那里得到了全面的阐释与发展，从19世纪末的罗赞诺夫，到20世纪前半叶的弗洛连斯基，都阐明了理性导致的时代问题和东正教的重要地位。弗洛连斯基关于东正教圣像艺术的著作中，同样蕴含着此类论述。弗洛连斯基从反透视形式出发来考察东正教圣像画，而我们结合其他一些理论资源，解读出了其反透视理论的"历史倒错"背后的深层意涵，即反思透视法诞生的思想背景——人类至上的理性，就此，本文认为，弗洛连斯基的反透视理论，可以被看作是俄罗斯宗教哲学传统中的一个"艺术分支"。

---

[①] 徐凤林编：《俄国哲学》，第820页。

[②] 毕晓、李雪：《早期斯拉夫派宗教哲学家对俄国唯心主义的阐释与批判》，载《哲学评论》，2021年第28辑，第18-19页。[BI Xiao and LI Xue, "The Early Slavophiles' Interpretations and Criticisms of German Idealism," *in Wuda Philosophical Review*, vol. 28, no.2(2021): 18-19.]

# 结　语

　　在弗洛连斯基关于圣像画的论著中，东正教圣像的面容在"反透视"的空间形式下具有独特的表现，结合马里翁和巴赫金的理论，本文进一步解读了弗洛连斯基的反透视理论，指出东正教的圣像面容在此类空间中与观看者共同构筑了属于东正教教义的神圣时空体。在个体层面，这一时空体中的圣像面容和观看者之间形成了"目光的交错"，影响了观看者的精神；在普遍的层面，揭示了与透视法格格不入的、通往真理的道路。神圣时空体从艺术的角度走向宗教真理的高度，其背后是一种俄罗斯宗教哲学家的普遍追求，意图以上帝的名义，批评西欧思想界在此前对人类自身认识能力的过分偏重。以弗洛连斯基的视野来看，圣像面容与观看者之间的凝视机制，所谓宗教真理最终的落脚点，在于强调人类须时时刻刻意识到来自上帝的教寓，并以此调整自身的思想与行为。本文认为，这也是弗洛连斯基为俄国宗教哲学所作出的独特贡献。

# 参考文献 [Bibliography]

## 西文文献 [Works in Western Languages]

Antonova, Clemena. *Space, Time, and Presence in the Icon: Seeing the World with the Eyes of God*. Farnham: Ashgate Publishing Limited, 2010.

Calvete, Júlia Díaz. *Pavel Florensky, Reverse Perspective and the Neurosciences*. Barcelona: Universitat Pompeu Fabra, 2019.

Флоренский, Павел. *Иконостас*. Санкт-Петербург: Мифрил・Русская Книга, 1993.

_____. *Священик Павел Флоренский сочинения в четырех томах том* 2. Москва: Издательство «мысль», 1996.

Колесников, С. А. "Метафизика света и тени в богословии иконы о Павла Флоренского." *Труды Белгородской духовной семинарии*p, no. 4(2016): 47-59.

_____."Богословское искусствоведение иконы священника Павла Флоренского: проблема лица и лика." *Христианское чтение*, no. 2(2017): 37-56.

_____."Особенности духовного созерцания иконы в богословской концепции священника Павла Флоренского." *Труды Белгородской духовной семинарии*, no. 9(2019): 219-226.

Kozin, Alexander V. "Iconic Wonder: Pavel Florensky's Phenomenology of the Face." *Studies in East European Thought*, no. 4 (2007): 293-308.

Misler, Nicoletta. *Pavel Florensky Beyond Vison. Essays on the Perceptions of Art*. London: Reaktion Book Ltd, 2002.

Plested, Marcus. *Orthodox Readings of Aquinas*. Oxford: Oxford University Press, 2012.


## 中文文献 [Works in Chinese]

巴赫金：《巴赫金全集 第三卷》，白春仁、晓河译，石家庄：河北教育出版社，2009年。[Bakhtin, Mikhail. *Ba he jin quan ji di san juan*. Translated by BAI Chunren and XIAO He. Shijiazhuang: Hebei Education Press, 2009.]

毕晓、李雪：《早期斯拉夫派宗教哲学家对俄国唯心主义的阐释与批判》，《哲学评论》，2021年第28辑，第1-20页。[BI Xiao and LI Xue. "The Early Slavophiles' Interpretations and Criticisms of German Idealism." *Wuda Philosophical Review*, vol.28, no.2(2021): 1-20.]

陈辉：《作为面容的圣像——马里翁的现象学圣像理论初探》，《世界哲学》，2015年第5期，第43-51页。[CHEN Hui. "The Icon as Face: On Marion's Phenomenological Theory of Icon." *World Philosophy*, no. 5(2015): 43-51.]

景剑峰：《论西方哲学史上的索菲亚观念及其转变》，《内蒙古大学学报（哲学社会科学版）》，2011年第6期，第102-107页。[JING Jianfeng. "On the Idea and Transformation of Sophia in the History of Western Philosophy." *Journal of Inner Mongolia University (Philosophy and Social Sciences)*, no. 6(2011): 102-107.]

[俄]米哈伊尔·阿尔巴托夫：《古代俄罗斯圣像画》，载利兹·詹姆斯等：《图像与题铭》，张宝洲、范白丁选编，杭州：中国美术学院出版社，2011年，第143-269页。[Arbatov, Mikhail. "Gu dai e luo si sheng xiang hua." Translated by Zhang Baozhou. In Image and Inscription. Edited by ZHANG Baozhou and FAN Baiding, 143-269. Hangzhou: China Academy of Art Press, 2011.]

[俄]帕·亚·弗洛连斯基：《反透视（一）》，于润生译，《世界美术》，2018年04期，第118-126页。[Florensky, Pavel. "Fan tou shi Ⅰ." Translated by YU Runsheng. *World Art*, no. 4(2018): 118-126.]

[俄]帕·亚·弗洛连斯基：《反透视（二）》，于润生译，《世界美术》，2019年01期，第101-110页。[Florensky, Pavel. "Fan tou shi Ⅱ." Translated by YU Runsheng. *World Art*, no. 1(2019): 101-110.]

[俄]帕·亚·弗洛连斯基：《反透视（三）》，于润生译，《世界美术》，2019年02期，第111-119页。[Florensky, Pavel. "Fan tou shi Ⅲ." Translated by YU Runsheng. *World Art*, no. 2(2019): 111-119.]

[法]让-吕克·马里翁：《可见者的交错》，张建华译，桂林：漓江出版社，2015年。[Marion, Jean-Luc. *La croisée du visible*. Translated by ZHANG Jianhua. Guilin: Lijiang Publishing Ltd, 2015.]

徐凤林：《东正教圣像史》，北京：北京大学出版社，2012年。[XU Fenglin. *Dong zheng jiao sheng xiang shi*. Beijing: Peking University Press, 2012.]

徐凤林编：《俄国哲学》，北京：商务印书馆，2013年。[XU Fenglin, ed. *E'guo zhe xue*. Beijing: The Commercial Press, 2013.]

# 阿尔托与否定神学

## ——否定的精神性与展演之间的存在论

# Antonin Artaud and Negative Theology: Ontology between Apophatic Spirituality and Performance

郭玉婵

GUO Yuchan

**作者简介**

郭玉婵，清华大学人文学院博士研究生。

**Introduction to the author**

GUO Yuchan, Ph.D. candidate, School of Humanities, Tsinghua University.
Email: guoyc20@mails.tsinghua.edu.cn

基督教文化学刊

Journal for the Study of Christian Culture

# Abstract

There exists a profound connection between Negative Theology and the theological discourse of Antonin Artaud in his later years. In using deconstruction to understand Artaud's writing, Derrida interprets Artaud's soteriology as a path of negation heading towards impossibility and thereby "saved" Negative Theology from its own historical fate through this reconceptualisation. However, upon reading Artaud's texts, two key observations emerge: firstly, Artaud's theological discourse draws upon a rich tapestry of influences, including Gnosticism, occultism, solar mythology, astrology, and more; secondly, Artaud's thought exhibits a pronounced inclination toward dichotomy. By embracing the spirit of negation, Artaud seeks a return to existence within *Être*. For us, Negative Theology cannot be confined solely to the approach and discourse of an entirely transcendent God through negation. Artaud offers a "new way," one that transcends the dichotomy between positive and negative, ushering us into an entirely different mode of expression.

**Keywords:** Antonin Artaud, Jacques Derrida, negative theology, Performance

　　法国先锋派戏剧理论家、导演安托南・阿尔托（Antonin Artaud）与"否定神学"[①]的关系问题可谓是现代欧洲思想史上的一个难题。正如我们不能简单地通过"上帝死了"判定尼采为无神论者或消极的虚无主义者一样，我们同样也不能简单地处理阿尔托的反上帝言论。阿尔托的反上帝言论主要集中在他后期的作品中。准确来说，从1943年抵达罗德兹精神病院到1948年在伊夫里疗养院去世，阿尔托逐渐发展出了一套变化的、充满幻想的神学话语系统来解释自我存在的异化感。阿尔托感觉自己虽然活着但却感觉不到自己的存在，他的自我和身体被他的父母、他的过去、恶魔、上帝偷走了。德里达是最早注意到这一现象的批评家，他的《被劫持的言语》（1965）比阿尔托本人的作品吸引了更多读者的注意，作为盗窃者的上帝这个故事已然成为阿尔托晚年作品中最为人熟知的部分。德里达在用解构的思想复写阿尔托的故事时，回答了阿尔托与否定神学的关系问题。他将阿尔托对书写的"无能"（impouvoir）理解为一条通往不可能性的否定之路。在之后的文本中，德里达将这条否定之路发展为一种新的好客行为，既是对他者无条件的好客，也是将他者作为"全然他者"的不可能性的经验。其实，通过重新概念化的方式，德里达将"否定神学"从它自己的历史命运中"拯救"了出来，"否定神学"已不再是一种迫近

---

　　[①] 作为一种神学传统的"否定神学"（negative theology / apophatic theology / via negativa），其历史可以追溯至新柏拉图主义时期。从新柏拉图主义到托马斯主义，再到文艺复兴时期的神秘学，我们很难定义一种被称为"否定神学"的神学传统，因为关于"否定神学"的讨论一直是开放的。虽然在关于"否定神学"到底是什么，以及是否确实存在"否定神学"这样的问题上，研究者们并未达成共识，但是阿瑟・布拉德利（Arthur Bradley）在他的《否定神学与现代法国哲学》中为我们讨论欧洲后现代思想与"否定神学"的关系提供了一个基础。他认为"否定神学是一种神学，它意欲言说上帝不是什么，而不是上帝是什么；它强调上帝与所有人类对他形象想象的绝对他异性（otherness），并肯定上帝绝对的不可知性、不可理解性以及上帝与人类思想之间的不可还原性"。Arthur Bradley, *Negative Theology and Modern French Philosophy* (London and New York: Routledge, 2004), 12.

不可言说的上帝的方式，而是一种实现对他异性的肯定的方式。然而，当阿尔托激烈地弃绝上帝的审判时，他是否是为了实现对差异的肯定呢？我们是否可以满足于用德里达为我们开创的解构视角来理解阿尔托的写作以及他的残酷戏剧？倘若重新回到阿尔托写下的日记、散文、诗歌等诸多碎片化的作品，我们又将如何看待阿尔托与否定神学的关系问题？

## 一、解构视角下的阿尔托与否定神学

德里达对阿尔托的批评跨越了三个十年，从早期的文章《被劫持的言语》（1965）、《残酷戏剧与再现的关闭》（1966），到相对较晚的文本《刺穿支撑基底》（*Forcener le Subjectile*, 1986）、《阿尔托／摩玛》（*Artaud le MOMA*, 1996），我们可以看到解构的思想在其中发挥了重要作用。虽然德里达没有在他的文章中直接回答阿尔托与否定神学的关系问题，但是从《延异》（1968）到《拯救名字》（*Sauf le nom: Post-Scriptum*, 1993）德里达对"否定神学"表现出了持续的关注，这一点可以帮助我们从解构的视角理解阿尔托与"否定神学"的关系问题。

《长眠于此（附印第安文化）》（*Ci-gît précédé de la culture indienne*, 1947）是阿尔托在去世前不久发表的一首长诗。在这首诗中，阿尔托感到"无法言说的残酷／活着却感觉不到存在"[1]，因为"阿尔托／他知道不存在任何精神／只有一个身体"[2]，而"自然，／精神／或上帝，／撒旦／或身体／或存在"[3]都"在我身上／吮吸他的物质"[4]。这是在德里达的《被劫持的言语》中那个盗窃了我们

---

[1] Antonin Artaud, *Watchfiends and Rack Screams: Works from the Final Period by Antonin Artaud*, ed. Clayton Eshleman with Berbard Bador (Boston: Exact Change, 1995), 184.

[2] Ibid., 226.

[3] Ibid., 236.

[4] Ibid., 238.

的自我、身体和语言的上帝形象的来源。对阿尔托来说，无论这个
"上帝"指的是隐匿的基督教上帝，还是希腊异教的"神"或"先
知"，他都是一个不可见、不可知、不可理解的神明。而对德里达来
说，上帝是那个窃取了我们语言和身体的"盗窃者"（le Voleur）的名
字，是"那个大写的他者（L'Autre）"的名称："上帝是那个名字，
是剥夺了我们自己的本性（nature）和我们的出生的人的名字，然后
他总是偷偷地抢在我们之前说话。"① 德里达不仅将"上帝"改写为
"大写的名字"，还把"盗窃"理解为同一化的镜像结构，这是德里
达赋予阿尔托盗窃他身体的上帝这个故事的意义。大写的上帝之名
具有上帝的无限性和无差别的属性。个体有限性的生命只不过是上帝
无限生命的一个别名。无论"别名"有多少种不同的名称，它都指向
了同一个大写的上帝之名，都是被同一化了的名字。因为在这个同一
化的过程中，作为盗窃者的上帝偷走了个体的差异，将个体安置在被
同一化了的主体序列中，所以上帝总是在我们之前说话，他偷走了我
们的话语、我们的出生，以及我们的死亡。"我的死亡"，这个小写
的死亡，再现了大写的上帝之死。上帝之死，不是"上帝在某一历史
时刻的死亡"，在这里"上帝就是'大写的死亡'本身的名称"②。
在此，德里达又回到了大写的上帝之名。这里既是再现结构的始源之
处，也揭示了令德里达最为关切的先验的起源问题。

德里达在《论文字学》中质疑了胡塞尔先验的经验概念中的"先
验性"。胡塞尔渴望通过他的现象学还原得到一种"没有前提"的
哲学，他认为现象学洞察的最后检验就是直观，一切真正的知识最
终在对现象的直观中得到证实。但是德里达认为胡塞尔的这一观点
仍然受到了在场主题的支配："活生生的在场（Le Présent Vivant）是
胡塞尔教给我们的超验性经验的普遍和绝对形式"，"非-在场（la
non-présentation）或反-在场（la dé-présentation）也像在场一样'原

① Jacques Derrida, *L'Écriture et la différence* (Paris : Éditions du seuil, 1967), 269-270.
② Ibid., 275.

始'"①。在《残酷戏剧与再现的关闭》中，德里达用同样的方式质疑了基督教中的起源问题："只要有重复，那里就有上帝，当下在场（le présent）就得以保存或留存自身，也就是说当下在场使我们避开了我们自身"②。在德里达看来，重复保存的是已经过去了的当下在场，是已经被同一化了的当下在场，而作为纯粹差异的纯粹当下在场则是无在场性的，是被上帝偷走了的我的身体和语言。那么，尚未被上帝劫持的我的话语、我的身体、我的出生、我的生命、我的死亡则是具有准先验性的纯粹差异，也就是德里达所谓的"延异"（différance）。"延异"一词正是德里达为了用一种具有准先验性的"先在"，来反对超验的、先验的"后在"而制造出来的概念。德里达在《延异》中说："被写作'différance'的东西将会是'生产'（produit）这些差异或差异效果的游戏运动……延异是差异的不完满的、不纯粹的、被结构化和差异化的'起源'，因此，'起源'这个名称已经不再适合延异了"③。在这里，德里达并不是简单地用一个并不存在的词"延异"替换了"起源"这个名称，而是把起源问题转换为了发生问题（la genèse）。

德里达用一场生产差异的游戏运动打破了再现结构的同一化模式。正如"différance"中那个偷偷潜入差异"différence"一词的字母"a"。我们常常把它当作一个拼写错误将之擦除或弱化，它总是被呈现为在场之物的字母"e"隐藏，但是这个字母"a"却是构成差异一词不可缺少的原始痕迹，因为它表现了索绪尔所说的符号的任意性原则。正是由于这个字母"a"没有指向一个先验的所指"e"，而是指向了其他能指，所以它既终止了差异这个词的拼写秩序，又标记了无限延伸的差异化运动，德里达称其为"作为纯粹差异的纯粹当下在场"。他发现阿尔托的书写恰好也是这样一场生产差异的游戏运动，

---

① Jacques Derrida, *De la grammatologie* (Paris : Les Éditions de Minuit, 1967), 91.

② Jacques Derrida, *L'Écriture et la différence* (Paris : Éditions du seuil, 1967), 361.

③ Jacques Derrida, *Marges de la philosophie* (Paris : Les Éditions de Minuit, 1972), 12.

阿尔托的语言表达危机恰恰印证了在始源之处的发生问题。

阿尔托在他的第一部成名作《与雅克·里维埃的通信》中说："我患有一种可怕的精神疾病，思想在每个阶段都抛弃了我……因此，只要我能抓住一种形式，无论它多不完美，我都坚持下去，因为我害怕失去所有思想。"①之后，阿尔托在《神经测量仪》中开始诉说对书写感到"无能"（impouvoir）的主题："一种无意识地结晶的无能，是无法固定那个无意识行为的断裂点。"②阿尔托在这里使用"无能"一词描述他遭受语言表达危机时的无力感。在阿尔托早期的作品中，他经常叙述自己患有一种可怕的精神疾病，使他无法用清晰的语言表达自己，所以他要不惜一切代价地书写和表达，哪怕他的作品并不完整，他也要将这些碎片记录下来。

对阿尔托来说，"impouvoir"代表了一种内在的思想，一种混乱的无意识；而德里达在阿尔托的"impouvoir"中看到了对原初差异的保存："impouvoir指的不是言语的不在场，而是对言语彻底的不负责任……这种不负责任，既不属于道德层面，也不属于逻辑和美学层面，它的定义是存在自身的一种完全的和始源之处的丧失。"③对阿尔托来说，"不能"（impouvoir）是"能"（pouvoir）的反面，是有逻辑的意识的反面，是已经被我们表达出来的"外在"思想的反面，是可以被言明的思想和清晰的表达的反面。但是对德里达来说，"im-"这个否定词前缀的意义更接近于"hyper-"或"trans-"，即"否定"总是在"超越"或"跨越"的轨道上运动。在此，"超越"和"跨越"既没有高低之间的等级差异，也没有内与外之间的区分，它只是溢出界限的一种方式。德里达用否定的方式超越在场、超越真实，其实就是在尚未达到在场或未及真实的场域内展开了一场游戏运动，模糊了存在与不存在之间的界限。正是在阿尔托的书写中德里达

---

① Antonin Artaud, *Œuvres complètes*, tome I (Paris : Gallimard, 1970), 30.
② Ibid., 111.
③ Jacques Derrida, *L'Écriture et la différence* (Paris : Éditions du seuil, 1967), 263.

看到了这种"不可能"的可能性，看到了他特意在差异一词中留下的字母"a"。他用这种方式将阿尔托与尼采和荷尔德林区分开来，认为"阿尔托虽然反对上帝、弃绝作品，但是他没有放弃救赎"[①]，阿尔托的救赎论就是"保存的元现象"（l'archi-phénomène）[②]。

与其说这是阿尔托的救赎论，不如说这是德里达解构思想的另一种表达方式。德里达不仅让那个逃脱了上帝指令的自我，在不断被延迟的决定中被保存了下来；而且他还把阿尔托在不同时期所写的关于身体、语言和戏剧的文本都统合在了同一个"盗窃"主题之下。德里达用"盗窃"比喻重复和再现的同一化结构。在"盗窃"主题之下，身体中的器官、戏剧的剧本、作品中的词，都是从一个大写的上帝或作为唯一持有者的作者那里衍生出来的，上帝-作者是它们共同的发源地。那么，关闭再现的结构，就是重新回到"发源地"，用一场差异化的游戏运动打破再现和重复的同一化结构。如此一来，这个"发源地"就不再是一个肯定的、稳定的、固定的场所，而是一场生产差异的游戏运动。在德里达后期的作品中，他使用过很多词来标记这个没有中心的场所。如无法被翻译的"subjectile""khôra"，它们和"différance"一样，都是不能被概念化的概念。德里达用它们无法被概念化的属性来表明它们的"准先验性"，从而背离那个永远已然在场的"先验"。

通过重新概念化的方式，德里达将否定神学中的"全然他者"解释为面向他者的敞开："全然他者的发明超越了所有的可能性……发明，就是'知道'如何说'来'，如何回答他者的'来'，至于这会发生吗，这件事人们永远无法确定。"[③]也就是说，德里达的"全然他者"是一个永远无法确定的、即将到来的事件，它"超越了所有的可能性"，否定或超越了自身的在场，并且投射出自身在场的即将

---

[①] Jacques Derrida, *L'Écriture et la différence* (Paris : Éditions du seuil, 1967), 273.

[②] Ibid., 285.

[③] Jacques Derrida, *Psyché : Inventions de l'autre* (Paris : Éditions Galilée, 1987), 53-54.

来临。德里达赋予阿尔托的"subjectile"以同样的意义。这个所谓的"subjectile"既是阿尔托的主体（subject），同时也是"subject-he"和"subject-she"，是不确定的，是阿尔托（AR-TAU）的自我投射："有时是Artau（A-r-t-a-u），有时是Arto（A-r-t-o），一天他称自己为Artaud le Mômo……或是在1947年他最后的某篇文章中的Artaud-Mômo。"[①] 这些阿尔托的签名，似乎什么也没有说，但却宣布了"他者的全部"（le tout de l'autre）。这是德里达赋予阿尔托在《长眠于此》开头写下的"我，安托南·阿尔托，我是我的儿子、我的父亲、我的母亲，以及我自己"[②]这几行诗句的意义。

德里达认为阿尔托在此抛弃了他的存在，并宣布他的存在即将到来。这个即将到来的存在，将以否定的形式出现。也就是说，阿尔托要成为他将来必须"是"的东西，他必须首先"不是"。他只有首先不是他父亲和母亲的儿子，他才是他自己。虽然德里达用解构的逻辑把否定神学中的"全然他者"（tout autre）从被同一化的结构中拯救了出来，但是对阿尔托来说，上帝难道不是以一个大写的全然他者（Tout Autre）的形象出现或隐藏自身吗？阿尔托要以不在场的方式躲避全然他者的控制，道出自身在场的即将来临吗？

## 二、阿尔托的神学话语体系

阿尔托的反上帝言论主要集中在他后期的作品中，准确来说，主要集中在1943年抵达罗德兹精神病院到1948年在伊夫里疗养院去世这段时间。似乎1945年是一个转折点，阿尔托拒绝了他的天主教信仰，开始转向他广为人知的反上帝立场。1945年9月7日阿尔托给亨利·帕里索

---

[①] Jacques Derrida, *Artaud The MOMA*, trans. Peggy Kamuf (New York: Columbia University Press, 2017), 57.

[②] Antonin Artaud, *Watchfiends and Rack Screams: Works from the Final Period by Antonin Artaud*, ed. Clayton Eshleman with Berbard Bador (Boston: Exact Change, 1995), 192.

（Henri Parisot）写信说："我在信中愚蠢地说我已经皈依了耶稣基督，而基督是我一直以来最憎恶的东西，这种皈依只是一个可怕的咒语的结果。"[①]阿尔托去世前的最后一部作品《与上帝的审判决裂》似乎印证了这一点，即他要拒绝那个大写的全然他者对他发出的指令，通过重新塑造出"无器官的身体"，他成功抵御了神的一切意识和无意识的干预。然而如果我们就此得出结论阿尔托在这段时期成为一名无神论者，似乎过于草率。阿尔托并没有割裂1945年前后期的写作，相反，从1943年至1948年他的写作虽然充满幻想且难以理解，但却是连贯的，都基于阿尔托自己独创的话语体系。如果我们参照他之前的写作就可以清楚地看到这一点。从1943年起，阿尔托发明了一套独特的话语，只有以此为基础，我们才能理解他在思考上帝存在与否的问题时真正关切的是什么？为什么他要借助于一套自创的神学话语来言说？

阿尔托刚到罗德兹精神病院不久便给他的主治医生费迪埃（Gaston Ferdière）写信说："如果没有上帝，世界和万物就无法被理解和接受，因为细看之下，它们只不过是一个个谜团，而每个谜团的存在都需要上帝所是的无限这种延续方式。"[②]在阿尔托的话语体系中，上帝代表了无限的存在方式，他将这种存在的本质定义为"le caca"，"一个由屎构成的存在"。"咖咖"（CACA / Kah-Kah / Ka Ka）是阿尔托创造的一个拟声词，根据罗斯·莫里（Ros Murray）的解释，这个词来自古埃及文字"Kah"，"是一种伴随人一生并在人死后继续存在的精神"[③]，因为它对应着法语同音词"屎"（caca），所以我们或许可以在此将其译为阿尔托的粪便学。当他喊出"上帝是一个由屎构成的存在"[④]时，这不是一个虚无主义者的呐喊，相反，这

---

[①] Antonin Artaud, *Selected Writings*, ed. Susan Sontag, trans. Helen Weaver, (New York: Farrar, Straus and Giroux, Inc., 1976), 441.
[②] Antonin Artaud, *Œuvres*, ed. Évelyne Grossman (Paris : Gallimard, 2004), 882.
[③] Ros Murray, *Antonin Artaud: The Scum of the Soul* (London: Palgrave Macmillan, 2014), 3.
[④] Antonin Artaud, *Œuvres complètes*, tome XIII (Paris : Gallimard, 1974), 86.

句话道出了阿尔托的一个重要的存在论原则：人的存在始终有一个复象或重影，它是让我们的生命得以被创造并被保存的力量（Kah），复象或重影才是思想、作品、身体的起源，是比自我存在更为本源性的东西。

阿尔托"信仰"的粪便学就是他的存在论："回到源头，成为我们自己的创造者。"[1]在阿尔托刚到罗德兹的时候这种存在论原则就已经表现为用幻想出来的神话世界的术语重新定义他的出生。这个故事始于他的塔拉乌马拉之旅，他把这次旅行定义为让自己摆脱耶稣基督并重新探寻自我的过程。但是这个过程受到了"施咒"（envoûtement）的阻碍，"这些邪恶魔法（envoûtements）的目的是阻止我多年以来一直在采取的行动，那就是离开这个臭气熏天的世界，与这个世界决裂"[2]。"施咒"的想法在阿尔托后期的思想中占据着重要的位置，实际上《与上帝的审判决裂》这部作品就是在谴责上帝通过"施咒"将阿尔托内在的自我从他的身体中置换了出来，上帝让身体以最完美的再现的形式变成了没有灵魂（Kah）的行尸走肉。

在《梵高，社会的谋杀》中，这个故事被完整地保留了下来："有些一致性的邪恶魔法投向了波德莱尔、爱伦·坡、奈瓦尔、尼采、克尔凯郭尔、荷尔德林、柯勒律治，也有些一致性的邪恶魔法投向了梵高。"[3]梵高没有死于一次精神错乱的自杀，他死于社会的普遍意识向他投射的咒语。邪恶魔法由此潜入了他的身体，占据了他的位置，并杀死了他。正是在这个故事中，德里达发现了作为盗窃者的上帝，他在我们出生之前偷偷潜入我们的位置，他的一致性的邪恶魔法（即同一化的结构）让我们的存在总是表现为对存在的再现。此外，这个上帝还偷走了我们的语言，让言语无法跳出固有概念的框架，以至于一切现实和真理都需要由这个上帝裁定。但是阿尔托的救赎并非像德里

---

[1] Antonin Artaud, *Œuvres*, ed. Évelyne Grossman (Paris : Gallimard, 2004), 883.

[2] Antonin Artaud, *Œuvres complètes*, tome IX (Paris : Gallimard, 1979), 165.

[3] Antonin Artaud, *Œuvres complètes*, tome XIII (Paris : Gallimard, 1974), 18.

达所认为的那样"回到源头"："在戏剧的不可解读性中，在有书籍之前的黑夜中，符号还未与力量分离。"[1]这就造成了一种印象，那些可以被理解的话语都出自上帝之口，而那些不可理解的符号是阿尔托为了抵抗上帝的指令而写下的不能被翻译和理解的咒语。

　　阿尔托既不认为自己是世人眼中的疯子，也不认为他的咒语是为了抵抗再现的真理，他认为自己只是脱离了社会的普遍意识并发现了真理："上帝应该是我们所见世界的起因，这对我来说似乎是不可能的，我总觉得这一切背后有一个秘密，而我花了20年冥想，遭受苦难和折磨才明白了这个秘密。"[2]在阿尔托的神学话语中始终充斥着天使和魔鬼、爱和邪恶、圣洁和淫荡、伪造和真理之间极端的二元对立。当他承认上帝的真理时，这个真理是与邪恶的起源和现实的前因相对立的理念；当他背弃上帝的真理时，这个真理很大程度上来自那个黑暗之神，他的邪恶魔法与淫荡联系在一起。在罗德兹时期的书信中，阿尔托曾幻想自己受制于巴黎人的淫秽活动："两周前，在莫特-皮凯大道上发生过一次淫荡的狂欢……狂欢者施展他们的邪恶魔法……他们用舌头、用贪婪的力比多的唇品尝我，就像品尝一个新生的胎儿。"[3]阿尔托所描写的邪恶魔法总是充满了这样的性爱幻想，这在罗德兹时期的作品中很常见。正是因为身体和器官都无法抵御邪恶魔法的神秘攻击，因为感觉的器官控制着我们的身体使身体受制于邪恶欲望的驱使，所以到了伊夫里时期阿尔托希望通过身体解剖学获得一具无器官的身体："没有什么比器官更无用的了。／当你使他成为一具没有器官的身体（un corps sans organes）时，你就会把他从所有自动的机制中解救出来，恢复他真正的自由。"[4]"无器官的身体"直接根源于阿尔托极端的二元对立思想，显然与一个被施咒的、充满

---

[1] Jacques Derrida, *L'Écriture et la différence* (Paris : Éditions du seuil, 1967), 284.

[2] Antonin Artaud, *Selected Writings*, ed. Susan Sontag, trans. Helen Weaver (New York: Farrar, Straus and Giroux, Inc., 1976), 430.

[3] Antonin Artaud, *Œuvres complètes*, tome IX (Paris : Gallimard, 1979), 176.

[4] Antonin Artaud, *Œuvres complètes*, tome XIII (Paris : Gallimard, 1974), 104.

肉欲的身体相对的是一个圣洁的、天使般的无器官的身体。因此，对阿尔托来说，"回到源头，成为我们自己的创造者"意味着重新创造自己的身体。

那么如何塑造无器官的身体，完成自我的救赎？阿尔托说："有两条路供他选择／一条是无限的外在／一条是极微小的内在／而他选择了极微小的内在。"[1]当阿尔托作为自己身体的创造者时，他必然站在了上帝的对立面，与上帝争夺创造者的角色。上帝代表了无限外在的存在方式，因为在西方的基督教传统中，上帝是没有肉身的，如果他要在人类世界中显现就必须占据人的身体，即"道成肉身"。与外在性的存在方式对立，阿尔托选择了内在性的身体存在，试图从他的身体内部创造出一个新的身体复象。他希望通过一次身体解剖获得"我身体的／疼痛／的在场"[2]的力量。这种疼痛的力量是创造生命的原始动力（Kah）。因为被解体的身体是一具"无器官的身体"，它既是身体的复象（Kah-Kah），也是存在的本质（le caca），所以它是通过排泄的方式从现实世界的肉身中被创造出来。"与上帝的审判决裂"，不仅是对创造权的争夺，更重要的是重新创造自己的身体，成为身体的存在。在阿尔托晚年的生活中，他会反复地窒息、哮喘、吐痰、咳嗽、打喷嚏、打嗝、呻吟、打手势、扭曲身体，他把这些动作视为在除魔仪式中的施咒行为。这种身体存在的方式就像他的残酷戏剧一样，是一种用展演来代替再现的存在方式。

总而言之，在罗德兹和伊夫里时期，阿尔托感觉到"无法言说的残酷／活着却感觉不到存在"[3]，他创造出一套充满幻想的神学话语系统来解释自我存在的异化感。在他的神话世界中"身体"被他的父母、他的过去、恶魔、上帝偷走了。虽然德里达用这一点来反对在场

[1] Antonin Artaud, *Œuvres complètes*, tome XIII (Paris : Gallimard, 1974), 85.
[2] Ibid., 95-96.
[3] Antonin Artaud, *Watchfiends and Rack Screams: Works from the Final Period by Antonin Artaud*, ed. Clayton Eshleman with Berbard Bador, (Boston: Exact Change, 1995), 184.

形而上学所设定的主体概念，但是在阿尔托的文本中，我们可以清楚地看到他对主体身份重构的梦想。成为自己的创造者，即肉身重塑这一想法，在他最后的文本中逐渐具象化为创造一个抵御邪恶魔法驱使的"无器官的身体"。通过"无器官的身体"，阿尔托试图与我们这个充满恶臭的世俗世界决裂，回归神圣的无肉身的存在。似乎从罗德兹时期开始，阿尔托的作品表现出了与以往所有作品都不同的巨大反差，他不再向世人说明他写作的意义，而是生活在他自己创造的神学话语中。为了尝试理解阿尔托神学话语体系中的思想资源，我们需要返回到他30年代的作品。

## 三、残酷戏剧与隐含暴力

通读《埃拉伽巴路斯》（*Héliogabale*）、《戏剧及其复象》《塔拉乌马拉之旅》《存在的新启示》，可以发现阿尔托回归自我原初统一体的想法在30年代就已经产生。埃拉伽巴路斯是公元3世纪的罗马皇帝和太阳神化身，在他出生和死亡时，血液、精子、粪便的循环流动说明了他如何从一个超越生命的混沌状态出发、组织，最后返回到这个原始混沌的统一体。在塔拉乌马拉之旅中，阿尔托遇到了一个位于墨西哥北部的印第安人部落。他们的佩奥特（peyote）仪式具有原始的神秘力量。阿尔托相信这种魔力会帮助他从异化的身体中解放出来，并重新返回自身的原始统一体。在40年代的作品中，阿尔托给佩奥特仪式起了一个新的名字——"图图古里"（TUTUGURI），又称"黑太阳仪式"。他将这个仪式描述成了对邪恶上帝的挑衅行为："该仪式的主要基调正是／废除十字架"[1]，通过"排泄疗法"，将会出现一个伤痕累累但却自主的人。无论是在30年代末寄希望于原始的神秘主义力量，还是在40年代末寄希望于反叛邪恶上帝的驱魔仪

---

[1] Antonin Artaud, *Œuvres complètes*, tome XIII (Paris : Gallimard, 1974), 79.

式，阿尔托重返自身原始统一体的希望没有改变。那么，阿尔托在30年代所构想的返回原始统一体的途径是什么呢？他在40年代的作品中究竟是延续还是改变了这种存在方式？

在《戏剧及其复象》中，阿尔托提出了一个无法实现的美好愿景："如果说戏剧是为了让我们被压抑的东西活过来，那么一种残酷的诗就在离奇怪异的行为中被表达了出来，生活的变化表明生命的强度还未遭受破坏，我们只要把它引导好就够了。"[①]这段话表明残酷戏剧不仅是对反再现的戏剧表演方式的构想，它还指代一种释放原始生命力量的行为方式。在整个30年代的作品中，阿尔托反复强调残酷戏剧表演中的暴力可以释放人的原始本能，这种毁灭性的力量同时也是构造生命的力量："戏剧像瘟疫一样是一场危机，其结果不是死亡就是痊愈。"[②]残酷，是阿尔托的一个关键概念，它指的既不是流血也不是虐待，而是"关于形而上学的想法"（les idées métaphysiques）："残酷使事物凝结，残酷制定了造物的方案，善总是在外层，但是内层却是恶，恶会在很长一段时间内减少，但是在最后一刻，所有形成的东西都将回归混沌。"[③]"残酷"被阿尔托视为宇宙运行的基本原则之一，它是创造生命的原则，包含着自我解体和自我重构同时发生的逻辑，在此我们可以看到一种结构化的诺斯替主义的认知方式。在阿尔托的神学话语体系背后，正是这种二元对立的认知方式在发挥作用。

诺斯替思想的核心特征是神与世界之间极端的二元论关系。在诺斯替主义中，神绝对地超越于宇宙，他既不创造也不统治宇宙，而是宇宙的对立面。神的世界是光明的，宇宙与神的世界相对，是一个黑暗的世界。这个黑暗的世界是由掌权者统辖的领域，它就像是一所巨大的监狱，而地球这个人类生活的场所则是宇宙最内层的牢房。在光

---

[①] Antonin Artaud, *Œuvres complètes*, tome IV (Paris : Gallimard, 1978), 11.

[②] Ibid., 31.

[③] Ibid., 99-100.

明与黑暗这个二元对立的前提下，现存世界以黑暗为主，所有的事物都起源于恶。正如汉斯·约纳斯（Hans Jonas）在他的《诺斯替宗教》中说："对于总体上的诺斯替主义而言，'世界（宇宙）＝黑暗'这个等式本身的象征意义都是有效的……即使是这个世界上的所谓光明，其实质也是黑暗。"[①] 所以，当阿尔托解释他对"残酷"一词的理解时说"残酷制定了造物的方案，善总是在外层，但是内层却是恶"时，他的诺斯替主义倾向就已经很明显了。

残酷戏剧将在舞台上实践残酷的存在论秩序和冲突原则："戏剧的所有行动将在延续创造的意义上服从于这种（无法抗拒的）必然性。"[②]也就是说，阿尔托寄希望于戏剧的幻象功能，让观众在面对"生的渴望、宇宙的严酷和不可抗拒的必然性"[③]时历经一次世界末日式的解体和重构。通过残酷戏剧，他希望可以重新发现一个"内在"的自我，并将这个自我通过戏剧的形式展演出来。而对人的里面的这种"内在"自我的发现和超越正是诺斯替思想的一个重要衍生物。[④]值得注意的是，在这种诺斯替主义的极端二元论的逻辑下，阿尔托产生了同样极端的末世论和救赎论的思想：就像超验的神异在于这个世界一样，"内在的人"也应该异在于这个世界，因此，救赎的目标是要把"内在的人"从这个世界的束缚中解救出来，让他回归到他光明的故乡。我们可以看到，阿尔托三四十年代的作品都遵循着同样的救赎论思想。

《埃拉伽巴路斯》这部作品最接近"残酷戏剧"的理想。主人公埃拉伽巴路斯"把罗马王权变成了一个舞台，当他这样做的时候，他

---

① [德]汉斯·约纳斯：《诺斯替宗教——异乡神的信息与基督教的开端》，张新樟译，上海：上海三联书店，2006年，第51页。[Hans Jonas, *The Gnostic Religion*, trans. ZHANG Xinzhang (Shanghai: Shanghai Joint Publishing Company, 2006), 51.]

② Antonin Artaud, *Œuvres complètes*, tome IV (Paris : Gallimard, 1978), 99.

③ Ibid., 98.

④ 例如，"在吐鲁番的摩尼教残篇中用 'grev' 这个词表示'自我'（self）或'我'（ego）。在《新约圣经》里，尤其是在保罗书信中，在人的灵魂里的这个超越原则被称为'灵'（pneuma）、'我们里面的灵''内在的人'（inner man），从拯救的意义上也称为'新人'"。[德]汉斯·约纳斯：《诺斯替宗教——异乡神的信息与基督教的开端》，第115-116页。

便把戏剧和诗歌引入了罗马皇帝的王权，引入了罗马皇帝的宫殿，然而当诗歌是真实的时候，它就是值得流血的，它证明了流血的正当性"①。在此，"流血的正当性"让我们联想到阿尔托对"残酷"的定义。埃拉伽巴路斯把生活变成了戏剧舞台，他既是戏剧化的受害者，也是一个成功地完成了戏剧化仪式的人。在回归原始统一体的逻辑下，他完成了对自我的解体和超越。自我身份解体和重构的梦想在这部作品中表现为一场戏剧性的狂欢仪式。

与《埃拉伽巴路斯》的戏剧性狂欢不同的是，阿尔托在《塔拉乌马拉之旅》中认为身体的解体和重构是回归原始统一体所必须经历的暴力。此时他幻想自己的身体是被伪造的："或许我生来就有一个像大山一样被折磨和伪造的身体。"②他希望借助佩奥特仪式摆脱这具伪造的身体，回归自我在原始世界中的真实身体："身体的重压仍然存在，这是我身体的灾难……经过28天的等待，我仍旧没能回归自身，或者我应该说，出来再进入自身，进入自身。"③但是阿尔托失败了，经过28天的等待，他认识到这种回归原始统一体的不可能性。如果我们按照时间顺序来看阿尔托30年代的作品，就不难发现他对回归原始统一体信念的表达越来越绝望。在"残酷戏剧"和塔拉乌马拉人的仪式中，对解体力量的控制均以失败告终，这导致阿尔托变得越来越疯狂，也预示着他将以另一种方式存在。而以牺牲自我为代价揭示世界末日来临的想法正是《存在的新启示》的基础。

《存在的新启示》是对塔罗牌推算出来的世界末日的解读，它宣布世界将在一场大火中被毁灭，到那时"在我们身体里面的人（Man）已经从男人的身体里解放了出来"④。这场烧毁一切的大火就像《戏剧

---

① Antonin Artaud, *Selected Writings*, ed. Susan Sontag, trans. Helen Weaver (New York: Farrar, Straus and Giroux, Inc., 1976), 318.

② Ibid., 380.

③ Ibid., 382.

④ Antonin Artaud, *Anthology*, ed. Jack Hirschman (San Francisco: City Lights Books, 1965), 88.

及其复象》中的瘟疫，以及《埃拉伽巴路斯》中的戏剧性狂欢一样，对阿尔托来说具有毁灭性的死亡仪式象征着生命的诞生，解体是朝向他固有的存在状态的回归过程。正是因为回归原始统一体的不可能性，致使自我解体、自我分裂的过程永远不会停止，它就像一场永远不会结束的戏剧演出一样，自我将在舞台上进行没有剧本的演出，即展演自身。所以关于"存在"的新启示是拒绝存在，与这个世界彻底决裂："我最终必须与这个世界彻底决裂，在这个世界中我的体内有一个存在，但我不能给这个存在命名，因为如果他回来我将会落入虚空。"① 拒绝存在，意味着将阿尔托的名字驱逐出作品，他不是这篇作品的作者，而是受启示者（LE RÉVÉLÉ）。这个签名意味着他在根据"存在"（l'Être）的命令书写，当他变成了专有名词所特有的大写存在状态时，他既是存在的通道，也是存在本身。因为书写"存在"就像在舞台上展演自身一样，让阿尔托脱离了作者的角色，成为自己作品的媒介："我真的把自己与这个存在等同了起来，这个已经不存在的存在；这个存在向我揭示了一切；我知道它，但我不能说出来，如果我现在能把它说出来，那是因为我已经离开了现实。"②

　　这就是阿尔托的存在论，他超越了肯定与否定的绝对对立，把存在与"这个已经不存在的存在"等同起来，从而超越了存在，异于存在。虽然他回归原始统一体的愿望无法实现，但是在朝向大写的存在状态回归的过程中，他将绝对的二元对立逻辑发展为一种解体和重构并存的差异化力量，也就是残酷戏剧中的隐含暴力。基于这种残酷的创造性力量，自我得以在舞台上展演自身，获得救赎，与这个充满恶臭的现实世界决裂。在之后的罗德兹和伊夫里时期，阿尔托将这种解体和重构的差异化力量注入自己的写作和生活中，他需要在仪式和咒语中获得这种力量以抵御邪恶魔法对他的攻击。所以他发明出了一套神

① Antonin Artaud, *Anthology*, ed. Jack Hirschman (San Francisco: City Lights Books, 1965), 88.

② Ibid., 86.

学话语体系，他要成为意义的生产者，以抵御被符号化了的意义和价值体系；他要成为自己身体的创造者，以抵御被他者物化了的肉身。

## 结语

阿尔托的信仰既不是正统的，也很难被归纳到任何神学体系。在他不断地书写现代人与存在疏离这个主题的过程中，他不同时期的想法不可避免地渗透到作品，从而建立了他的"信仰"。因此，阿尔托的信仰始终处于一个建立、解体、再重构的过程。其中诺斯替主义思想对阿尔托具有很强的吸引力，十分符合他早期关于自我异化的想象。除此之外，阿尔托在30年代中期对塔拉乌马拉人的神秘魔法、塔罗牌、卡巴拉、占星术和太阳神神话的研究，使他产生了丰富的神学话语资源。在他后期的神学话语系统中，这些思想资源都具有了诺斯替主义极端的二元对立倾向。虽然德里达在理解阿尔托的作品时试图掩盖这一点，把阿尔托不同时期的作品都统一到了同一个"盗窃"主题之下，但是我们不可否认，在阿尔托的思想中始终充斥着解体和重构的矛盾，这既是他差异化逻辑的体现，也是他表达自己思想的动力。

德里达通过重新概念化的方式，把"否定神学"从它的历史命运中"拯救"了出来，打破了神学与哲学、语言学之间的界限。他质疑在神学传统中把"否定神学"作为一个已经发生的事件，并用解构的思想把"否定神学"作为一个将要来临的事件重新纳入到神学话语中。而阿尔托则完全抛弃了肯定或否定的言说方式，进入到一种全新的言说方式，即对否定性精神的展演。展演是一种异于表演的表达方式。表演具有再现的特征，而展演则提供了一种可以不使用是或不是这样具有预言性质的动词的言说方式。通过对否定性精神的展演，阿尔托为否定神学提供了一种可以不陷入自我否定，而是以肯定的方式接近和探寻无限的创造性之路。

# 参考文献 [Bibliography]

## 西文文献 [Works in Western Languages]

Artaud, Antonin. *Anthology*. Edited by Jack Hirschman. San Francisco: City Lights Books, 1965.

Artaud, Antonin. *Selected Writings*. Edited by Susan Sontag, translated by Helen Weaver. New York: Farrar, Straus and Giroux, Inc., 1976.

Artaud, Antonin. *Watchfiends and Rack Screams: Works from the Final Period by Antonin Artaud*. Edited by Clayton Eshleman and Berbard Bador. Boston: Exact Change, 1995.

Artaud, Antonin. *Œuvres complètes*, tome I. Paris: Gallimard, 1970.

Artaud, Antonin. *Œuvres complètes*, tome IV. Paris: Gallimard, 1978.

Artaud, Antonin. *Œuvres complètes*, tome IX. Paris: Gallimard, 1979.

Artaud, Antonin. *Œuvres complètes*, tome XIII. Paris: Gallimard, 1974.

Artaud, Antonin. *Œuvres*, ed. Évelyne Grossman. Paris: Gallimard, 2004.

Bradley, Arthur. *Negative Theology and Modern French Philosophy*. London and New York: Routledge, 2004.

Derrida, Jacques. *Artaud The MOMA*. Translated by Peggy Kamuf. New York: Columbia University Press, 2017.

Derrida, Jacques. *De la grammatologie*. Paris: Les Éditions de Minuit, 1967.

Derrida, Jacques. *L'Écriture et la différence*. Paris: Éditions du seuil, 1967.

Derrida, Jacques. *Marges de la philosophie*. Paris: Les Éditions de Minuit, 1972.

Derrida, Jacques. *Psyché: Inventions de l'autre*. Paris: Éditions Galilée, 1987.

Derrida, Jacques. *Sauf le nom*. Paris: Éditions Galilée, 1993.

Derrida, Jacques and Thévenin, Paule. *The Secret Art of Antonin Artaud*. Translated by Mary Ann Caws. Massachusetts: The MIT Press, 1998.

## 中文文献 [Works in Chinese]

[德]汉斯·约纳斯：《诺斯替宗教——异乡神的信息与基督教的开端》，张新樟译，上海：上海三联书店，2006年。[Jonas, Hans. *The Gnostic Religion*. Translated by ZHANG Xinzhang. Shanghai: Shanghai Joint Publishing Company, 2006.]

# 三、法浴水风：
## 中国文化与基督教的对话

## III. Fa Yu Shui Feng:
### Dialogue between Chinese
### Culture and Christianity

基督教文化学刊

Journal for the Study of Christian Culture

# 中、日、越公教职称翻译考

## The Translation of Clerical Titles of the Catholic Church in China, Japan, and Vietnam

[奥]雷立柏

[Austria] Leopold Leeb

**作者简介**

雷立柏，中国人民大学文学院教授。

**Introduction to the author**

Leopold Leeb, Professor at School of Liberal Arts, Renmin University of China.
Email: leopleeb@hotmail.com

# Abstract

This study intends to show the historical development of the translations of Catholic clerical titles into the languages of China, Japan, and Vietnam. The Catholic hierarchy bases its terminology on certain passages found in the New Testament. The three terms of major importance are the words for "bishop" (from Greek "episkopos"), "priest" (from "presbyteros") and "deacon" (from "diakonos"). The course of the translations shifted from Buddhist terms (seng, "monk" for "priest") to transliterations, such as "pa-te-ren" for "padre" and then to more or less indigenized translations like "spiritual father" (shenfu in Chinese and Japanese) or "pastor of souls" (linh mục in Vietnamese). The problems of translation also mirror the actual difficulties of finding an acceptable social position of the clergy within the traditional societies of China, Japan, and Vietnam. A comparison shows that the translations in Vietnam are expressing the original meaning of the terms better than some Chinese versions which may lead to misunderstandings.

**Keywords:** clerical titles, translation, China, Japan, Vietnam

## 公教职称的起源

《新约》的部分文献提到教会团体中的不同职位，比如《腓立比书》（1:1）提到episkopoi和diakonoi，而《提多书》（1:5）提到presbyteroi。希腊语的epi-skopein是"针对它一看"，即"监视"或"监督"；presbyteros是"年龄较大的""年长者"的意思，而diakonos来自diakoneo"服务""服侍"。公元2世纪，教会的组织逐渐完备，并把这三个词语理解为圣职人员的三个基本的层次和职称，即拉丁语的episcopus（"主教"，即英语的bishop）、sacerdos（"司铎""祭司"，即英语的priest）和diaconus（"执事"，即英语的deacon）。在中世纪后，天主教（公教）、东正教（正教）和安立甘会（圣公会）继续这种传统的体制（亦称"圣统制"，hierarchia，即英语的hierarchy），但新教取消或中断了传统的管理体制。在新教那里出现很多新的管理体制，而东方的新教（在日本和中国）多用"监督""长老"和"执事"来翻译这三个职位。

在公教传统中，"主教"（bishop）是教区的负责人，"司铎"（priest）是每个堂区礼仪的核心人物，而"执事"（deacon）是司铎的助手。除此之外，古代的隐修士或年龄大的司铎有时候被称为"父亲"（pater），各个修会（如1534年成立的耶稣会）也使用这种比较亲切的称呼，即葡萄牙语、西班牙语和意大利语中的padre（神父）。从古代晚期开始，隐修院的院长也被称为Abba（参见英语的abbot），而罗马主教（即教宗）被称为Papa，本来都是"父亲"的意思。

在欧洲的社会体制中，"司铎"和"主教"的职务、工作和社会地位的区别很明显，但在日本、中国和越南等没有教会团体的国度中，"司铎"的翻译成为相当大的问题，早期的翻译倾向于使用佛教术语"僧"，但不久后他们觉得还是需要独立的译法。

从政治的角度来看，早期的传教士（日本语也译"宣教师"）在中国必须隐瞒自己教会的组织结构，因为从秦始皇的时代以来，中国社会（以及其他的受中国文化影响的东方社会）就以君主（"天子"）为权力核心。在这样的社会制度中，任何大型的、宗教性的、有完备管理制度的、相对独立的"非政府机构"必须遭受怀疑和镇压。如果考虑到教会在欧洲社会中的崇高地位，比如大多学校和教育机构都是根据教会法组织的和运作的，这就和中国体制有很大不同，而中国皇帝无法理解教士的社会地位和社会影响，传教士们也不能向上层官员说明欧洲这种多元化的社会体制。因此，教会的"主教"对某个地区的信徒有"合法管理权"这样的概念在中国等东方地区成为忌讳，因为它只能引起"天子"的不满和反对。这样，我们就可以理解为什么在利玛窦等人公开出版的文献中很少出现关于教会职位、职称和教会管理结构的解释。

## 日本语的翻译

公教先传入日本，因此本研究也要从日本语开始。耶稣会会士沙勿略（Francis Xavier）1549年到达日本并开始转写教理书中的信条，创造了日本语的一些宗教术语，而其中转借自佛教的术语比较多。沙勿略并没有长期留在日本，两年后他离开日本，想到中国宣教。在早期的翻译过程中，葡萄牙耶稣会会士格郭（Balthasar Gago，1515—1583年，1546年入会，1548年到印度）起了很大的作用。他1552年到日本丰后（府内，Funay, Funai），曾受大友宗麟（Ōtomo Sōrin）的保护和支持，并在府内地区学习语言，开始传道；1555年他被派到平户（Hirado），与另一位早期译者菲南得斯（Fernandez）修士一起生活。当时他们面对的就是佛教和基督宗教术语的问题，因为沙勿略时代用佛教术语表达基督信仰，比如用"净土"（jodo）指"天堂"，用"僧"（sō）指"司铎"，用"佛法"（buppo）指"教理"。1557—1558年，格郭和他的朋友重新编写教理书《二十五章》（*Niju-ka-jo*）。格郭1559年回到府内，但因身体健康欠佳，1561年去往澳门，没有回日本，1583年他在印度果阿去世。他的著作《二十五章》基本上规定了日本基督徒生活此后用的语言：在日本语的基础上，他直接嵌入葡萄牙语的神学术语（比如anjo天使、apostolo使徒、contricao忏悔、credo信经、Deus神、Deus Filho圣子、ecclesia教会、espiritu圣灵等50个核心概念）。这种直接用外语术语的习惯也带给日本天主教生活一种国际风格，并解决棘手的翻译问题：比如在中国的传教士就长期无法决定应该用"天""天主""上帝"还是"陡斯"来翻译Deus。

日本的先例也影响了中国和越南宣教师的三种翻译方式：用外语原文或原音，借用佛教术语，或重新创造一些新的词语（比如"天主""圣教""圣事"等）并以某种方式为这些术语下定义。

日本教会用"转写"的方式进行翻译，用一些汉字表达某外来词的发音，比如Deus成为"提宇子"，而padre成为"伴天连"（Pa-te-ren）。17世纪的中国教会早就使用了"神父"一词，但在日本这个词只是"在公教第二次传入日本时（明治时代）使用的"[①]。虽然在英语的用法中，"Father"仅限于修会司铎，而教区司铎称"Priest"或"Reverend"。但现在日本以"神父"（尊称shinpu san）泛指一切公教司铎，中国的情况亦如此。

日本早期教会用来自葡萄牙语的"Bispo"翻译bishop（ビスポ），而"俾斯玻"（即bishop）也曾在利玛窦（Matteo Ricci）和艾儒略（Giulio Aleni）的文献中出现。[②]

因为日本教会的发展很快，信徒和本地圣职人员比较多，16世纪

---

[①] [日]大贯隆等编：《岩波基督教辞典》，东京：岩波书店，2002年，第602页。[Ōnuki Taka, et al. eds., *Iwanami Kirisutokyō Jiten* (Tokyo: Iwanami Shoten, 2002), 62.]

[②] Federico Masini, "Aleni's Contributions to the Chinese Language," in *Scholar from the West. Giulio Aleni S. J. (1582-1649) and the Dialogue between Christianity and China*, eds. T. Lippiello and R. Malek (Monumenta Serica, Nettetal: Steyler Verlag, 1997), 546.

末，澳门的主教同意把日本划分为一个独立的教区，葡萄牙耶稣会会
士莫瑞（Sebastiao de Morais de Funchal，1536-1588）1588年被任命为日本
第一位主教。莫瑞1560年被祝圣司铎，1588年2月至8月任府内的主教，
1588年8月19日去世。第三任"俾斯玻"（主教）是瑟尔奎拉（Luis de
Cerqueira，1552-1614），也是葡萄牙人和耶稣会会士；他1593年任助理
主教（coadiutor）；1598-1614年任府内主教。瑟尔奎拉主教1601年祝圣
了第一位日本司铎（padre）木村（Kimura Sebastian），同年在长崎建立
一所修道院，于其中培养教区司铎，并于1604年祝圣第一名日本教区
司铎，1613年又有7名教区司铎被祝圣。

从17世纪上半叶以来，日本的德川政府执行严格的"闭关锁国"政
策，但中国的书籍仍然传到日本并影响了当地神学术语的发展。因此，日
本公教在1854年后一边采纳中国的"主教"，但逐渐转向使用"司教"，
而今天主要用"司教"。[①] 罗马的主教，即papa/pope在日本称"教皇"，
但也曾有"法王"之译法。[②] 在日本公教那里，priest被译成"司祭"或
"祭司"，但sacerdotium被译为"司教职"。[③] 日本公教的deacon被称为
"助祭"，正教译为"辅祭"，而新教普遍使用"执事"。[④]

## 汉语翻译

公教职称的汉语翻译也表现了传教士对中国文化的某种理解，比
如早期的传教士罗明坚（M. Ruggieri）曾在16世纪80年代用"天竺国

---

[①] [日]大贯隆等编：《岩波基督教辞典》，第538页，第464-465页。亦见[日]水谷
智洋：《罗和辞典》（《拉丁语日本语词典》），东京：研究社，2009年，第227页。
[Mizutani Tomohiro, *Lexicon Latino-Japonicum* (Tokyo: Kenkyo shi, 2009), 227.]
[②] [日]大贯隆等编：《岩波基督教辞典》，第289页。
[③] [日]大贯隆等编：《岩波基督教辞典》，第467页；亦见[日]水谷智洋：《罗和
辞典》，第576页。
[④] [日]大贯隆等编：《岩波基督教辞典》，第567页；亦见[日]水谷智洋：《罗和
辞典》，第197页。

僧"来称呼自己，① 但利玛窦大约在1594年放弃类似的称呼，因为他中断了和佛教的来往，转向绅士阶层（"儒者"）。意大利历史学家马尔基欧提（Margiotti）曾在他的著作中提到，来华的传教士在皇帝面前用"远臣"称呼自己，在官员面前说他们是"旅人"，在仆人面前称自己为"先生"或比较亲切称为"相公"。本地的新信徒称他们为"老师"或"老爷"。教会内的人称他们为"神父"，而外教人称他们为"师傅"。②

当今中国公教用"神父"和"司铎"译priest，但在早期比较普遍使用的词是"铎德"，来自拉丁语sacerdos（意大利语sacerdote），即"撒责尔铎德"。③ 比如，大约在1640年（崇祯十一年），基督徒学人王徵在《崇一堂日记随笔》的"小引"中称汤若望（Adam Schall）为"先生"，而在《附录祈请解罪启稿》中用"铎德先生""诸铎德"和"远西铎德"来指外国来的教士。④

意大利耶稣会会士利类思（Luigi Buglio）1654年后在北京翻译的《神学大全》（译文书名为《超性学要》）中，除了出现"撒责尔铎德"和"铎德"外，还出现"主祭者"。⑤ 这种翻译也符合道明会会士万济国（Francisco Varo）于1679年编写的西班牙语汉语词典中的记录：sacerdote是"主祭，词祭者，铎德，撒责尔铎德"，而sacerdocio是"主祭之位"。① 值得注意的是，在17世纪70年代，

---

① [意]罗明坚：《天主实录·引》，载周振鹤主编：《明清之际西方传教士汉籍丛刊》，南京：凤凰出版社，2013年，第5页。[M. Ruggieri, "Veritable Records of Catholic Saints: Introduction," in *Ming Qing zhi ji xi fang chuan jiao shi han ji cong kan*, ed. ZHOU Zhenhe (Chinese Series of Western Missionaries During the Ming and Qing Dynasties) (Nanjing: Jiangsu Phoenix Publishing House Co., Ltd., 2013), 5.]

② Fortunato Margiotti, *Il Cattolicismo nello Shansi dalle origini al 1738* (Roma: Edizioni Sinica Franciscana, 1958), 542.

③ 这是利类思17世纪50年代的用法，见[奥]雷立柏：《汉语神学术语辞典》，北京：宗教文化出版社，2007年，第253页。[Leopold Leeb, *Dictionary of Chinese Theological Terms* (Beijing: Religion and Culture Press, 2007), 253.]

④ 周振鹤主编：《明清之际西方传教士汉籍丛刊》，第383页，第412页。

⑤ [奥]雷立柏：《汉语神学术语辞典》，第253页。

中国信徒已经比较亲切地称"铎德"为"神父"，万济国曾记录："confesor神父""padre espiritual神父、教父、尊父"和"cura de almas管人灵魂，神父"。②

利类思译episcopus为"主教"，③但万济国1679年编写的词典关于obispo（bishop）的条目记载"主教et contra"，而"et contra"是"以及相反"或"以及反过来"的意思，所以当时既用"主教"，也用了"教主"。另外万济国关于prelado, ut obispo的解释是："主教；司教者；掌教者。"④罗马的主教是"Padre Santo"，即"教化皇，教皇"，而枢机主教（Cardenal de Papa）是"教皇宰相"。⑤

利类思的著作把diaconus译为"（左）副祭者"，⑥而万济国的译法则有所差异："diacono, 御祭，佑御祭，六品的。"⑦

法国耶稣会士贺清泰（Louis Poirot）在1790-1809年完成的《圣经》汉译本2015年由中华书局以《古新圣经残稿》为书名出版。贺清泰经常用"主教"译episcopus，并在注释中也用"主教"："圣保禄与斐肋孟写的札"中提到"厄巴法"，而贺氏有注写"厄巴法是各落梭城本主教"⑧。在别处他写"弟多……后圣为格肋大岛的主教"⑨。《腓立比书》第1章第1节中有"司教"（episkopoi）和"副祭"（diakonoi）。⑩然而在《提多书》（Tit. 1:5）的翻译中，贺清泰也用"司教"来翻译"presbyteroi"："各城立司教。⑪"

---

① W. South Coblin, *Francisco Varo's Glossary of the Mandarin Language*, vol. 1 (Monumenta Serica, Nettetal: Steyler Verlag, 2006), 195.
② Ibid., 54, 63, 161.
③ [奥]雷立柏：《汉语神学术语辞典》，第232页。
④ W. South Coblin, *Francisco Varo's Glossary of the Mandarin Language*, 154, 178.
⑤ Ibid., 161, 43.
⑥ [奥]雷立柏：《汉语神学术语辞典》，第229页。
⑦ W. South Coblin, *Francisco Varo's Glossary of the Mandarin Language*, 76.
⑧ [法]贺清泰：《古新圣经残稿》第9卷，北京：中华书局，2015年，第3314页。[Louis Poirot, *Gu xin Shengjing can gao* (The Fragments of the Old and New Testament), vol.9 (Beijing: Zhonghua Book Company, 2015), 3314.]
⑨ [法]贺清泰：《古新圣经残稿》第9卷，第3308页。
⑩ 同上，第3251页。

耐人寻味的是，英国人马礼逊（Robert Morrison）在他的《华英字典》中没有收录bishop和deacon的条目，而在priest那里仅仅写"PRIEST of the Budh sect和尚ho shang；of the Taou sect道士taou sze；and 炼士leën sze"，此后全书大量介绍中国佛教和道教的术语，却没有提到公教的priest的称呼。② 然而，马礼逊建议用"牧者"指新教的教士，"因为中国人用这个词指一个官员"："PASTOR or shepherd牧者muh chay. This term is used figuratively by the Chinese for a magistrate; and may not be improper to designate a Christian teacher. The Romanists use 监临keën lin, an Overseer, to correspond to the word Bishop。"③ 马礼逊说，"监临"指bishop，但在别处尚未找到这种用法。1839年在澳门出版的《辣丁中华合字典》中可见："EPISCOPUS监督。主教。牧。④"这部词典是由一名长期在澳门圣若瑟修院任教的司铎编写的，应该反映了当时通用的术语："Diaconus六品礼生。副祭⑤"；"SACERDOS铎德。司教。和尚"⑥，"PAPA父。老人。教皇"⑦。"PRESBYTER长老。神父。铎德。"⑧

　　罗存德（Wilhelm Lobscheid）的英汉词典中已不再出现"铎德"："Priest, a 祭司……祭者……祭主；a high priest祭司长……；a presbyter会老……；a pastor牧师……；a Rom. Catholic priest神父……；a Buddhist

① [法]贺清泰：《古新圣经残稿》第9卷，第3308页。

② [英]马礼逊：《华英字典》，澳门：东印公司，1822年，（《马礼逊文集》，第6卷，郑州：大象出版社，2008年重印。）第335页。[Robert Morrison, *A Dictionary of the Chinese Language* (Macau: East India Company, 1822), reprint in *Collection of Morrison's Work*, vol. 6 (Zhengzhou: Elephant Press, 2008), 335.]

③ 同上，第313页。

④ [葡]江沙维：《辣丁中华合字典》，澳门：圣若瑟修院印，1839年，第151页。[Affonso Gonsalves, *Lexicon Magnum Latino-Sinicum* (Macau: San Jose Seminary, 1839), 151.]

⑤ 同上，第125页。

⑥ 同上，第400页。

⑦ 同上，第320页。

⑧ 同上，第543页。

priest和尚……"① 根据这部具有深远影响的词典来判断，19世纪60年代对公教司铎用的称呼就是"神父"，和今天一样。

根据相关文献可以认定，19世纪的天主教通常用"主教"指bishop，用"铎德"指priest和"副祭"指deacon，而这些术语早在17世纪50年代就已经定型。万济国的词典也可证明，信徒常用的"神父"一词在17世纪已经很流行，19世纪公教中"神父"已经成为最普遍使用的词，而早期的"铎德"比较少出现。

## 越南语翻译

在早期的赴越南的耶稣会传教士当中，著作最多的人物是意大利司铎梅乌理哥（Geronimo Maiorica，1589-1656），他在越南服务30年之久并用本地的"越南式汉字"（即chữ nôm，字喃）② 编写了40多本著作。他的著作中有很多"转写发音"的例子，比如他也用当时在中国流行的"撒责铎德"，把它写成sa-se-đo-tê。③ 由于这种转写比较长，越南教会转而使用比较通俗的称呼，17世纪他们已经开始将bishop称为"监牧giám mục"，把priest称"灵牧linh mục"。此外，在特别受尊敬的人物（或神）之前可以加"德"字，因此1838年出版的《安南拉丁语词典》有这些词："德圣葩葩Đức thánh pha pha, summus Pontifex"（指教宗）、"德教宗Đức giáo tong, id."（亦指教宗）、"德监牧Đức giám mục, Episcopus"（指主教）和"德吒嗗Đức cha cả"（即"德大父"，指主教）。① 法国传教士塔贝得（Taberd）的词典

---

① [德]罗存德：《英华字典》，香港：《孖剌西报》报馆，1866年，第1369页。[Wilhelm Lobscheid, *English and Chinese Dictionary* (Hong Kong: Daily Press, 1866), 1369.]

② 宋朝以来，越南人改写汉字，即加上一些部首（如"喃"）或组合新字（如"嗗"等）来表达自己的语言。在18世纪末，这些"字喃"文字曾被推行为官方文字，但耶稣会传教士们在17世纪初发明的ABC转写方式逐渐取代了汉字和字喃，在20世纪中成为普遍使用的文字。

③ George E. Dutton, *Vietnamese Moses: Philiphe Binh and the Geographies of Early Modern Catholicism* (Berkeley: University of California Press, 2017), 53.

注明，"大父"（呔哿cha cả）这个称呼"有时候指上主"（aliquando pro Deo dicitur）。②

"监牧"一直是bishop的主要翻译，所以现代的神学词典虽然记录了很多称呼，却都把"监牧"放在第一位："Bishop: Giám Mục, thượng tư tế, Đức Cha, Vị Chủ Chăn。"③这些称呼的汉字应该是："监牧，上司祭，德主，位主牧。"其中最后的词（Chăn）的意思是"放牧，牧养，饲养"，而Chăn dắt是"领牧"的意思。④

关于priest的越南语词汇更丰富："Priest: Tư tế, Mục sư, Thánh chức, giáo sĩ, Linh mục; hội trưởng; tăng lữ, Tư đạc, Đạc đức。"⑤这些词的汉字是："司祭，牧师，圣职，教士，灵牧，会长，僧侣，司铎，铎德。"其中的Mục sư（牧师）指新教的教士，显然受了中国的影响。⑥

Patriarch这个词有许多翻译方式，它原指安提阿（Antioch）、君士坦丁堡（Constantinople）等大教区的主教。汉语的翻译是"宗主教，大主教，主教长"。⑦而越南语则提供了更多的选择：Tồng Giám mục（总监牧），Đại thượng phụ（大上父），Đại giáo chủ（大教主）⑧，以及在20世纪50年代仍然使用的Tồng chủ giáo（总主教）。⑨

越南独有的问题是对本国和外国司铎的称呼的差异，越南第二名本籍主教（祝圣于1935年）胡玉艮（Dominic Hồ Ngọc Cần, 1876-1948）

---

① J. L. Taberd, *Dictionarium Anamitico-Latinum* (Serampore, 1838), 152.

② Ibid.

③ [越]武金正编：《词典神学信理英越》，台北：光启出版社，1996年，第27页。（非正式出版物）[Vũ Kim Chính, *Tự Diển Thần học Tín Lý Anh-Việt* (Taipei: Kuangchi Press, 1996), 27. (not formally published)]

④ 何成等编：《越汉辞典》，北京：商务印书馆，2008年，第200页。[HE Cheng, et al. eds., *Từ Diển Việt Hán* (Beijing: Commercial Press, 2008), 200.]

⑤ [越]武金正编：《词典神学信理英越》，第195页。

⑥ 同上，第179页。

⑦ 辅仁神学著作编译会：《基督宗教外语汉语神学词语汇编》，台北：光启出版社，2005年，第778页。[Fu Jen Theological Publications Association, *A Foreign Languages-Chinese Christian Theological Lexicon* (Taipei: Kuangchi Press, 2005), 778.]

⑧ [越]武金正编：《词曲神学信理英越》，第179页。

⑨ 何成等编：《越汉辞典》，第1036页。

在1939年曾针对这个问题发表他的看法。在传统上，外国传教士被称为"故西"（cố Tây，即"西爷爷"），而本地司铎被称为"具些"（cụ Ta，即"你"），前者，即"故西"，是尊称，而后者是卑称。当时胡主教认为，传教士和本地司铎要彼此称cha（父），这样强调平等身份。在自称方面有谦称tôi和卑称con，而在传统上，本地司铎都用con，如果他们和外国传教士谈话，但胡主教认为，都应该用tôi。只有在面对主教时，一个人才该用con作为自称。反过来，年轻的外国传教士在面对年龄大的本地司铎时也应该用con作为自称。[①]

## 结语

公教在远东的职称从早期佛教化的称呼（"僧"）经过外语转写方式（"伴天连""俾斯玻""撒责尔铎德"）在17世纪已经转向新术语的创造，比如"主教""铎德"和"神父"。在这个过程中，"铎德"和"司铎"有特殊的地位，因为它们是外语sacerdote转写的简化，但又采纳一些中国传统的因素："铎"是"古代响器，形似大铃，中有舌，振舌发声"[②]，这样，教士成为宣讲福音的"响器"。因此，"铎德"和"司铎"可以视为"本地化"的成功例子。

公教体制中的圣职人员有固定的地位和任务，而汉化的或本地化的翻译只能部分上表达原来的含义。传教士们利用某些在中国传统中少见的或还没有固定含义的词（比如"铎""祭""监""牧""司"），并赋予它们新的含义："铎德""司祭""监牧""灵牧""司教"都部分上表达了priest和bishop职务的含义：priest是"宣讲者"，和汉语传统中的"铎"有关系，而bishop的任务是"监督"和

---

[①] Charles Keith, *Catholic Vietnam: A Church From Empire to Nation* (Berkeley: University of California Press, 2012), 115.

[②] 商务印书馆辞书研究中心编：《古今汉语词典》，北京：商务印书馆，2000年，第341页。[Dictionary Research Center of the Commercial Press, ed., *Gu jin han yu ci dian* (Ancient and modern Chinese dictionary) (Beijing: The Commercial Press, 2000), 341.]

"牧放"他的"羊群"。

也许越南术语体系中的词语可以给中国公教职称一些启迪，因为和新教的"牧师"（pastor的翻译）比较，当今中国公教通用的"神父"也许会引起误解。有人会觉得"神父"一词过于亲切，过于情绪化，在发音上又和"圣父"（Holy Father，即教宗的尊称，也是对"天上的父"的称呼）很接近。而且，非公教徒和中国官方的词典倾向于把"神父"改写为"神甫"，但教会内部分人觉得这种写法是一种不尊敬的表现。"司铎"一词比"神父"更为正式，但"司铎"主要见于正式文献，并没有成为普遍使用的称呼。与此不同，越南语中的"灵牧"很恰当表达priest的任务（"照顾灵性需要"），而且普遍被接受。同样，中国公教用的"主教"在很多非信徒的口里成为"教主"。这种用法虽然在17世纪的中国公教中也曾出现过，但在今天的语境中"教主"更多指某些邪教的创始人。公教的"主教"也仅仅是"监督者"，而非"教会的主"。也许中国公教会将来可以考虑多采用越南通用的"监牧"①，少用"主教"，这样更好地体现原文episkopos的本义并避免不必要的误解。

---

① 笔者知道，"监牧"在汉语公教术语体系中是"宗座监牧"（apostolic prefect）的简写，见[奥]雷立柏：《汉语神学术语辞典》，第122页。

# 参考文献 [Bibliography]

## 西文文献 [Works in Western Languages]

Coblin, W. South. *Francisco Varo's Glossary of the Mandarin Language*. Monumenta Serica, Nettetal: Steyler Verlag, 2006.

Dutton, George E. *Vietnamese Moses: Philiphe Binh and the Geographies of Early Modern Catholicism*. Berkeley: University of California Press, 2017.

Keith, Charles. *Catholic Vietnam: A Church From Empire to Nation*. Berkeley: University of California Press, 2012.

Margiotti, Fortunato. *Il Cattolicismo nello Shansi dalle origine al 1738*. Roma: Edizioni Sinica Franciscana, 1958.

Masini, Federico. "Aleni's Contributions to the Chinese Language." In *Scholar from the West. Giulio Aleni S. J. (1582-1649) and the Dialogue between Christianity and China*. Edited by T. Lippiello and R. Malek, 539-554. Monumenta Serica, Nettetal: Steyler Verlag, 1997.

Rhodes, Alexandre de. *Dictionarium Annamiticum Lusitanum et Latinum*. Roma: Sacra Congregatio de Propaganda Fide, 1651.

Taberd, J. L. *Dictionarium Anamitico-Latinum*. Serampore: J. Marshnam Priting House, 1838. (Based on the Dictionary Edited by Pigneau, 1772.)

## 中文文献[Works in Chinese]

辅仁神学著作编译会：《基督宗教-外语汉语神学词语汇编》，台北：光启出版社，2005年。[Fu Jen Theological Publications Association. *A Foreign Languages-Chinese Christian Theological Lexicon*. Taipei: Kuangchi Press, 2005.]

何成等编：《越汉辞典》，北京：商务印书馆2008年。[HE Cheng, et al. ed. *Từ Điển Việt Hán*. Beijing: Commercial Press, 2008.]

[法]贺清泰：《古新圣经残稿》第9卷，北京：中华书局，2015年。[Poirot, Louis. *Gu xin Shengjing can gao* (The Fragments of the Old and New Testament) vol.9. Beijing: Zhonghua Book Company, 2015.]

[葡]江沙维：《辣丁中华合字典》，澳门：圣若瑟修院印，1839年。[Gonsalves, Affonso. *Lexicon Magnum Latino-Sinicum*. Macau: San Jose Seminary, 1839.]

[奥]雷立柏：《汉语神学术语辞典》，北京：宗教文化出版社，2007年。[Leeb, Leopold. A *Dictionary of Chinese Theological Terms*. Beijing: Religion and Culture

Press, 2007.]

[德]罗存德：《英华字典》，香港：《孖剌西报》报馆，1866年。[Lobscheid, Wilhelm. *English and Chinese Dictionary*. Hong Kong: Daily Press, 1866.]

[英]马礼逊：《华英字典》，澳门：东印公司，1822年。（《马礼逊文集》，第 6卷，郑州：大象出版社，2008年重印。）[Morrison, Robert. *A Dictionary of the Chinese Language*. Macau: East India Company, 1822. Reprint in *Collection of Morrison's Work* vol. 6. Zhengzhou: Elephant Press, 2008.]

商务印书馆辞书研究中心编：《古今汉语词典》，北京：商务印书馆，2000年。 [Dictionary Research Center of the Commercial Press, ed. *Gu jin han yu ci dian* (Ancient and Modern Chinese Dictionary). Beijing: The Commercial Press, 2000.]

周振鹤主编：《明清之际西方传教士汉籍丛刊》，南京：凤凰出版社，2013年。 [ZHOU Zhenhe, ed. *Ming Qing zhi ji xi fang chuan jiao shi han ji cong kan* (Chinese Series of Western Missionaries During the Ming and Qing Dynasties). Nanjing: Jiangsu Phoenix Publishing House Co., Ltd., 2013.]

### 日语及越南语文献[Works in Japanese and Vietnamese]

[日]アウグスチン・シュタウブ 編：《希和辞典》，東京：リトン有限会社，2010 年。[Augustin Staub. *Lexicon Graeco-Iaponicum*. Tokyo: Lithon, 2010.]

[日]大貫隆等编：《岩波基督教辞典》，東京：岩波书店，2002年。[Ōnuki Taka et al. ed. *Iwanami Kirisutokyō Jiten*. Tokyo: Iwanami Shoten, 2002.]

[日]水谷智洋：《罗和辞典》（《拉丁语日本语词典》），東京：研究社，2009 年。[Mizutani Tomohiro. *Lexicon Latino-Japonicum*. Tokyo: Kenkyo shi, 2009.]

[日]五野井隆史：《日本基督宗教史》，東京：吉川社，1990年。[Gonoi Takashi. *Nihon Kirisutokyo shi*. Tokyo: Yoshikawa, 1990.]

[越]武金正编：《词典神学信理英越》，台北：光启出版社，1996年。非正式出 版物。[Vũ Kim Chính. *Tự Diển Thần học Tín Lý Anh-Việt*. Taipei: Kuangchi Press, 1996. (not formally published.)]

# 传教士卜道成对朱子人性哲学的诠释与翻译*

## Joseph Percy Bruce's Interpretation and Translation on Zhu Xi's Philosophy of Human Nature

赖文斌

LAI Wenbin

**作者简介**

赖文斌，南昌大学外国语学院教授。

**Introduction to the author**

LAI Wenbin, Professor, School of Foreign Languages, Nanchang University.
Email: 13707034113@163.com

基督教文化学刊

Journal for the Study of Christian Culture

# Abstract

Joseph Percy Bruce (1861-1934), a British missionary Sinologist, gained a deep understanding of Chinese culture and its unique characteristics from almost four decades living in China. Bruce undertook the task of interpreting and translating Zhu Xi's philosophy of human nature from a comparative perspective, with a particular emphasis on preserving the inheritance and ethics of Zhu Xi's philosophy. Through the domestication method in translation, Bruce aimed to find common ground between Chinese and Western cultures.

Drawing upon primary sources, this paper analyses Bruce's interpretation and translation of Zhu Xi's philosophy of human nature from three key angles: Chinese history, Western culture, and cross-cultural communication. It then explores the reasons behind certain misinterpretations and mistranslations in Bruce's work.

While acknowledging Bruce's significant contributions in opening a new path for the systematic study of Neo-Confucianism in the English-speaking world, the paper highlights the language and cultural disparities between China and contemporary Western nations, which may have contributed to some of the misinterpretations found in Bruce's study.

**Keywords:** St. Joseph Percy Bruce, Zhu Xi, Human Nature, Interpretation, Translation

朱子学的海外翻译与传播在很长时间内都与西方宗教教义相联系，将朱子学思想内容与西方宗教进行比附，采取一种"以西释中"的路径，如将"天""理"等同于西方的heaven、god、reason、law等。也基于此，长期以来对朱子学的翻译传播主要停留在"碎片式"的译介，未能引起全面的关注。直到第一次世界大战后，英国传教士卜道成在山东完成了一部朱子学译著和朱子学研究专著，重点诠释了朱子的人性哲学，成为英语世界第二部朱子学译著①，并开启了英语世界朱子学的系统研究。

朱子集理学思想之大成，没有通过系统的学习和研究，很难把握其思想内涵。卜道成从历史脉络中系统阐述朱子思想之源，并侧重诠释和翻译朱子人性哲学，在西方汉学界具有很深的影响。然而，受语言和时代的阻碍，国内学界对卜道成的学术成就知之不多，不甚了然。由之，本文对卜氏的朱子人性哲学诠释与翻译做一系统考察，揭示其朱子学诠释路径及意义。

## 一、从历史视角解释朱子人性

卜道成（St. Joseph Percy Bruce），又译作布鲁斯②，浸礼会（English

*基金项目：本成果受到江西省社科规划基金支持（项目号：23YY05）。[This paper is sponsored by Social Science Fund of Jiangxi Province, Project Number: 23YY05.

① 第一部译著为传教士麦格基1874年翻译的《朱子全书》49卷，并取名为"儒家宇宙论"，参阅赖文斌：《"理"屈且词穷：麦格基与第一部朱子文献英译本》，《中国翻译》，2020年第3期，第49-58页。[LAI Wenbin, "McClatchie and the Earliest English Translation of Neo-Confucianism," *Chinese Translators Journal*, no.3, (2020): 49-58.]

② 但也有学者将卜道成与布鲁斯分别指称为两个不同的人，参阅张品端：《朱子学在海外的传播与影响》，北京：中国社会科学出版社，2019年，第378页；程利田：《朱子学在海外的传播》，福州：海峡文艺出版社，2016年,第250页。[ZHANG Pinduan, *The Communication and Influence of Neo-Confucianism in Overseas* (Beijing: China Social Science Press, 2019), 378. See also CHEN Litian, *The Communication of Neo-Confucianism in Overseas* (Fuzhou: Haixia Wen Yi Chubanshe, 2016), 250.]

Baptist Missionary Society）传教士，英国近代著名汉学家。卜氏1887年抵达山东传教，1908年在济南筹建山东基督教共和大学，后与其他西方教会一起创办了被誉为是中国历史上最早教会大学之一的山东基督教大学（Shantung Christian University，又称齐鲁大学），并担任首任校长，1925年退休携眷回国，嗣受聘为伦敦大学东方学院院长，汉语教授，1934年逝世。

卜道成在中国时间长达近40年，对中国和汉语都非常熟悉。在传教的同时，学习和研究汉语、协办教育，对中国近代高等教育的发展作出过重要贡献；更为重要的是，他研习中国文化和哲学，著书立说。其中，最突出的著作为两部研究和传播朱子学的姊妹篇：一是节译渊源斋御纂《朱子全书》其中7卷，并取名为《朱子之人性哲学》（*The Philosophy of Human Nature*, 1922）；二是撰写《朱子及其师承》（*Chu Hsi and his Masters: An Introduction to Chu Hsi and the Sung School of Chinese Philosophy*, 1923）[①]，两部著作均在1973年纽约再版。此外，卜道成还于1926年翻译了朱熹注解的周敦颐的《通书》选段诚上、诚下并发表在伦敦大学的《东方学院学刊》（*Bulletin of the School of Oriental Studies*）上。

在上述著作中，卜道成注重从历史视角解释朱子人性，强调朱子哲学的传承性，突出表现在《朱子及其师承》这一专著上。该著全书分为四篇十四章，第一篇宋代五哲，分四章分别介绍宋代五位著名哲学家的情况，其中程氏兄弟合为一哲。第一章是关于背景的介绍，第

---

[①] 该书在国内已有两个译本，其一是厦门大学出版社2010年出版由谢晓东译《朱熹和他的前辈们——朱熹与宋代新儒学导论》，其二是2014年东方出版社出版由张晓霞、张洪翻译《外国人眼中的中国人：朱熹》。[J. Percy Bruce, *Chu Hsi and his Masters: An Introduction to Chu Hsi and the Sung School of Chinese Philosophy*, trans. XIE Xiaodong (Xiameng: Xiameng University Press, 2010). See also J. Percy Bruce, *Chu Hsi and his Masters: An Introduction to Chu Hsi and the Sung School of Chinese Philosophy*, trans. ZHANG Xiaoxia and ZHANG Hong (Shanghai: East Press, 2014).]虽然国内已有两个中文版，但笔者觉得书名的翻译没有完全体现出书中的主要内容，故笔者译为《朱子及其师承》。

二章周敦颐和邵雍，第三章程氏兄弟和张载，第四章为朱熹。第二篇朱子的宇宙论，分三章介绍了朱子的理气观、第一因和宇宙的演化和道。第三篇朱子的人性论，分四章介绍了义理之性、气质之性、心和德与德性。第四篇朱子的有神论，共三章，分别是天、天地之心和结论。为了向读者阐明朱子思想体系的理论来源，该书开篇首先介绍了北宋五哲的大致情况，限于篇幅和写作重心的考量，对前面四人仅限于生平介绍，对理论内核的系统阐释较少。对于朱熹，作者分成7个时期详细介绍了其生平经历，对朱熹在接受教育、仕途上的跌宕起伏、学术上的坚忍不拔都进行了阐述。接着，卜氏从宇宙论、人性论和有神论三个方面入手，侧重于从思想层面进行解读，特别注重朱熹从其前辈们的理论观点上汲取对其有益的养分，剖析了朱子哲学的深刻内涵，较系统地介绍了朱子理学思想体系。最后得出结论，认为虽然朱子后来谈论过有神论，在一定意义上也是一个有神论者，但是对于朱熹哲学真正的重点必须放在"德与宇宙概念的关系"上，更应放在"作为物质与道德秩序基础的仁"上，因为"仁就是万物的根源和总和"，"仁既是起点，也是终极目的"。[①]

正如该书的副标题"朱子与宋代理学导论"所示，本书的重点是阐述朱子学，但朱子学的由来在于他的老师们。因此，本书的开篇就明确提出中国哲学可以在其经典著作中找到其源泉，因而先介绍了朱子学产生的背景，包括政治和社会背景，更多的是他的师承背景，因为有北宋周敦颐、邵雍、程氏兄弟和张载开启的宋代儒学对先前儒学另一种诠释，从而到朱熹集大成，朱熹又通过他的众多学生将其思想传播到各地，最终形成了影响中国思想几百年的宋明理学。同时，作者也花了大量笔墨去介绍朱子受教育的情况，更说明了他与那些先师们的关系。朱子学的传承性还表现在他对中国儒释道三种哲学的传承，因为在他的教育中，既接受了周敦颐等人的理学思想，还分别从

---

[①] J. Percy Bruce, *Chu Hsi and his Masters: An Introduction to Chu Hsi and the Sung School of Chinese Philosophy* (London: Probsthain & Co., 1923), 317.

胡籍溪、刘屏山那里接受了一些佛教和道教思想，比如，在阐述朱之对"心"的思想时，卜道成指出，朱子经常使用与佛家类似的语言，这可能是源于早期佛家对他的影响。① 正是这样对其先师们的传承，使得朱子不仅集合宋代五位哲人思想之大成，也集了儒释道之大成。所以，卜氏宣称，"毫无疑问的是，许多宋明理学的新观点和新思想，尤其是朱熹，都从佛道中受益"②。就是在这种历史描述中，卜道成完成了朱子学的系统阐述，以致陈荣捷先生也明确表示，西方以朱子哲学为主题，"为有系统之讨论者，可谓自Bruce始"，而且"支节诚有未当，而大致不谬"③。厦门大学出版社出版的中文版《朱熹和他的前辈们：朱熹与宋代新儒学导论》译者谢晓东在译后记中称："这是一部从西方人的视角对朱熹哲学进行研究的开拓性著作。"很好地诠释了卜道成朱子哲学研究的成就和意义。

## 二、以西学格义朱子人性

　　卜道成是作为浸礼会成员到中国来传教的，其主要目的是为传教服务。因此，在对朱子哲学的诠释过程，仍然沿袭"以西释中"的路径，在多数场合，将朱子哲学思想与西方神学思想对比分析，以西学来格义朱子人性哲学，甚至借助于西方神学理论框架对其进行诠释和解读，强调了朱子哲学的伦理性。

　　由于卜道成的传教士身份以及他前期接受教育的背景，特别是，作为传教士想要为西方神学在中国找到合适的土壤，因此，在诠释朱子哲学时总是拿来与西方神学、哲学进行格义比较。1918年，卜氏在《皇家亚洲学会华北分会学报》（*Journal of the North China of the*

---

① J. Percy Bruce, *Chu Hsi and his Masters: An Introduction to Chu Hsi and the Sung School of Chinese Philosophy*, 252-253.

② Ibid., 63.

③ 陈荣捷：《朱学论集》，上海：华东师范大学出版社，2007年，第280页。[CHEN Rongjie, *Zhu xue lun ji* (Shanghai: East China Normal University, 2007), 280.]

*Royal Asiatic Society*）上发表《宋代哲学的有神之意义》（The Theistic Import of the Sung Philosophy），重提朱子是不是唯物的问题，他认为理学不分精神与物质，而分气质与道德，历史万物之源，因此，具有宗教性。同时，理又包含仁智，因此也是道德，道有条理，因此有伦理性。太极是道德的全部，天是主宰，人性由天所赋予。[①] 而《朱子及其师承》一书开篇就以朱子学的重要术语"性理"开始，指出这个词在中国哲学中的重要性和意义，是朱子学的核心教义。随后，他就明确表示："性理这个词就像西方古老哲学词汇一样，它涉及范围广阔，既包括物质上的也包括形而上的。"[②] 因此，他提醒西方读者，在阅读的时候要牢记这点，这样才能理解中国哲学。又如，在对朱子理气观进行介绍时，他先比较了圣约翰"上帝是光"和朱熹"天即理也"两个判断，认为虽然两者采取的术语不同，但是这两句话的意思相差不大。他宣称朱子的理气观与西方哲学的物质与意识二元论类似，都是在寻求那个宇宙现象问题的二元论解释。他又将朱子关于物质和精神的论述与斯宾诺莎的物质与精神进行比较，说两者非常的接近。特别在阐述朱子的人性论时，他说："呈现在我们面前的朱子观点和柏格森的'原始冲动'（elan vital）理论具有惊人的相似性。"[③] 同时，书中还引用了那个时代西方知识界如威廉奈特（William Knight）、奥利弗洛奇（Oliver Lodge）等人的理论成果，甚至是一些圣经箴言、语录，所有这些，其目的都在于用西学来格义朱子学，从而寻求中西文化、中西哲学的相似性和相通性。

在卜道成看来，朱子哲学的特点就在于他的宗教性和伦理性，这种宗教性和伦理性恰恰又是西学中的重要内容。如在论述朱子的理时，卜道成指出"理的四个组成部分其实就是西方心理学家们提出的

---

[①] J. Percy Bruce, "The Theistic Import of the Sung Philosophy," *Journal of the North China of the Royal Asiatic Society*, vol.49 (1918): 111-127.

[②] J. Percy Bruce, *Chu Hsi and his Masters*, 3-4.

[③] Ibid.,212.

意识三阶段，即知、情、意，只是增加了德"[1]。而且"理具有伦理性，因为'盖理则纯粹至善'"。所以，他批评麦格基的将"理"译为fate，因为这个词不具有伦理性。在卜道成看来，理最重要的一点是"具有伦理性"，它是一种"伦理法制"（ethical principle）。[2]因此，他强调要从一个更为广义上去理解将理译成Law。[3]而在论述道时，他更进一步指出这个词尤其能说明理的普遍性和伦理性。但是在英文理却很难找到一个词来表达这方面的含义，比如以前可能的翻译Way、Path、Reason或者Logos，都不足以表达这方面的含义，因此卜道成认为最好的翻译应该是"Moral Order"，也即是讲一种道德秩序。[4]同时，朱子学与佛家、道家的区别也在于其伦理性。佛家强调的是一种轮回，道家是一种形而上的东西，但是朱熹则认为心体万物，"心统性情"，而这种统一性的基础就在于伦理性，不是形而上的。[5]因此，作为全书的结论，卜氏认为："对于朱熹来说，仁是最重要的，仁是宇宙的基础和万物最终的理，是万善之源、德性之根，仁是一切，一切归仁！"[6]

这种以宗教性和伦理性为重要内容的西学格义也体现在其译文中，如在翻译"一阴一阳之谓道。继之者善也。成之者性也"一句时，卜道成将其译为"The alternation of the negative and positive modes is what is termed Moral Law. The law of their succession is goodness; their realization is nature."，并指出这个翻译与之前De Groot《中国的宗教》第10页的翻译"the universal Yin and the universal Yang"是不一样的，强调的是变化。至于为什么"一阴一阳之谓道"，他解释说，从后面的句子可以看出，永不停止的"继之者"不仅是理，更是伦理，是"善"。这种变化导致的结果就是性，即"成之者性也"，因此是善

---

[1] J. Percy Bruce, *Chu Hsi and his Masters*, 116.

[2] Ibid., 117.

[3] Ibid., 119.

[4] Ibid., 163.

[5] Ibid., 253.

[6] Ibid., 319.

的。他进一步指出，后面两句的区别主要在时间上的不同。"继之者善"说的是人出生的时候，但是，不管在什么时候，即使是如文本所说的只有阴阳存在的时候，他们的变化就是道，这个道包含了人性的四德"仁义礼智"。[1]

可见，卜道成认为，朱子学的重点在于对伦理道德和宇宙概念关系的探索，所有问题的终极归结是一与多的问题。由于其特殊身份，卜道成对于有些术语的理解上存在一些值得商榷的地方，比如"魄"和"神"的概念，"苍苍"和"帝"的概念等，这也引起了人们的关注。同为传教士的翟理思（Herbert Allen Giles, 1845-1935）认为卜道成撰写《朱子及其师承》的首要目的是给他翻译的《朱子之人性哲学》进行介绍，其次是向基督徒们阐明朱子人性论的观点。但是，他认为卜道成结论说"对朱子来说最重要的是仁"是对修订后的圣经说"最重要的是慈"的回应，进而重点批评了仁的翻译，指出如果将仁译为love，则很难推翻他的结论。这种love到底是哪一种呢？当然不是父母亲的，也不是孝顺的，更不是异性之间的。至少上帝的爱对于中国人来说是不知道，当然也不会被朱子所接受，因为他宣传上帝是理。同时他也指出理雅各翻译成benevolence也是不对的，因为这个词在圣经里只出现过一次，进而指出应该翻译成charity。[2] 不得不说，翟理思的观点还受到当时传教士们之间的译名之争的影响，主要在探讨几个词的译法问题。

需要指出的是，虽然卜道成站在西方的视角来检视朱子学，但是，作为第一个系统研究和译介朱子学的西方传教士兼汉学家，卜氏通读朱子学著作，文中尽量用朱子学著作的原话去诠释相关的观点，进而也引述一些西方哲学、科学原著进行一种跨时空的格义比

[1] J. Percy Bruce, *The Philosophy of Human Nature* (London, Probsthain & Co., 1922), 56-57.
[2] H. A. Giles, "Review: *Chu Hsi and his Masters* by J. Percy Bruce," *The Journal of the Royal Asiatic Society of Great Britain and Ireland*, No. 3 (Jul.,1924): 459-461.

较，较好地开拓了朱子学在英语世界的传播和研究。正如张新国认为卜道成"返本开新"的解经方法正是西方哲学家从社会学意义上在"语境"下梳理和诠释"语义"方法的有效运用。[1] 如上文翟理思提到的"仁"，还有"敬"他采用的是serious，而不是其他传教士用的reverence等，不得不说这是一种比较客观的对朱子哲学的诠释。又如，对五行"金木水火土"各词的翻译使用的词汇与简单使用metal、wood、water、fire等不同，偏重于带有-eous后缀的词，金Metallic、木Ligneous、水Aqueous、火Igneous[2]，这些词是源于17世纪的拉丁语词汇，均表示的是有这些东西属性的词汇，如牛津词典对Aqueous的解释是"of or containing water, especially as a solvent or medium, like water, watery, Origin mid 17th cent.: from medieval Latin aqueus"。[3] 从五行所代表的含义看，卜氏使用的词汇更为恰当，体现中国哲学和文化精神。有评论指出，虽然朱子语言简单，而且大部分是口语写作，但是作为一名哲学家，相比于哲学术语而言，其用语的语法如何显得不是那么重要，更何况汉语又是那么特殊的一种语言。卜道成长期在中国生活，其《朱子及其师承》给我们很好地呈现了中国思想史，结论是朱子相信并教授有人格神（a conscious God）存在，卜道成认为宋代学者一直在反对当时那种神人同形的观点。[4]

---

[1] 张新国：《论卜道成"返本开新"的解经方法——述评〈朱熹和他的前辈们：朱熹与宋代新儒学导论〉》，载朱子学会编：《朱子学年鉴》，北京：商务印书馆，2013年，第202-208页。[ZHANG Xinguo, "The interpretation methods of Bruce on Chinese classics: a review on *Chu Hsi and his Masters*," in *Zhu zi xue nian jian*, ed. Zhuzi Xuehui (Beijing: The Commercial Press, 2013): 202-208.]

[2] J. Percy Bruce, *The Philosophy of Human Nature*, 92.

[3] 《新牛津英汉双解大词典》，上海：上海外语教育出版社，2007年，第93页。[*The New Oxford Dictionary of English* (Shanghai: Shanghai Foreign Language Education Press, 2007): 93.]

[4] A. C. Moule, "Review: Chu Hsi and his Masters: An Introduction to Chu Hsi and the Sung School of Chinese Philosophy by J. Percy Bruce," *The Journal of Theological Studies*, Vol. 25, No. 99 (APRIL, 1924): 329-331.

## 三、以中西相解翻译朱子人性

1922年，卜道成在麦格基译《朱子全书》49卷近半个世纪之后，节选同一中文底本的第42卷至第48卷进行翻译，取名为《朱子之人性哲学》，成为英语世界第二部朱子学单行本译著。其内容包括，总目为"性理"，下面涉及性命、性、人物之性、气质之性、命、才、心、心性情、定性、情意、志气志意、思虑、道、理、德、仁、仁义、仁义礼智、仁义礼智信、诚、忠信、忠恕、恭敬等章节，全依原文进行排列，并将原文的出处提前标注于译文之前。

卜道成在前言中对翻译本书目的时指出，令人奇怪的是，尽管之前有很多中国经典和中国哲学家被译介到英语世界，但是作为对中国教育影响最广的朱子著作却很少被翻译成英文。这种缺失对于要理解中国人思想的西方学者不得不引起注意，因为他们会发现对于那些具有很高伦理标准的中国经典，在一定程度上其内容很混杂，而且很明显研读那些著作是了解中国人思想一种不可或缺的方式；也必须承认他们会经常感叹中国思想在本质上更加系统和扼要。卜氏认为由于朱子不仅是中国的思想大师也是世界的思想大师，因此其关于人性哲学的讲话和著作就应该让学习哲学和宗教的学生了解，而不仅是一种简单的比较研究。此外，还需仔细研读著作中他的思想和辩证方法，从而实现中西在朱子人性哲学上的相解。为了实现这种相解，卜氏特别注重译文的可读性，这种可读性体现在语言的可读性和信息的丰富性上。

虽然卜道成自己一再强调译文最重要的是正确翻译原作的思想和内容，但是他特别强调要保持英文的简洁性和可读性。因此他在翻译中，采取比较灵活自由的译法，适当地增加一些词语进行意译。例如：

Yung Chih asked: Tho other day, sir, **referring to the passage**, "**If** Virtue fails to overcome the Ether, the Nature and the Decree follow the Ether; **but** if Virtue succeeds in overcoming the Ether, the Nature and the Decree follow Virtue," you said that the word "Decree" is to be interpreted as "to obey a command"; but, at that very time, I happened to read your former reply to P'an Kung Shu, **in which** you argue that the words "Decree" and "Nature" are two terms for the same thing, reading the phrase as the Nature and the Decree; and that it is because of this that **the Philosopher Chang** later on distinguishes the two-the Nature as Heaven's Virtue, and the Decree as Heavens Law.

Answer. And it is so. but the word Decree is some what slighter.

Hsien asked: If you regard the words "Nature" and "Decree" as two substantive words, how do you explain **the particle** which is combined with the terms "Ether and Virtue"? You will surely have to interpret it as meaning that the Nature and the Decree both follow the Ether. or both follow Virtue. as the case may be.

Answer. That is just what Heng Ch'u's text says.[1]

（原文：用之问，德不胜气，性命于气，德胜其气，性命于德。前日见先生说，以性命之命，为听命之命。适见先生旧答潘恭叔书，以命与性字只一般如言性与命也。所以后面分言性天德，命天理。不知如何。曰：也是如此。但命字较轻得些，僩问若将性命作两字看则于气于德字如何地说得来。则当云性命皆由于气由于德始得。曰：横渠文自如此。）

---

[1] J. Percy Bruce, *The Philosophy of Human Nature*, 8-9.黑体为笔者所加，下同。

为了使译文连贯，卜道成增加了一些连接性词汇表达：if、in which等；同时，为了更清楚地表明相关内容，增加了referring to the passage和the philosopher Chang、the particle等词组。又如：**Just now**, sir, in your reply to Yen Shih Heng you said: "The Dictum 'The law of their succession is goodness', in the Great Appendix of the Yi, refers to the time before birth,while Mencius in his dictum refers to the time after birth."① 此句中的just now紧接着上一条，原文为"近观"，这种改译说明译者的语言流畅，注重逻辑顺序。此外，译文中又对于曰的主语，卜道成都加了the philosopher，可见其一方面对朱子哲学的重视，另一方面是对英语连贯和流畅性的一种方法。

关于翻译的实质，卜道成在译本前言中认为与其他中国经典甚至宋代哲学家相比，朱子的语言简洁，但是，语言简洁不等于说其思想很容易掌握。相反，由于原文中有很多俗语，以及有许多其他哲学家的著作，并有大量对一些并非独立问题的答案，要完全理解其实特别困难。更为重要的是，朱子在他的语录中经常认为他的听众应该具有先前的相关背景和知识，这对于后世的读者是不可能的事情。为了尽力还原朱子的哲学思想，他适时地增加副文本注释，用于说明，帮助读者理解。如上文"用之问"一段，为了读者更好理解原文内容，译者在原文中增加了两大段的脚注，一是为了说明引文的出处，从张载的《正蒙》中来；二是为了说明几个词的意义用法，如"于""命"的词性除了现在常见用法外，也可用作动词。因此，在本条的翻译中，译者尽量去按原文的意思进行翻译，并说明朱子就是这样理解张载的原文。还有如一些中文的纪年法"天干""地支"等都进行了详细的注释。

另一方面，卜氏认为英汉两种语言的结构差异很大，许多词在原文中没有但是要完整反映其思想必须在译文中体现，也采取了增

---

① J. Percy Bruce, *The Philosophy of Human Nature*, 124.

词的译法。值得一提的是，译者在增加的部分用斜体或者加括号进行区分，利于读者进行查阅比较。如在翻译"五行一阴阳也，阴阳一太极也"时"The Five Agents resolve into the one negative and the one positive ether; the negative and positive ethers resolve into the one Supreme Ultimate."[①] 其中增加了 resolve into the 并进行斜体标注。而且，在脚注中增加了引文的来源和一些特殊观点的典故或者人物的生平信息。

整体来说，卜道成的译本不像纯粹的一种哲学文本，其语言较为流畅，可读性强，为朱子学在英语读者中的传播提供了便利。这种便利，无疑对西方研究和学习中国哲学思想具有很大的帮助。

## 四、中西差异产生的误读误译

虽然卜道成宣称要尽力去维护和反映朱子及中国哲学的原意，但是终于中西语言文化的差异，以及哲学思想理解的偏差，不可避免地出现一些误读误译。

一方面，这种误读误译体现在对中文字的理解上，如将朱子的重要著作《近思录》译为 *modern thought*[②]，简单地把"近思"误读成了"近代思想"。完全忽略了朱子"近思"二字取自《论语》"博学而笃志，切问而近思，仁在其中矣"。对此，朱熹注释为"四者皆学问思辨之事耳"。[③] 又如：

> I Chuan's four words, "The Nature is Law," are not to be gainsaid; they are really the outcome of subjective investigation. Later teachers only repeat what they have heard from others,

---

[①] J. Percy Bruce, *The Philosophy of Human Nature*, 401.

[②] Ibid., 182.

[③] 朱熹：《四书章句集注》，北京：中华书局，2016年，第190页。[ZHU Xi, *Si shu zhang ju ji zhu* (Beijing: Zhonghua Book Company, 2016), 190]。

without examining into the constitution of their own being, and therefore err in many directions.①

（原文：伊川性即理也四字，颠扑不破。实自己上见得出来，其后诸公只听得便说将去，实不曾就己上见得，多有差处。）

这句里的"诸公"译者自作主张译成teachers，这不符合朱子的原意，他是泛指其他人，"听得便说"也不是heard from others是听得伊川说过的话；而同时"己上见得"是指理解里面的内涵，即性是一种理，所以本句前后两处的译文均没有体现。

另一方面，误读误译体现在对一些字、词、句的理解上。如：

**When we say** that Love pertains to the positive mode, and Righteousness to the negative, the term Love refers to **outgoing activity**, and the term Righteousness to conservation. **On the other hand**, Yang Tzu's saying, "**As actuated by** Love he is weak, as Actuated by Righteousness he is strong," expresses a different idea. The fact is, you cannot say it must be either one or the other; it depends upon **the point of view**.②

（原文：以仁属阳，以义属阴。仁主发动而言，义主收敛而言。若扬子云："于仁也柔，于义也刚。"又自是一义。便是这物事不可一定名之，看他用处如何。）

此句是谈仁，仁作为儒学和朱子学中重要概念，受到不同的重视和解读。为了译文的流畅，译者增加了许多人称的主语，如we、he、you等，为了更合逻辑结构，增加了on the other hand进行衔接，将

---

① J. Percy Bruce, *The Philosophy of Human Nature*, 21.
② Ibid., 388.

"又自是一义"转换清楚表达。但是，译文将"发动"译为outgoing activity，"看他用处如何"译为the point of view误读了朱子的观点。"发动""已发"和"未发"都是朱子学中的重要概念，其中的"未发""已发"最早见于《中庸》，"喜怒哀乐之未发，谓之中；发而皆中节谓之和"[1]。用于说明情感和情绪所能体验的两个状态。而outgoing activity没有体现出那种情感和人性的特征。同样，the point of view只是强调了观点的不一致，没有将其发后的用处说出来，也是不当的。

再如，对"四端"的翻译，有时采取的是the Four Terminals，有时用的是the Four Principles。[2]一方面反映了作者对四端的认识不是很清楚，不管是terminals还是principles都没有体现出作为哲学意义上的概念。四端起源于孟子的"恻隐之心，仁之端也；羞恶之心，义之端也；辞让之心，礼之端也；是非之心，智之端也"[3]。而terminals的意思更具有终点的意思，principles则更为强调的是一种规范，一种道德。又如：

On being asked **a question** with regard to the chapter on Virtue failing to overcome the Ether, **the Philosopher** replied: What Chang Tzu says is that the Nature and the Ether both flow down from above. If, however, the Virtue **in me** is not **adequate** to overcome the etherial element, then there is no more than a capacity to receive the Ether which Heaven imparts to me. But if this Virtue is adequate to overcome the etherial element, then what I receive of **Heaven's** endowment is wholly Virtue. **If**, therefore, **there is** "the exhaustive investigation of

[1] 朱熹：《四书章句集注》，第18页。
[2] J. Percy Bruce, *The Philosophy of Human Nature*, 400.
[3] 朱熹：《四书章句集注》，第239页。

principles" with "the complete development of the Nature",
what I receive is wholly Heaven's Virtue, and what He bestows
upon me is wholly Heaven's Law. Of the etherial element
the only things which cannot be changed are life and death,
longevity and brevity of life; for life and death, longevity and
brevity of life, with poverty and wealth, these return to **Him** as
the etherial element. **On the other hand**, the things spoken of
by Mencius when he says, "Righteousness as between sovereign
and minister, and Love as between father and son, these things
are the Decree, but there is also the Nature; the noble man
does not say with reference to them 'They are decreed'", these
must all proceed from myself and not from Him.[1]

（原文：问德不胜气一章。曰。张子只是说性与气
皆从上面流下来。自家之德若不能有以胜其气。则只是
承当得他那所赋之气。若是德有以胜其气。则我之所
以受其赋予者皆德。故穷理尽性。则我之所受皆天之
德。其所以赋予我者皆天之理。气之不可变者。惟死生
修夭而已。盖死生修夭。富贵贫贱。这却还他气。至义
之于君臣。仁之于父子。所谓命也有性焉。君子不谓命
也。这个却须由我不由他了。）

卜道成对故"穷理尽性"这一句的用脚注解释是张载引自《易
经》，其译文也是转自理雅各的《中国经典》，对后面what I receive
脚注是性，what He脚注是命。事实上，这句在《易经》里完整的说
法是"穷理尽性至于命"而在《正蒙》里这句后面是"穷理尽性，则
性天德，命天理，气之不可变者，独死生修夭而已"。重点要说的是

---

[1] J. Percy Bruce, *The Philosophy of Human Nature*, 10.

性与命的区别，朱熹这里加上"我之所受""其所以赋予我者"是说的两种"气"。所以后面说"气之不可变者""还他气"。对此，素有理学字典之称的《北溪字义》里解释："此等命字，皆是专指理而言。"而"贫富贵贱、夭寿福祸，死生有命是乃就受气之短长厚薄不齐上论"[①]。而对于"仁之于父子，义之于君臣，命也之命，是又就禀气之清浊不齐上论"[②]。因此卜氏的这段译文，误译了朱子的思想。首先，为什么是a question？原文是问这一章，应该是对这一章的理解。然后，将：自家之德：译为virtue in me，"其"和"他"都已成了He或者him，从而形成了一种"我"与"他"的对立，似有不妥，但是"有以"译为adequate符合英文习惯，非常自然。其次，对"故穷理尽性"增加if这样的词来表示一种假设，更是不妥。因为，对于朱子来说，"穷理尽性"是他接受并宣扬的观点，就是因为"穷理尽性至于命"，所以说："我之所受皆天之德，其所以赋予我者皆天之理。"这些在朱熹看来都是"理"，而"理不外乎气"。"死生修夭，富贵贫贱"这个气是受气之长短，也是所谓"天命"是无法更改的，但是"义之于君臣，仁之于父子"这个是气的清浊，是可以自己努力实现的，也就是"由我不由他"了。因此，译为these return to Him as the etherial element和these must all proceed from myself and not from Him均是不恰当的。

凡此种种，或许正如译者自己所坦言在翻译中遇到一系列新的困难。首先，翻译的困难会出现在对其他哲学家著作的引述中，有时引述其他哲学家的话经常会在不同语境下重复，如果没有对表达和连续性进行解读，以此为基础的观点就会很模糊和令人困惑。其次，翻译的困难来自同一段话可能在不同场合使用，有时候甚至在句子中间使用，要正确诠释和保持这些话的连续性简直就是译者的梦魇。而且，

---

[①] 陈淳：《北溪字义》，北京：中华书局，1983年，第1页。[CHEN Chun, *Bei xi zi yi* (Beijing: Zhonghua Book Company, 1983), 1.]

[②] 同上，第2页。

观点和引文正确在很大程度上每个词也是正确的。然而，中文的字在很多情况下与英文单词并不对等，而且很多观点经常是同一个字，但是如果将那个字对应的每个变化情况都变换词语和采取不同的解释，其观点就会变得不准确。[①] 因此，陈荣捷在对其译文进行评价时也说"不无错误"[②]。

## 五、结语

作为一名在中国生活、传教、办学近40年的英国早期汉学家，卜道成深入了解中国文化，研习中国语言，深悟中国哲学奥妙，试图以中国哲学语言来诠释中国哲学。他一方面对传教士们的朱子学诠释和翻译进行批评，指出之前的翻译主要在探索朱子的宇宙观，而不是哲学；另一方面，卜道成积极译介朱子学，强调了朱子思想也是世界思想，要了解中国就必须了解其思想，特别是了解中国人的人性思想，开启了英语世界系统研究朱子学的先河。无论哪一方面，对于朱子学和中国哲学在海外的传播都具有积极意义。尤其是他跳出了之前"碎片化"译介朱子学的圈子，将朱熹置于他所处的时代背景和所接续的师承关系中，从历史视角较为全面地诠释和传播了中国思想家的人性思想。

卜氏在诠释和翻译朱子学时，结合自己的文化背景，对中西哲学进行格义和比较，侧重讨论朱子的人性哲学，试图在中西文化间寻求一定的共性，尽力以简单流畅的英文进行译介，强调译文的可读性。当其译本出版后，英国汉学家阿瑟·韦利（Arthur David Waley, 1889-1966）以"宋代哲学"为题在《泰晤士报文学副刊》上撰文推介卜道成对朱子哲学译本《朱子之人性哲学》，并给予了非常高的评价。韦

---

[①] J. Percy Bruce, *The Philosophy of Human Nature*, xii-xiii.
[②] 陈荣捷：《朱学论集》，第280页。

利认为该译本是首部最认真和详细地对宋代哲学向欧洲的译介，完全超越了诸如贾斯达（Le Gall）[1]等人的著作，他的译文仔细和准确，他的翻译经历千辛万苦，虽然有些阐释存在质疑，但赢得了研究中国思想学者的尊重。[2] 的确，在当前中国文化"走出去"的背景下，卜道成长期在华传教和创办教育经历、对中西两种文化和人性的深入比较和思考、以英语读者为目标的朱子学诠释路径值得学人们关注和借鉴。

---

[1] 笔者注：Stanislas Le Gall（1858-1916）耶稣会神父，汉语名贾斯达，曾在中国传教，撰写过《朱熹的哲学及其影响》（*LE PHILOSOPHE TCHOU HI: Sa Doctrine Son Influence*），1894年上海土山湾印书馆出版。

[2] Arthur David Waley and Waley (AKA), "Sung Philosophy," *The Times Literary Supplement*, 16 Nov. (1922): 747. The Times Literary Supplement Historical Archive, [EB/OL][2019-11-14]. https://link.gale.com/apps/doc/EX1200203906/GDCS?u=nankai&sid=GDCS&xid=68dbfbd3.

# 参考文献 [Bibliography]

## 西文文献 [Works in Western Languages]

Bruce, J. Percy. "The Theistic Import of the Sung Philosophy." *Journal of the North China of the Royal Asiatic Society*, vol. 49 (1918): 111-127.

————. *The Philosophy of Human Nature*. London: Probsthain & Co., 1922.

————. *Chu Hsi and his Masters: An Introduction to Chu Hsi and the Sung School of Chinese Philosophy*. London: Probsthain & Co., 1923.

Giles, H. A. "Review: *Chu Hsi and his Masters* by J. Percy Bruce." *The Journal of the Royal Asiatic Society of Great Britain and Ireland*, No. 3 (1924): 459-461.

Moule, A. C. "Review: *Chu Hsi and his Masters: An Introduction to Chu Hsi and the Sung School of Chinese Philosophy* by J. Percy Bruce." *The Journal of Theological Studies*, Vol. 25, No. 99 (1924): 329-331.

Waley, Arthur David and Waley (AKA). "Sung Philosophy." *The Times Literary Supplement*, 16 (1922): 747. The Times Literary Supplement Historical Archive,[EB/OL].[2019-11-14]. https://link.gale.com/apps/doc/EX1200203906/GDCS?u=nankai&sid=GDCS&xid=68dbfbd3.

## 中文文献 [Works in Chinese]

《新牛津英汉双解大词典》，上海：上海外语教育出版社，2007年。[*The New Oxford Dictionary of English*. Shanghai: Shanghai Foreign Language Education Press, 2007.]

[英]卜道成：《外国人眼中的中国人：朱熹》，张晓霞、张洪译，上海：东方出版社，2014年。[Bruce, J. Percy. *Chu Hsi and his Masters: An Introduction to Chu Hsi and the Sung School of Chinese Philosophy*. Translated by ZHANG Xiaoxia and ZHANG Hong. Shanghai: East Press, 2014.]

[英]卜道成：《朱熹和他的前辈们——朱熹与宋代新儒学导论》，谢晓东译，厦门：厦门大学出版社，2010年。[Bruce, J. Percy. *Chu Hsi and his Masters: An Introduction to Chu Hsi and the Sung School of Chinese Philosophy*. Translated by XIE Xiaodong. Xiamen: Xiameng University Press, 2010.]

陈淳：《北溪字义》，北京：中华书局，1983年。[CHEN Chun. *Bei xi zi yi*. Beijing: Zhonghua Book Company, 1983.]

陈荣捷：《朱学论集》，上海：华东师范大学出版社，2007年。[CHEN Rongjie. *Zhu xue lun ji*. Shanghai: East China Normal University 2007.]

程利田：《朱子学在海外的传播》，福州：海峡文艺出版社，2016年。[CHEN Litian. *The Communication of Neo-Confucianism in Overseas*. Fuzhou: Haixia Wen Yi Chubanshe, 2016.]

赖文斌：《"理"屈且词穷：麦格基与第一部朱子文献英译本》，《中国翻译》，2020年第3期，第49-58页。[LAI Wenbin. "McClatchie and the Earliest English Translation of Neo-Confucianism." *Chinese Translators Journal*, no.3 (2020): 49-58.]

张品端：《朱子学在海外的传播与影响》，北京：中国社会科学出版社，2019年。[ZHANG Pinduan. *The Communication and Influence of Neo-Confucianism in Overseas*. Beijing: China Social Science Press, 2019.]

张新国：《论卜道成"返本开新"的解经方法——述评〈朱熹和他的前辈们：朱熹与宋代新儒学导论〉》，载朱子学会编：《朱子学年鉴》，北京：商务印书馆，2013年，第202-208页。[ZHANG Xinguo. "The interpretation methods of Bruce on Chinese clas-sics: a review on *Chu Hsi and his Masters*." In *Zhu zi xue nian jian*. Edited by Zhuzi Xuehui, 202-208. Beijing: The Commercial Press, 2013.]

朱熹：《四书章句集注》，北京：中华书局，2016。[ZHU Xi. *Si shu zhang ju ji zhu*. Beijing: Zhonghua Book Company, 2016.]

# 四、化通玄理：
## 基督教与社会、伦理问题研究

IV. Hua Tong Xuan Li:
　　　Study of Christianity,
　　　Society and Ethics

基督教文化学刊

Journal for the Study of Christian Culture

# 体育重塑基督精神

## ——"强健的基督徒"运动的源起、发展以及影响（1840-1920）

# Sport Reshapes the Christian Spirit: The Origin, Development and Influence of the "Muscular Christian" Movement (1840-1920)

霍传颂

Huo Chuansong

**作者简介**

霍传颂，成都体育学院外国语学院讲师。

**Introduction to the author**

HUO Chuansong, Lecturer, School of Foreign Languages, Chengdu Sport University.

Email: 77175616@qq.com

# Abstract

The "Muscular Christian" movement emerged in the mid-19th century as a religious and cultural movement in certain Western countries that sought to instill Christian moral values through sports. This movement essentially resulted from the combination of the Christian perspective on the human body and the demands of capitalist industrialization. Objectively, it contributed to the development and globalization of modern sports, ultimately leading to the ascendance of Anglo nations.

This paper traces the historical background and evolution of the Muscular Christianity movement and its influence on modern sports. It aims to explore the foundational role of sports at the spiritual and cultural levels, and contends that sports serve as a means of positively disciplining individuals, strengthening cultural *Beliefs*, enhancing personality, fortifying willpower, nurturing social responsibility, and fostering patriotism.

Through an examination of the philosophical underpinnings of Muscular Christianity, this paper elucidates the role of sports in bolstering a nation's physical and mental prowess. It asserts the constructive significance and historical value of sports within the context of the Chinese nation's resurgence, grounded in philosophical ideas and spiritual culture.

Keywords: Christianity, "Muscular Christian", modern sport

# 一、绪论

"强健的基督徒"（Muscular Christian）运动是兴起于19世纪中期的一场宗教文化运动。这个词来源于T. S. 桑德斯（T. S. Sanders）为小说《两年前》*Two Years Ago*所撰写的书评。该运动发轫于英国而鼎盛于美国，其目的是培养符合资本主义新道德的基督徒，客观上促进了现代体育运动的发展。J. A. 曼根（J. A. Mangan）认为，基督教之所以成为普世宗教，很大程度上是由于"强健的基督徒"运动和现代体育的流行。[1]

国外学界对该领域研究相对较多，主要致力于梳理"强健的基督徒"运动的历史发展及探索其对基督教道德、男性气质、爱国主义生成和基督教文化全球传播的促进意义。哈尔（Hall, 2006）对身体作为社会政治冲突场所的批判性辩论，认为"强健的基督徒"运动是维多利亚时代性别、阶级和民族认同问题的核心。[2] 曼根（Mangan, 2006）探讨了19世纪中期英国公学"竞技伦理"倡导者的理念：强壮的身体是一种教化的工具；比赛是一种精神感应的手段，确保了身体"精神力"的生长。[3] 马卡龙（Macaloon, 2009）关注"强健的基督徒"精神对西方现代公民社会及其殖民地的巨大影响，论证了该运动在整个基督教文化历史中的必要性。[4] 莫尼（Mauney, 2011）强调维多利亚时代对健康和

---

[1] J. A Mangan, *The Games Ethic and Imperialism: Aspects of the Diffusion of an Ideal* (London: Routledge, 1998), 23.

[2] Donald E. Hall, *Muscular Christianity: Embodying the Victorian Age* (Cambridge: Cambridge University Press, 2006), 18.

[3] J.A. Mangan, "Christ and the Imperial Playing Fields: Thomas Hughes's Ideological Heirs in Empire," *The International Journal of the History of Sport* 23, no.8 (2006): 800.

[4] John J. Macaloon, *Muscular Christianity and the Colonial and Post-Colonial World (Sport in the Global Society)* (London: Routledge, 2009), 62.

秩序的重视延伸到体育联赛和国际比赛中，通过体育影响了基督教的传播，认为肉体和精神在体育运动中并存、延续。[1] 帕克和华生（Parker & Watson, 2012）考察了新教教会在体育发展中的形成和创新作用，旨在明确英国维多利亚时期以来基督教与体育的关系。[2] 布莱泽（Blazer, 2019）通过追溯体育将竞技与宗教拯救愿景结合的努力，认为体育比赛所带来的痛苦可以与上帝利用痛苦与人类沟通的福音神学相一致。[3] 普特尼（Putney, 2003）从性别、宗教和美国文化的最新史学中汲取了见解，展示了健康改革者塑造美国人生活的持久制度的方式。[4]

国内学者针对"强健的基督徒"运动的研究则相对匮乏，主要以探讨基督教青年会对于中国近代体育的形成和发展以及身体对于民族意识和国家认同形成的推动作用为主。赵晓阳（2003）[5]、张慧杰（2015，2017）[6]、徐京朝等（2014）[7] 系统考察了教会教育机构、基督教青年会在近代中国的体育社会实践，[8] 尤其在现代体育的概念引

---

[1] Jessie Mauney, "Sport and Spirituality: The influence of 'muscular Christianity' on the spirituality of modern athletes," 2011, https://www.academia.edu/8018458/Sport_and_Spirituality_The_influence_of_muscular_Christianity_on_the_spirituality_of_modern_athletes (assessed on August 27, 2020).

[2] Andrew Parker, Nick J. Watson, "Sport, Spirituality and Religion: Muscular Christianity and Beyond," 2012, https://www.biblesociety.org.uk/uploads/content/bible_in_transmission/files/2012_spring/BiT_Spring_2012_Park_and_Weir.pdf (assessed on August 27, 2020).

[3] Annie Blazer, "An Invitation to Suffer: Evangelicals and Sports Ministry in the U.S.," *Religions*, no. 10 (2019): 638.

[4] Clifford Putney, *Muscular Christianity: Manhood and Sports in Protestant America, 1880-1920* (Boston: Harvard University Press, 2003), 5.

[5] 赵晓阳：《强健之路：基督教青年会对近代中国体育的历史贡献》，《南京体育学院学报》，2003年第2期，第9-12页。[ZHAO Xiaoyang, "Healthy Road: Historical Contribution of Young Men's Christian Association of China to Modern Physical Culture in China," *Journal of Nanjing Institute of Physical Education*, no.2 (2003): 9-12.]

[6] Huijie Zhang, et al, *Christianity and the Transformation of Physical Education and Sport in China* (London: Routledge, 2017), 13.

[7] 徐京朝、李传奇：《基督教青年会对中国体育发展的贡献考述》，《西安体育学院学报》，2014年第2期，第207-210页。[XU Jingchao, LI Chuanqi, "YMCA's Contribution to the Development of Chinese Sports," *Journal of Xi'an Physical Education University*, no.2 (2014): 207-211.]

[8] Huijie Zhang, "Christianity and the Rise of Western Physical Education and Sport in Modern China, 1840–1920s," *The International Journal of the History of Sport* 32, no.8 (2015): 1121-1126.

入中国、完成从基督教福音的工具发展成为中华民族建构的工具方面做了专门研究。李艳华是国内学者中针对与此相关的议题研究较多的，最早（2008）探索了基督教与现代奥林匹克的关系，认为奥林匹克运动是基督教普世教化的一种载体。<sup>①</sup> 其博士论文（2009）探讨了基督教对于现代奥林匹克的文化推动作用，提及了"强健的基督徒"运动，但并未做出专门的、深入的探讨。<sup>②</sup> 之后（2013）深入挖掘欧洲宗教改革所蕴含的身体观和体育观，并在此基础上探寻宗教改革与西方早期体育的关系。<sup>③</sup> 近期研究（2017）认为新教伦理强调灵肉间存在着对立统一关系，该理念为体育健身提供了理论基础，并促进了体育活动的蓬发。<sup>④</sup>

"强健的基督徒"运动是新的宗教身体观与资本主义工业化、世俗化诉求相结合的历史产物。它以体育促进信仰和道德的塑造，使体育肩负起崇高的宗教和国家使命，打下体育世俗化的基础。该运动是研究西方体育必须重视的一个文化现象。宾夕法尼亚大学教授约翰·A·卢卡斯（John A. Lucas）讲道："若不了解19世纪维多利亚时代的'强健的基督徒'，那么就绝对不可能对西方的体育哲学有一个完好的认识。"<sup>⑤</sup> 但在国内学界，无论宗教文化领域还是体育文化领域，

---

① 李艳华、孙刚：《基督教伦理与奥林匹克精神》，《北京体育大学学报》，2008年第11期，第1457-1460页。[LI Yanhua, SUN Gang, "Christian Ethnics and Olympic Spirits," *Journal of Beijing Sport University*, no.11(2008): 1457-1460.]

② 李艳华：《现代奥林匹克运动与基督教》，北京体育大学2009年博士论文。[LI Yanhua, *Olympic Movement and Christianity* (Doctoral Dissertation, Beijing Sport University, 2009).]

③ 李艳华：《宗教改革与西方早期体育》，《北京体育大学学报》，2013年第7期，第52-57页。[LI Yanhua, "Reformation and Western Early Sports," *Journal of Beijing Sport University*, no.7(2013): 52-57.]

④ 李艳华：《论新教伦理中的身体观》，《体育科技》，2017年第1期，第47-48页。[LI Yanhua, "Body View of the Protestant Ethic," *Sport Science and Technology*, no.1(2017): 47-48.]

⑤ John A. Lucas, "Victorian 'Muscular Christianity': Prologue to the Olympic Games Philosophy," *Olympic Review*, no.97-98(1975): 456.

针对该议题都尚未有专门的、系统的研究。本文旨在通过"强健的基督徒"运动的源起、发展以及影响和意义的梳理研究，展示该运动对于基督教的全球传播和现代体育的兴起与发展的重要历史价值，探索人类文化中"宗教与体育"之间深刻的内在联系。

## 二、从神圣到世俗：身体观的演进与身体道德的重构

### （一）身体观的演进与资本主义时代诉求

基督教对其核心哲学的阐释——灵魂与肉体的关系延承了希腊古典哲学。早期的基督徒为使基督教在罗马帝国取得合法地位、吸引更多的知识分子，吸取了希腊哲学，特别是柏拉图主义思想。[1]古希腊人有着悠久的身体训练传统，但柏拉图等人却发展出了重视灵魂追求而轻视肉体欲望的哲学。中世纪奥古斯丁在此基础上提出了新的灵—肉二元论。出于维护肉身复活的教义的考虑，奥古斯丁并未将肉体视作灵魂的坟墓，而是将其看作灵魂的运动场所。[2]在中世纪的基督教主流观念中，尽管"肉身的欲望"被否定，身体的合法性却得以保留，并由此衍生"身体奉献上帝"的观念，这就为后来以身体运动荣耀上帝保留了可能性，进而为近代欧洲身体观的转向埋下了火种。[3]

文艺复兴时期，人们开始关注"现世"，"人"的核心价值得到推崇。人文主义学者开始重新思考身体之于灵魂和救赎当中的哲学定

---

① 汪聂才：《新柏拉图主义对奥古斯丁灵魂思想的影响》，《现代哲学》，2011年第7期，第65-71页。[WANG Niecai, "The Influence of Neo Platonism on Augustine's Soul Thought," *Modern Philosophy*, no.7(2011): 65-71.]

② 郑胜男：《奥古斯丁灵魂思想研究》，黑龙江大学2014年硕士论文，第18-21页。[ZHENG Shengnan, "On Augustine's Soul Thought" (Master thesis, Heilongjiang University, 2014), 18-21.]

③ 方方、张晓华：《神圣与世俗之间的身体：以体育运动为视角的中世纪基督教身体观研究》，《社会科学战线》，2018年第3期，第237-241页。[FANG Fang, ZHANG Xiaohua, "The body between Sacred and Secular: A Study of Medieval Christian Body View from the Perspective of Sports," *Social Science Front*, no.3(2018): 237-241.]

位：身体状况的好坏决定了灵魂的品质，人应该通过身体锻炼来塑造品质①，尤维纳利斯（Decimus Junius Juvenalis）的名言"健全的精神寓于健全的身体"重新流行起来。意大利学者维多里诺（Vittorino da Feltre）开办了名为"体操宫"的学校，并指出身体活动之于灵魂教育的重要意义。②宗教改革时期，人的地位和身体价值得到进一步肯定。新教通过对灵—肉关系的重新阐释，提出了"灵肉一致论"，破除了肉体是负面存在之笃信，明确了身心并行、灵肉并完的事实。③这种认识发挥了重要影响，推动对身体健康与健身行为的认可和褒扬，奠定了西方现代身体哲学和体育观念的基础。

尽管如此，基督教仍然秉持灵魂重于身体的哲学理念。19世纪以前，基督教始终缺乏一种将信仰与健康相关联的哲学。许多基督徒认为，在生产目的之外进行的身体活动是一种挥霍，这种态度在清教徒反对英王詹姆斯一世（King James I）颁布的《体育之书》（*Book of Sports*）中，体现得尤为明显。④直到维多利亚时代，新道德秉承了注重现世的理念；完成现世的任务，成为人的"天职"。马克思·韦伯指出，这种"天职"是上帝要每个人尽力完成它赋予的相应的义务和责任，包括对待身体上的天赋。对"天职"负有责任，正是资本主义伦理的典型体现，也是资本主义精神文化的根基。社会的快速变革和对外扩张的需求催生了对健康、虔诚、自律、勇敢和爱国的道德诉

---

① Robert A. Mechikoff, *A History and Philosophy of Sport and Physical Education: From Ancient Civilizations to the Modern World* (5th edition) (New York: McGraw-hill Companies, 2010), 131.

② [日]今村嘉雄：《欧美体育史（第1分册）》，成都体育学院译，1974年（未公开出版），第67-70页。[Yoshio Imamura, *History of European and American sports, Volume 1*, trans. Chengdu Sport University, 1974 (not formally published), 67-70.]

③ 耿家先等：《宗教改革时期的灵肉一致观及其对体育的影响》，《河北体育学院学报》，2014年第2期，第26-29页。[GENG Jiaxian, et al. "The Combination of Soul and Body Idea's Impact on Physical Education During the Time of Religious Reformation," *Journal of Hebei Institute of Physical Education*, no.2(2014): 26-29.]

④ [德]马克思·韦伯：《新教伦理与资本主义精神》，李春香译，北京：中国工人出版社，2018年，第157页。[Max Weber, *Protestant Ethics and the Spirit of Capitalism*, trans. LI Chunxiang (Beijing: China Workers Publishing House, 2018), 157.]

求，进而对那个时代的男性气质提出了新的定义。

新道德的诉求无疑使身体与信仰的关系发生转向，身体活动不再仅仅是促进灵魂修行，而是完成"天职"。这更加要求人们通过强健体魄而锤炼资本主义发展所需的新品质。然而，这样的精神诉求却与资本主义发展的现实产生了冲突。工业革命时期，男性从田地走向工厂，意味着男性远离自然界原始野性的元素而变得日益柔弱，导致男性气质的危机。这种"文明的负效应"的现象致使健康与信仰的割裂。更严重的是，男性在家庭生活中的缺失，使青少年教育中充斥了女性的阴柔，造成了文化的女性化。美国前总统西奥多·罗斯福（Theodore Roosevelt）曾提道到：这样一个"娘娘腔"和多愁善感的时代，如何能实现国家的理想？这种现实，与"天职"诉求相去甚远。[①]19世纪中期，英国教会过分女性化倾向使得基督教充斥着阴柔气质，其形象无法与资本主义充满活力、锐意进取的时代精神相联系，也不符合维多利亚时期的道德诉求。

### （二）阳刚体魄：对身体道德的重构

在如此背景下，锐意改革的基督徒无法容忍这种充斥着女性气质的宗教氛围。打造适应资本主义精神诉求的新道德，完成上帝赋予的"天职"，首先要从改变基督教缺乏阳刚之气的现状开始。在《论拳击》（*On Boxing*）一书中，奥茨（Joyce Carol Oates）写道："男人的阳刚之气取决于他对自己身体的运用。基督教对身体文化强调的缺失是其难以吸引坚毅而强健的男性的因素。"[②] 于是基督教开始重构身体和信仰的联系。通过肯定身体存在、培养强健体魄，以使基督教变得更"阳刚"，使信仰成为以蓬勃活力和务实为导向的文化，以期教会呈现出孔武有力的风格，于是发起了著名的"强健的基督徒"运动。

---

[①] Brett and Kate McKay, *Muscular Christianity: Its History and Lasting Effects*, 2018, https://www.artofmanliness.com/articles/when-christianity-was-muscular/ (assessed on August 27, 2020).

[②] Joyce Carol Oates, *On Boxing* (Harper Perennial Modern Classics, 2006), 16.

历史学家克里福德·普特尼（Clifford Putney）在著作中将"强健的基督徒"定义为"一种基督教对健康和阳刚的承诺"。它强调体育运动与基督信仰之间相辅相成的关系，认为通过体育运动塑造强健的体格可更好地荣耀上帝、活出基督的真义。[1]"强健的基督徒"通过对身体信仰的建构，实现了将体魄的强健与敬仰上帝、完成福音之间的逻辑联系，成了基督教"灵肉合一"的标签。身体强健成为"强健的基督徒"的核心哲学，身体训练被认为将为基督徒的社会服务提供必备的体能，更为了使身体成为向善的有效工具，用"野蛮的身体来推进文明的理想"。[2]法国文化学家乔治·赫伯特（Georges Hebert）将这种理念描述为"强壮而有用"。[3]

牧师詹姆斯·艾萨克·万斯（James Isaac Vance）在其专著中说道："《新约》……现在迫切地需要身体来寻求品质的养成；如果教育中缺失了身体，就不可能达成强壮的男子气概。"[4]对于"强健的基督徒"来说，新的身体哲学就是道德力量和身体力量的关联：通过身体力量的训练成就道德力量和优良品质、对身体自律的养成以锤炼抵制诱惑的精神力。这也正是基督教的经典教义在这个时期的一种方法论上的转变。同时"强健的基督徒"认为，体育运动会为过剩的体能提供一种合理的、道德的排遣方式，是养成良好品格的绝佳工具，在参与过程中教授人们公平竞赛、克制自律、坚韧等品质，这一切与新兴资本主义对人的时代诉求完全契合。事实证明，参与体育比赛是一种学习合作和其他价值观的有效手段。

"野蛮的绅士"（Gentleman Barbarians）是"强健的基督徒"提出的新理念，旨在锤炼基督徒的尚武精神。帕克（Parker）和华生（Weir）指出，"强健的基督徒"与无信仰的"肌肉男"的区别就在

[1] 李艳华：《现代奥林匹克运动与基督教》，第24-26页。

[2] Clifford Putney, *Muscular Christianity: Manhood and Sports in Protestant America, 1880-1920*, 74-75.

[3] Ibid.,15.

[4] James Isaac Vance, *Royal Manhood* (Chicago: New York Fleming H. Revell Co., 1899), 68.

于，前者认为上帝赐予男人的身体就是用以训练并保护弱者和促进正义事业。[1]"野蛮的绅士"将男子气概与基督教精神连接起来，培养身体力量和引导向善的动力。在这个理念中，体育对于锤炼男性气质有着无与伦比的功能。"强健的基督徒"希冀年轻男性可以通过体育铸就荣誉感和集体意识，培养进取心和忍受痛苦的能力，以使在激烈的商业和政治角逐中保持旺盛的精力，并为潜在的战争做好准备。詹姆斯（James）指出，体育等同于战争，是一种在和平时期保持阳刚之气和尚武精神的方式。金斯利（Kingsley）和休斯（Hughes）将"强健的基督徒"的地位提升至国家高度，认为"教会应成为大英帝国的好帮手，寻求用坚忍不拔和勇武有力来武装教会"[2]。美国罗斯福总统坚信"拥有崇高信仰并能为之战斗的人比只有理想而无力战斗的人更受尊重"，政治家亨利·卡波特·洛奇（Henry Cabot Lodge）也提出，"体育赛场上会带来伤痛，而忍受伤痛正是说英语的民族成为世界征服者所必须付出的代价。"[3]

对虚弱身体的谴责，也构建了"强健的基督徒"的哲学版图。19世纪美国历史学家莫斯·考特·泰勒（Moses Coit Tyler）曾论道："既然我们身体的每一个部分都是上帝的神圣礼物，那么忽视、滥用身体，任由身体变得瘦弱、虚弱、多病、畸形的人，就对上帝犯了罪。"[4]Tyler进一步提出了一个成为信条的名言：可达成的健康是责任，可避免的疾病是罪恶（All Attainable Health Is A Duty. All Avoidable Sickness Is

[1] Nick J. Watson, Andrew Parker, "Muscular Christianity and Sports Ministry," in *Sport and the Christian Religion: A Systematic Review of Literature*, ed. Nick J. Watson (Cambridge: Cambridge Scholars Publishing, 2014), 44-62.

[2] Clifford Putney, *Muscular Christianity: Manhood and Sports in Protestant America, 1880-1920*, 48.

[3] Kristin Hoganson, *Fighting for American Manhood* (New Haven: Yale University Press, 2000), 37.

[4] Brett and Kate McKay, *Muscular Christianity: The Relationship Between Men and Faith*, 152.

[5] William J. Baker, *Playing with God: Religion and Modern Sport* (Boston: Harvard University Press, 2007), 38.

A Sin）。⑤然而"强健的基督徒"也认为，一个健康的身体是所有正常人都应该努力追求的理想，同时也承认良好的健康并不总是在个人的控制范围内，也并不是救赎的先决条件。良好体能或活力本身并没有获得上帝的特别眷顾，但却可以使身体更好地准备好履行使命。①

## 三、身体到精神的规训："强健的基督徒"运动的发展

詹金·L·琼斯（Jenkin L. Jones）说道："耶稣不会受感于阴柔缥缈的事物，而更倾向于一种精力充沛的虔诚，一种脚踏实地的信仰。"②布莱特和凯特（Brett& Kate）指出"强健的基督徒"的两个目的：增加人们对健康和信仰的承诺；体育运动的工具性帮助男性重拾阳刚之气，通过强健体魄来重振基督精神。③在如此的精神和资本主义的共同驱动下，"强健的基督徒"推动了体育在19世纪的现代化进程。托尼·拉德（Tony Ladd）和詹姆斯·马蒂森（James Mathisen）将其归纳为四种模式：古典模式、福音模式、基督教青年会模式和奥林匹克模式。④至少这四种模式中的三种：古典模式、青年会模式和奥林匹克模式对体育所产生的影响力一直延伸到今日。

### （一）古典理念的复兴：体育运动融入精英教育

复兴古典理念，体育融于教育，可以说是从"强健的基督徒"运动演变而来的最重要的成果。⑤19世纪50年代后期，"强健的基督

---

① Brett and Kate McKay, *Muscular Christianity: The Relationship Between Men and Faith*, 16.

② Jenkin L. Jones, *The Manliness of Christ* (Unity Short Tracts, 1903), 9.

③ Brett and Kate McKay, *Muscular Christianity: The Relationship Between Men and Faith*, 22.

④ Tony Ladd, James A. Mathisen, *Muscular Christianity: Evangelical Protestants and the Development of American Sport* (Baker Books, 1999), 18.

⑤ Nick J. Watson, "The Development of Muscular Christianity in Victorian Britain and Beyond," *Journal of Religion and Society*, no.7(2005): 1-21.

徒"成为英美公学教育的一个组成部分，主要基于金斯利（Kingsley）和休斯（Hughes）的体育思想和社会实践理念。① 其最初动力是促进基督教新道德，以培养未来工业社会政治领袖的品格。阿宾汉姆公学校长爱德华·斯特林（Edward Thring）总结了这一点："学校的全部努力都应该致力于将男孩培养成有男子气概，真诚、实在的男人。"②

在"强健的基督徒"运动影响下，体育课程体系逐渐在各个公学设立起来。课程起初以体育与神学相结合，如"体育与灵性""体育之魂""体育的灵魂与道德维度"③，后逐渐延至神学范畴之外④。有一个论点是：19世纪中叶，体育活动通过英国公学从松散的消遣转变为有组织、有条理的比赛。这种转变主要是由这些机构的理念转向引发的，特别是拉格比公学校长阿诺德（Thomas Arnold）的工作。⑤ 尽管英国公立学校在19世纪早期表现出广泛的威信，但它们普遍缺失的是领导力和秩序感，多有学生酗酒、打架斗殴的现象。这是阿诺德在1828年就任时试图解决的问题。阿诺德改革的核心是把普通青年转变为"基督教绅士"。他积极支持在课间及课外开展体育活动，特别是竞技比赛，并驱使学生进行自我组织和管理。其他学校的校长也纷纷效仿，使得英国公学不仅从学校体育方面推动了体育的组织化发展，是英国体育走上强盛之路的发端。⑥

这个运动对美国也产生了重大影响。健康改革家希金森（Thomas Higginson）在1858年发表的文章中认为健全的身心使得中产阶级白人能够在商业和社会中抓住机会，可以帮助他们在这个年轻民主的社

---

① Nick J. Watson, Andrew Parker, "Muscular Christianity and Sports Ministry," *Sport and the Christian Religion: A Systematic Review of Literature*, 44-62.

② H. D. Rawnsley, *Edward Thring, Teacher and Poet* (London: T Fisher Unwin, 1889), 95.

③ Nick J. Watson, "The Development of Muscular Christianity in Victorian Britain and Beyond," 1-21.

④ 李艳华：《现代奥林匹克运动与基督教》，第27页。

⑤ J.A. Mangan, *Athleticism in the Victorian and Edwardian Public School* (London: Routledge, 2000), 13.

⑥ 李艳华：《现代奥林匹克运动与基督教》，第57-58页。

会中为自己谋得令人尊重的地位。"一名崇高的、理想化的基督徒运动员"① 的概念成了美国文化中促进年轻人接受体育运动并进行健康改革的信条的一部分，并且催生出一大批体育与健康教育家，影响了体育教育思想和理性化进程。如古力克（Luther Halsey Gulick）、伍德（Thomas Dension Wood）、赫瑟林顿（Clark Wilson Hetherington）等人，成为美国"新体育"思想的创立和发展中最具影响力的人物，强调"通过身体的教育"来实现个人的社会价值和健全的人格，从而"使得体育的价值上升到智力、品德和身体相协调的层面"。②

作为虔诚的基督徒，古力克等人的"新体育"思想带有明显的"强健的基督徒"理念烙印。他们借鉴英国体育的传统，将竞技体育引入学校课程。美国的体育教育实践从课程与教学、师资培养、竞技体育、测量与评价等多个方面产生了重大变革。尤其是古力克对"sport"的教育价值功能的倡导，和伍德对于体育竞赛的社会学隐喻的理念，为日后美国体育文化格局的形成、体育教育思想的发展以及体育的合理与合法性重构都产生了巨大的影响。③ 正如Macaloon论述到的："整个美国的道德经济和公立学校的话语……在很大程度上仍然源于'强健的基督徒'和竞技体育伦理的遗产。"④

比起担心城市化和工业化对成年男性造成的消极影响，强健的基督徒们更关心成长在这个时代的男孩："那些从来没有机会在成长过程中学习户外生存技能，熟悉农场劳动的男孩会变成什么样？他们会不会失去让这个国家自给自足、充满勇气和阳刚之气的价值观？"⑤ 在

---

① John A. Lucas. "A Prelude to the Rise of Sport: Ante-Bellum America, 1850–1860." Quest 11, no.12 (1968): 50–57.

② Fred E. Leonard. "The Relation of Motor Activity to Health and Education," *American Physical Education Review* 20, no.11(1915): 516.

③ 边宇：《美国体育思想演变与启示》，广州：华南理工大学出版社，2018年，9第65、67页。[BIAN Yu, *Evolution and Enlightenment of American Sports Thought* (Guangzhou: South China University of Technology Press, 2018), 65, 67.]

④ John J. Macaloon. "Introduction: Muscular Christianity After 150 Years," *The International Journal of the History of Sport* 23, no.5(2006): 687-700.

⑤ Brett and Kate McKay, *Muscular Christianity: The Relationship Between Men and Faith*, 30.

20世纪初的英国和美国兴起了童子军运动（Scouting for Boys），其目的是确保男孩们继续学习和传承祖先那种粗犷的"开拓"技能。这些组织往往以准军事原则组织起来，灌输纪律原则和良好公民的意识：体验友爱、忠诚和荣誉精神对男性成长所起到的重要作用。这个运动为现代西方国家组织青年学生夏令营和户外徒步的传统奠定了基础。

### （二）体育促进福音的内向规训与外向传播

不能否认，宗教目的是"强健的基督徒"运动的最原始动力。吸引更多男性进入教会、扭转虚弱阴柔之气是基督教与体育结合的初衷。"强健的基督徒"提出在基督精神中创造一种与男性肌肉体格相匹配的强健气质，在几个不同的方面作出将男子气概引入教会服务以及整个宗教文化的努力。这一努力始于鼓励更多有男子气概的人担任牧师，因为更具阳刚之气的牧师们会得到男性的尊重和关注。约翰·洛克菲勒（John D. Rockefeller）认为："教会讲坛上越有粗犷的男子气概，这座城市里的男性就越会受到影响。"青年会的一名管理人员提出了这样的观点："牧师的脸孔不一定要漂亮，但要有一个匀称的身体、发达的胸部、宽阔的肩膀、厚实的脚板，这样的形象在布道工作中有绝对的优势。"[1]

教会音乐是改进的另一个领域，"强健的基督徒"将更多的充满男性气质隐喻的歌曲引入圣歌中。1915年，圣歌作曲家理查兹（Charles Richards）描绘道："圣歌不再歌颂天堂，而是国家，不再歌颂虚无缥缈，而是歌颂品格、服务、兄弟情谊、基督教爱国主义、进取精神和务实的生活。"[2] 1906年，基督徒改变了以往瘦弱的耶稣形象，创造出一个充满阳刚之气的新形象（见图1），与武装佩剑的圣

---

[1] Brett and Kate McKay, *Muscular Christianity: The Relationship Between Men and Faith*, 55.

[2] Brett and Kate McKay, "*Muscular Christianity: Its History and Lasting Effects*," 2018, https://www.artofmanliness.com/articles/when-christianity-was-muscular/ (assessed on August 27, 2020).

徒一起被刻画在教堂当中。<sup>①</sup>

图1 "强健的基督徒"运动中的耶稣新形象

　　社会福音运动被认为是"强健的基督徒"将基督教道德推向世俗社会的活动。这一运动出现在20世纪之交，将福音中的义务和伦理延伸至与健康、腐败、经济差异和社会正义有关的现世问题，其目的是调动科学技术和经济的工具，改善人们的生存状况。经典案例就是美国的进步主义运动。其中著名的"定居之家运动"（Settlement House Movement）中，新教精英通过提供援助以使各族裔的移民更快在美国定居下来。《强制教育法案》将大量的移民儿童纳入了教育体系，并将体育和英语作为必修课。其中，体育运动和比赛扮演了对青少年进行身体训练和道德教育的基本角色，通过参与体育活动，激发年轻人习得忠诚、自律、道德及爱国品质。<sup>②</sup>社会福音唤起了具有男子气概的古代骑士精神，在促进慈善运动的同时塑造了政治和国家认同，也

---

　　① Brett and Kate McKay, "*Muscular Christianity: Its History and Lasting Effects*," 2018, https://www.artofmanliness.com/articles/when-christianity-was-muscular/ (assessed on August 27, 2020).

　　② Gerald Gems, et al, *Sport in American History: From Colonization to Globalization* (Champaign: Human Kinetics, 2016), 167-169.

奠定了美国文化中的"英雄主义"情节。

"强健的基督徒"支持海外传教工作的原因与社会福音是一致的。尽管在现代社会中，帝国主义是一个贬义词，但是许多学者发现，这在19世纪意味着西方文化、宗教、政府形式和技术的海外传播，而这种外向驱动力正是推动"强健的基督徒"运动全球传播的重要因素。"强健的基督徒"鼓励男性保持健康和勇气，能够在战时为国服役。同时，他们更加支持以圣经进行教化，反对武力入侵。"强健的基督徒"认为这提供了一个以务实、冒险、挑战身体的方式践行信仰的机会。对于西方体育和基督教福音的国际传播客观上起到了积极作用，使先进的体育观念、时兴的体育项目以及基督教文化传播到了其他国家和殖民地。事实证明，以体育为载体的宗教传播，不仅在当时起到了良好的传教效果，也为对象国家带去了现代体育的项目、理念、方法和组织模式，开启了体育文化的国际交流和全球化进程。

### （三）基督教青年会：强力的践行组织

"强健的基督徒"认为，教会不仅需要引入体育运动以吸引更多男性参与，而且更应该创造一种环境，使教会变得更像兄弟会，提供世俗化服务。于是，教会开始成立集体育健身、《圣经》学习功能于一体的社团组织。如"体育基督徒（CIS）""基督教运动员团契（FIA）"，这些组织不仅活跃于本国，而且将先进的体育观念和时兴的体育项目传播海外，也同时将基督教"推销"至非西方国家。[①]

在这些社团组织中，最具影响力的当数基督教青年会（Young Men's Christian Association, YMCA）。该组织是强健的基督徒理念的制度化产物和强力的执行者。基督教青年会于1844年始建于英格兰，1851年开始在美国发展。体育史学家Rader评论道："基督教青年会的最初目的是为19世纪涌入城市中的年轻人提供精神引导以及世俗帮

---

[①] Nick J. Watson, "The Development of Muscular Christianity in Victorian Britain and Beyond," 1-21.

助。"① 其通过提供体育设施吸引青年男性加入，抵消城市娱乐的诱惑，提供一个道德安全的场所使人们远离犯罪、酗酒和赌博。运动健身空间成为极具吸引力的因素，提供了集阅读、休闲和友谊于一体的设施，青年男性在道德安全的氛围中既可以进行体育锻炼，也可以学到基督教的知识。正如体育史学家Gems提到的，基督教青年会"找到一种满足一切现有需要并符合时代需求的教育模式：体育教育"②。在青年会的模式下，"强健的基督徒"运动于19世纪后半期发展至巅峰。而青年会在教育和社会化方面为现代体育的发展推波助澜。与此同时，伴随着上述的国际福音运动，青年会也成为西方文化国际化传播的最主要推动者，并成为世界最大的宗教组织之一。

到19世纪70年代，很多基督教青年会配备了体育设施，并开设体育课程以吸引教徒的参与。在这一方面，前文提到的古力克是最具影响力的人物。他不仅是"新体育"思想的创始人之一，同时也是春田国际训练学校（YMCA Springfield International Training School）③ 的奠基者。华生（Watson）指出，古力克所创造的独特的三角形标志（见图2），是将体育概念化为身体、灵魂和意识的结合④，这种从"三位一体"演变来的思想，对美国教育核心目标的确立具有深远的影响。⑤ 而在古力克的影响和授意下，另一位"强健的基督徒"奈史密斯（James Naismith）在该地发明了篮球，并认为该运动是一种向人们宣讲道德和基督教价值观的手段。米尔顿·凯兹（Milton Katz）将篮球描述为"灌输基督教价值观的一种方式"，拉德（Ladd）和马蒂

---

① Benjamin G. Rader, *American Sports: From the Age of Folk Games to the Age of Televised Sports* (NJ: Prentice Hall, 2004), 106.

② Gerald Gems, et al, *Sport in American History: From Colonization to Globalization*, 112-113.

③ 基督教青年会春田国际训练学校（YMCA Springfield International Training School），成立于1885年，即当今的春田学院（Springfield College），篮球排球皆发明于此。

④ Nick J. Watson, "The Development of Muscular Christianity in Victorian Britain and Beyond," 1-21.

⑤ 边宇：《美国体育思想演变与启示》，第65页。

森（Mathison）认为篮球是"美国'强健的基督徒'运动的精髓"。[①]
1883年，史密斯爵士（Sir William Alexander Smith）在格拉斯哥成立了少年旅团（Boys' Brigade），利用军事训练和体育活动来培养基督教阳刚之气，这推动了1897年童子军运动在英国的形成，美国在基督教青年会的运作下于1910年也开始开展这项运动。

图2 古力克设计的基督教青年会标志

　　另外，基督教青年会通过对企业的工余康乐项目的指导推动了体育的社会化普及。更具影响意义的是，诸多企业家发现这提供了有益健康的休闲方式，也可以作为社会控制的一种手段，用来培养忠诚和高效率的工人，进而资助建设了众多体育设施。而作为将体育与信仰结合的典范，基督教青年会影响了其他类似机构的发展，使体育运动在更广泛的群体中得到普及。如1854年成立的希伯来青年会（Young Men's Hebrew Association, YMHA），其仿照基督教青年会的模式，开设体育运动和读书活动，期望培养"强健的犹太教徒"。希伯来青年会在诸多大城市提供永久性的体育设施，用来吸引新会员和加强年

---

[①] David Titterington, "Muscular Christianity and the colonizing power of modern sports," 2017, https://medium.com/@davidtitterington/muscular-christianity-and-the-colonizing-power-of-modern-sports-1aa8051b7ec8 (assessed August 27, 2020).

轻人对于体育的兴趣。随着基督教女青年会（Young Women's Christian Association, YWCA）的成立，越来越多的女性开始参加体育运动，开启了女性参与现代体育的进程。[①]

19世纪下半叶，在青年会国际委员会的推动下，以推广基督教为目的的国际福音运动开始在全世界产生影响。基督教青年会通过推广运动项目、开设体育课程、提供体育场馆和设施以吸引更多的青年，同时资助成立教会学校、开设体育课程、组织体育竞赛以达到对青年的教育目的。在这个进程当中，西方尤其是美国的体育项目和教育思想得以普及，也使新学制在中国等国家逐渐形成，为这些国家培养了第一批体育和教育人才。这项运动使得"强健的基督徒"理念在全球迅速普及，最终导致这个理念的行为载体——现代体育运动开始了国际化进程。美国著名心理学家霍尔（Stanley Hall）在评论"强健的基督徒"理念和青年会的意义时非常深刻地指出，"基督教青年会已发展成为一个世界性的组织和受人尊敬的基督教机构，为促进体育运动作出了重大贡献"[②]。

### （四）"强健的基督徒"与奥林匹克的复兴

由顾拜旦发起的、当今最大的国际文化现象——现代奥林匹克运动，也与"强健的基督徒"思想有着密切的联系。顾拜旦在回忆录中写道：体育就是宗教，也有其教会、教义、信条，尤其是宗教情感。很显然，顾拜旦对奥林匹克有着宗教性质的理解。[③] Widund还提到顾拜旦对奥林匹克精神的理解与圣保罗的著作之间的相似之处，后者鼓励进行"良好的竞赛"。[④] 顾拜旦在发表的《我为什么恢复奥林匹克

---

[①] Gerald Gems, et al, *Sport in American History: From Colonization to Globalization*, 202-205.

[②] Granville S. Hall, "Christianity and Physical Culture," *Pedagogical Seminary* 3, no.9 (1902): 377.

[③] Siegmund V. Kortzfleisch, "Religious Olympism," *Social Research*, no. 37 (1970): 231.

[④] Nick J. Watson, "The Development of Muscular Christianity in Victorian Britain and Beyond," 1-21.

运动》一文中说："复兴奥运会的必要性，在于要用它来提倡对在真正的、纯洁的体育精神指导下进行的体育锻炼的尊崇和奉献。"[1] 这个核心理念部分源于顾拜旦与"强健的基督徒"理念的接触。通过阅读《汤姆·布朗求学记》以及随后的英国拉格比之行，顾拜旦将英国公学的体育传统视为普法战争后重振法国的载体以及古代奥运会复兴的完美典范。[2] 顾拜旦将运动场看作是"男子气概的实验室，一个无与伦比的教学工具"，并认为"拉格比公学催生了'强健的基督徒'，盎格鲁撒克逊文明完美的重现了古希腊理念"[3]，并提出"要勾勒出基督教是如何影响到现代世界的轮廓"[4]。顾拜旦确信，英国作为超级大国的成功，与"强健的基督徒"运动在公学系统中所倡导的伦理有紧密联系，并认为如果法国能够效仿，那么这个国家昔日的辉煌岁月就会恢复。这一爱国信念在他提出恢复奥林匹克运动会的建议中起着关键作用[5]，可见"强健的基督徒"理念对于顾拜旦思想的深刻浸染和熏陶。

## 四、强健的基督徒运动的衰落与影响

### （一）运动的衰落及其原因

经过近百年的发展，"强健的基督徒"运动在20世纪20年代衰落。世界大战使得理想主义破灭，社会舆论已经对保持身体处于战争

---

[1] 李艳华：《现代奥林匹克运动与基督教》，第60页。

[2] Manfred Lammer, "Myth *Of Reality*: The Classic Olympic Athlete," *Review for the Sociology of Sport*, no.18 (1992): 64-84.

[3] John A. Lucas, "Victorian 'Muscular Christianity': Prologue to the Olympic Games Philosophy," 456-460.

[4] Richard C. Crepeau, "Playing with God: The History of Athletes Thanking the 'Big Man Upstairs'," 2001, http://www.poppolitics.com/articles/2001-03-09-sport.shtml (assessed on August 27, 2020).

[5] Kristine Toohey, et al. *The Olympic Games: A Social Science Perspective* (2nd edition) (Cambridge: CAB International, 2007), 35.

形态失去了兴趣，也不再喜欢谈论如勇气或荣誉之类的与战争有关的品德。事实上，许多信奉者也是战争的推动者，基督教青年会等组织在战争期间为部队服务方面发挥了突出作用。美国新教领袖，如福斯迪克（Harry Emerson Fosdick）等人就指责"强健的基督徒"助长了军国主义。[①]战后新的世界秩序更加需要男性采取一种较为怀柔的态度，这导致了男性失去了证明自己强健体魄的冲动。

科学技术的进步使世界进一步世俗化，人们更愿意享受科技带来的新的生活方式，而不是沉迷于导致血腥冲突的主观理想主义。心理学逐渐代替了宗教成为指导行为和生活的权威，蓬勃发展的商业世界也为人们指定了新的目标。那些把健身房和体育联盟仅仅作为其部分事业来运作的教会，在战后难以与那些配备了全职教练和专业设施的体育组织相抗衡，教会对健身、运动和体育设施的垄断性被打破。这种世俗主义的兴起最终导致了基于信仰的"强健的基督徒"运动逐渐淡出主流文化生活。

### （二）衰而不亡：运动的持续影响

然而，"强健的基督徒"的真正非凡之处，是对整个基督教和西方文化的更广泛影响：推动身体观的改变。Brett和Kate指出，如果没有"强健的基督徒"，现代生活的景象可能看起来明显不同。[②]"强健的基督徒"推进了对户外文化和运动思想的崇敬与传播，并影响着人们以原始、自然的方式抵御现代化和工业化给身体所带来负面效应。而秉承该理念的教育家们，通过对新体育思想的实践，为现代教育的理念奠定了基调。这项运动不仅使以往抵制体育运动的教会转变为推动体育的主力军，而且对促进体育文化的普及发挥了根本性的作用。

---

[①] Brett and Kate McKay, "*Muscular Christianity: Its History and Lasting Effects*," 2018, https://www.artofmanliness.com/articles/when-christianity-was-muscular/ (assessed on August 27, 2020).

[②] Brett and Kate McKay, "*Muscular Christianity: Its History and Lasting Effects*."

　　即使"强健的基督徒"运动的影响在20世纪20年代开始减弱，但它并没有完全消失。在将健康、体育和商业与宗教联系在一起的过程中，"强健的基督徒"在模糊神圣与世俗之间的界限方面起到了一定的推动作用。通过拥抱体育，基督教充满了实用精神，提倡把体育健身作为达到更高目的的途径。尽管随着世俗主义的兴起，体育和健康逐渐从宗教中分离出去，但在西方文化中对待身体的热情却成为一种传统。宗教失去了以往的地位，体育运动却成为人们的一种生活方式。在一些文化分析家看来，体育本身已经成为一种流行宗教，许多人更倾向于将体育运动视为一种独特的信仰，将在礼拜日跑步、踢足球或打高尔夫等活动看作是与教堂礼拜相同的"救赎"。在寻求体育与信仰相结合的过程中，"强健的基督徒"运动逐渐使体育运动变成了信仰本身，并成为一种普世的价值观。

　　以阳刚之气重振基督精神的宗教目的是"强健的基督徒"运动兴起的动力，但在其发展过程中，却自然的与世俗需求结合起来，并且发挥了教育改革、人才塑造和文化扩张的作用，推动了殖民主义和国际化的议程，一定程度上促进了盎格鲁文化体系在近代的国际地位的构建。其核心哲学理念在世俗层面对体育和教育的发展发挥了重要的启蒙作用。"强健的基督徒"对于灵—肉（身—心）关系的理念，以及由此引出的实用主义哲学，通过体育育人功能的实践、现代体育运动的普及，与个人修养、国家兴衰紧密地联系在一起。

## 五、结语

　　"强健的基督徒"运动旨在扭转基督教一度呈现的阴柔之气，利用体育运动重塑基督徒的阳刚，以适应资本主义发展对于人的诉求。其与资本主义世俗需求相结合，客观上推动了现代体育发展的进程，也回应了国家发展、民族崛起对于人的时代需求。"强健的基督徒"体现出体育对一个民族的价值，也为民族崛起的身体规训提供了一个可借鉴的范例。当今中国处于快速发展的新时代，繁重的工作和学业压力使得中国青年普遍缺乏身体的锻炼。更为值得警惕的是，社会缺乏体育对意志与道德、对整个民族精神力规训功能的认知，使得青年一代也面临"文明负效应"的危机，这对民族振兴无疑是巨大的隐患。因此，体育的功能应该超越"强身健体"，对新青年的塑造也应超越"满腹经纶"，而"勇武的新儒士"才是对新时代人才诉求的积极回应。实践体育的育人价值不只是一句口号，而应该被提升至国家发展、民族复兴的高度，成为新时代中国教育版图中最重要的组成部分。通过体育对身体的积极规训，进而实现对民族精神力的强化。这对于培养出符合新时代诉求的青年人才，实现中华民族伟大复兴，有着深远的历史意义。

# 参考文献[Bibliography]

## 西文文献[Works in Western Languages]

Abe, Ikuo. "Muscular Christianity in Japan: The growth of a hybrid." *The International Journal of the History of Sport* 23, no.8 (2006): 714-738.

Baker, William J. *Playing with God: Religion and Modern Sport*. Boston: Harvard University Press, 2007.

Blazer, Annie. "An Invitation to Suffer: Evangelicals and Sports Ministry in the U.S." *Religions*, no. 10 (2019): 638.

Crepeau, Richard C. "Playing with God: The History of Athletes Thanking the 'Big Man Upstairs'." 2001. http://www.poppolitics.com/articles/2001-03-09-sport.shtml (assessed on August 27, 2020).

Gems, Gerald, et al. *Sport in American History: From Colonization to Globalization*. Champaign: Human Kinetics, 2016.

Hall, Donald E. *Muscular Christianity: Embodying the Victorian Age*. Cambridge: Cambridge University Press, 2006.

Hall, Granville S. "Christianity and Physical Culture." *Pedagogical Seminary*, 3, no.9 (1902): 377.

Hoganson, Kristin. *Fighting for American Manhood*. New Haven: Yale University Press, 2000.

Jones, Jenkin L. *The Manliness of Christ*. Unity Short Tracts, 1903.

Kidd, Bruce. "Muscular Christianity and Value-centered Sport: The Legacy of Tom Brown in Canada." *The International Journal of the History of Sport*, 23, no.8 (2006): 701-713.

Kortzfleisch, Siegmund V. "Religious Olympism." *Social Research*, no. 37 (1970): 231.

Ladd, Tony, and James A Mathisen. *Muscular Christianity: Evangelical Protestants and the Development of American Sport*. Baker Books, 1999.

Lammer, Manfred. "Myth *Of Reality*: The Classic Olympic Athlete." *Review for the Sociology of Sport*, no.18 (1992): 64-84.

Leonard, Fred E. "The Relation of Motor Activity to Health and Education." *American Physical Education Review* 20, no.11(1915): 516.

Lucas, John A. "A Prelude to the Rise of Sport: Ante-Bellum America, 1850–1860." *Quest*, 11, no.12 (1968): 50–57.

Lucas, John A. "Victorian 'Muscular Christianity': Prologue to the Olympic Games Philosophy." *Olympic Review*, no.97-98(1975): 456.

Macaloon, John J. *Muscular Christianity and the Colonial and Post-Colonial World (Sport in the Global Society)*. London: Routledge, 2009.

Macaloon, John J. "Introduction: Muscular Christianity After 150 Years." *The International Journal of the History of Sport*, 23, no.5(2006): 687-700.

Mauney, Jessie. "Sport and Spirituality: The influence of 'muscular Christianity' on the spirituality of modern athletes." 2011. https://www.academia.edu/8018458/Sport _and_Spirituality_The_influence_of_muscular_Christianity_on_the_spirituality_of_ modern_athletes (assessed on August 27, 2020).

Mangan, J. A. *The Games Ethic and Imperialism: Aspects of the Diffusion of an Ideal*. London: Routledge, 1998.

Mangan, J. A. *Athleticism in the Victorian and Edwardian Public School*. London: Routledge, 2000.

Mangan, J. A. "Christ and the Imperial Playing Fields: Thomas Hughes's Ideological Heirs in Empire." *The International Journal of the History of Sport* 23, no.8 (2006): 800.

McKay, Brett, and Kate McKay. "*Muscular Christianity: Its History and Lasting Effects*." 2018. https://www.artofmanliness.com/articles/when-christianity-was-muscular/ (assessed on August 27, 2020).

McKay, Brett, and Kate McKay. *Muscular Christianity: The Relationship Between Men and Faith*. Semper Virilis Pub-lishing, 2018.

Mechikoff, Robert A. *A History and Philosophy of Sport and Physical Education: From Ancient Civilizations to the Modern World* (5th edition). New York: McGraw-hill Companies, 2010.

Oates, Joyce Carol. *On Boxing*. Harper Perennial Modern Classics, 2006.

Parker, Andrew, and Nick J. Watson. "Sport, Spirituality and Religion: Muscular Christianity and Beyond." 2012. https://www.biblesociety.org.uk/uploads/ content/bible_in_transmision/files/2012_spring/BiT_Spring_2012_Park_and_Wei r.pdf (assessed on August 27, 2020).

Perelman, Michael. "The Brutal Legacy of the Muscular Christian Movement." 2013. https://www.counterpunch.org/2013/08/09/the-brutal-legacy-of-the-muscular-christian-movement/ (assessed on August 27, 2020).

Putney, Clifford. *Muscular Christianity: Manhood and Sports in Protestant America, 1880-1920*. Boston: Harvard University Press, 2003.

Rader, Benjamin G. *American Sports: From the Age of Folk Games to the Age of Televised Sports*. NJ: Prentice Hall, 2004.

Rawnsley, H. D. *Edward Thring, Teacher and Poet*. London: T Fisher Unwin, 1889.

Titterington, David. "Muscular Christianity and the colonizing power of modern sports." 2017. https://medium.com/@davidtitterington/muscular-christianity-and-the-colonizing-power-of-modern-sports-1aa8051b7ec8 (assessed on August 27, 2020).

Toohey, Kristine, et al. *The Olympic Games: A Social Science Perspective* (2nd edition). Cambridge: CAB International, 2007.

Vance, James Isaac. *Royal Manhood*. Chicago: New York Fleming H. Revell Co., 1899.

Watson, Nick J. "The Development of Muscular Christianity in Victorian Britain and Beyond." *Journal of Religion and Society*, no.7(2005): 1-21.

Watson, Nick J., and Andrew Parker. "Muscular Christianity and Sports Ministry", in *Sport and the Christian Religion: A Systematic Review of Literature*. Edited by Nick J. Watson, 44-62. Cambridge: Cambridge Scholars Publishing, 2014.

Zhang, Huijie. "Christianity and the Rise of Western Physical Education and Sport in Modern China, 1840–1920s." *The International Journal of the History of Sport*, 32, no.8 (2015): 1121-1126.

Zhang, Huijie, et al. *Christianity and the Transformation of Physical Education and Sport in China*. London: Routledge, 2017.

## 中文文献[Works in Chinese]

边宇：《美国体育思想演变与启示》，广州：华南理工大学出版社，2018年。[BIAN Yu. *Evolution and Enlightenment of American Sports Thought*. Guangzhou: South China University of Technology Press, 2018.]

方方、张晓华：《神圣与世俗之间的身体：以体育运动为视角的中世纪基督教身体观研究》，《社会科学战线》，2018年第3期，第237-241页。[FANG Fang, ZHANG Xiaohua. "The Body between Sacred and Secular: A Study of Medieval Christian Body View from the Perspective of Sports." *Social Science Front*, no.3(2018): 237-241.]

耿家先等：《宗教改革时期的灵肉一致观及其对体育的影响》，《河北体育学院学报》，2014年第2期，第26-29页。[GENG Jiaxian, et al. "The Combination of Soul and Body Idea's Impact on Physical Education During the Time of Religious Reformation." *Journal of Hebei Institute of Physical Education*, no.2(2014): 26-29.]

[日]今村嘉雄：《欧美体育史（第1分册）》，成都体育学院译，1974年。（未正

式出版）[Yoshio Imamura. *History of European and American sports, Volume 1.* Translated by Chengdu Sport University, 1974. (not formally published)]

李艳华：《论新教伦理中的身体观》，《体育科技》，2017年第1期，第47-48 页。[LI Yanhua. "Body View of the Protestant Ethic." *Sport Science and Technology*, no.1(2017): 47-48.]

李艳华：《现代奥林匹克运动与基督教》，北京体育大学博士学位论文，2009 年。[LI Yanhua. "Olympic Movement and Christianity." PhD Diss., Beijing Sport University, 2009.]

李艳华：《宗教改革与西方早期体育》，《北京体育大学学报》，2013年第7 期，第52-57页。[LI Yanhua. "Reformation and Western Early Sports." *Journal of Beijing Sport University*, no.7(2013): 52-57.]

李艳华、孙刚：《基督教伦理与奥林匹克精神》，《北京体育大学学报》， 2008年第11期，第1457-1460页。[LI Yanhua, SUN Gang. "Christian Ethnics and Olympic Spirits." *Journal of Beijing Sport University*, no.11(2008): 1457-1460.]

[德]马克思·韦伯：《新教伦理与资本主义精神》，李春香译，北京：中国工 人出版社，2018年。[Weber, Max. *Protestant Ethics and the Spirit of Capitalism.* Translated by LI Chunxiang. Beijing: China Workers Publishing House, 2018.]

汪聂才：《新柏拉图主义对奥古斯丁灵魂思想的影响》，《现代哲学》，2011 年第7期，第65-71页。[WANG Niecai. "The Influence of Neo Platonism on Augustine's Soul Thought." *Modern Philosophy*, no.7(2011): 65-71.]

徐京朝、李传奇：《基督教青年会对中国体育发展的贡献考述》，《西安体育学 院学报》，2014年第2期，第207-210页。[XU Jingchao and LI Chuanqi. "YMCA's Contribution to the Development of Chinese Sports." *Journal of Xi'an Physical Education University*, no.2 (2014): 207-211.]

赵晓阳：《强健之路：基督教青年会对近代中国体育的历史贡献》，《南京体 育学院学报》，2003年第2期，第9-12页。[ZHAO Xiaoyang. "Healthy Road: Historical Contribution of Young Men's Christian Association of China to Modern Physical Culture in China." *Journal of Nanjing Institute of Physical Education*, no.2 (2003): 9-12.]

郑胜男：《奥古斯丁灵魂思想研究》，黑龙江大学硕士学位论文，2014年。 [ZHENG Shengnan. "On Augustine's Soul Thought." Master thesis, Heilongjiang University, 2014.]

# 五、浑元之性：
## 基督教思想家研究

## V. Hun Yuan Zhi Xing:
##     Study of Christian Thinkers

基督教文化学刊

Journal for the Study of Christian Culture

# 奥古斯丁符号思想中的意义问题\*

## The Problem of Meaning in St. Augustine's Thought of the Sign

渠 冉 屠友祥

QU Ran TU Youxiang

**作者简介**

渠冉，山东大学文艺美学研究中心博士生。

屠友祥，中山大学中国语言文学系（珠海）教授。

**Introduction to the author**

QU Ran, PhD Candidate, The Research Center for Literary Theory and Aesthetics, Shandong University.

Email: quran2007@126.com

TU Youxiang, Professor, Department of Chinese Language and Literature, Sun Yat-sen University.

Email: tuyoux@mail.sysu.edu.cn

# Abstract

The concept of "meaning" takes center stage in St. Augustine's writings, serving as both a mental and linguistic element. It plays a pivotal role in establishing triadic relationship of signification, encompassing the sign, meaning, and the thing it signifies. Augustine's exploration of meaning draws from the Stoic tradition and gives rise to the emergence of "Expressionist semiotics," which stands in contrast to traditional inference-based semiotics. This new theoretical framework represents a significant departure.

This departure is not only evident in the connection between meaning and inner language, where the former undergoes transformation by the latter, but also in the placement of meaning within the process of communication. This repositioning makes meaning the cornerstone of expression and comprehension, rather than simply existing within the referential relationship between words and objects. Consequently, meaning takes on qualities of openness and infinity, breaking free from its prior static and closed state. Understanding is transformed into an interactive process, where individuals actively engage. Augustine's theory of meaning, which bears similarities to modern semiotics, held a subversive significance in its historical context.

**Keywords:** Meaning, inner word, epistemology, reference, communication

艾柯（Umberto Eco）曾就奥古斯丁对符号范畴扩展的贡献做出肯定："第一个提出'一般符号学'亦即符号的一般'科学'或'学说'的，正是奥古斯丁，在那里，符号成为属，语词（onomata）和自然征兆（semeia）两者一样，都成为种。"[①]古希腊罗马时期将符号视作自然事物、身体症状等可见者，是不可显事物的证据或征兆，后又看作三段论的前提或作为前件命题（lekton）以推出结论。而语言哲学与符号理论属于并行发展的不同领域，语言不是符号，这个在现代难以想象的命题在古典时代却有其依据。[②]奥古斯丁在符号思想史上第一次将此二者综合起来，将语言视作主要符号种类，使其成为真正意义上的符号。语言成为符号，其关涉表达而非推理，使传统的推论式符号观转变成表达式符号观。[③]奥古斯丁基本上忽略了推理式的自然符号，注重对以语言为首的意图符号进行论说，将意义纳入符号过程。

* 本文系国家社科基金项目"重建符号学基本原理视域下的符号否定性与本体论研究"（17BZW003）、教育部人文社科重点基地重大项目"普通符号学与生态符号学研究"（16JJD740014）的阶段性成果。[This paper is supported by National Social Science Foundation Project"Negativity and Ontology of Signs"(Project No.: 17BZW003) and the MOE Project of Key Research Institute of Humanities and Social Sciences in Universities,"Research of Theoretical Semiotics and Ecosemiotics"(Project No.: 16JJD740014).]

[①] Umberto Eco, et al., "'Latratus Canis' or: The Dog's Barking," In *Frontiers in Semiotics*, eds. John Deely, Brooke Williams, and Felicia E. Kruse (Bloomington: Indiana University Press, 1986), 65.

[②] 在柏拉图那里语言还有鲜明的符号特征，符号和语言尚无清晰的划分。到了亚里士多德，他只是在一个较微弱的意义上将语词称作符号（semeia），声音的存在被认为是灵魂的情感存在的证据。符号学者Giovanni Manetti将这种情况解释为"一个人不是在谈论一个严格的理论界限时，属于符号学词汇表达的边缘会变得模糊不清"。在大多数时候，他对符号和语言有明确的区分，符号是semeion, tekmerion，而语言则是symbola。参见Giovanni Manetti, *Theories of the Sign in Classical Antiquity*, trans. Christine Richardson ( Bloomington: Indiana University Press, 1993), 56, 70。

[③] "表达式符号观"的观念由Philip Cary提出，见Philip Cary, *Outward Signs: The Powerlessness of External Things in Augustine's Thought* (New York: Oxford University Press, 2008), 3-4, 17。

## 一、"意义"的内涵和符号意指三元关系

奥古斯丁在论及符号时曾经有过两处类似的言论："符号是这样一种事物，它除了在感官上留下印象，还使一些其他的东西（aliuda liquid）进入思想（cogitationem）"[①]，"符号是这样的事物，它自身被感觉感知，而且向心灵（animo）暗示超于自己的东西（aliquid praeter se）"[②]。这明确将心智要素引入符号关系，除了符号与事物两个元素，还有第三者参与符号过程。而在他之前，亚里士多德和斯多葛学派也都曾在语义关系中表明三个元素的参与。亚里士多德在《解释篇》中提出语言、灵魂经验和现实事物三个相关项，阿谟尼乌斯将"灵魂经验"注解为思想，它是现实的相似物，即作为事物在灵魂中的影像。[③]思想是一个单纯的心理要素，因它对所有人都是一样的[④]，而若作为语言要素，作为主体心灵对声响感知的内容并不一样，因为同样的声音在不同语言中具有不同意义。灵魂经验作为口语和事物之间的中介，使语词通过表示思想来间接表示事物。而斯多葛学派的语义三元关系包括被意指的事物（semainomeno）、意指者（semainon, lekton）和客观对象（tugchanon），关键在于lekton，它是对思想从理性表象（phantasia）那里获得的东西用语言进行表述所得之物，故它产生于声音发出之后，是言说者说出之物（sayable）。恩皮里柯指出在"狄翁"这个声音发出后，异族人就无法获得lekton，因为他"即使听到声音也无法理解它的意思"[⑤]，这就是说lekton不同于亚里士多德的灵魂经验，它是语言实

---

[①] Augustine, *De Doctrina Christiana*, trans. & ed. R. P. H. Green (Oxford: Clarendon Press,1995), 57.

[②] Augustine, *De Dialectica*, trans. B. Darrell Jackson, ed. Jan Pinborg (Dordrecht: D. Reidel Publishing Company,1975), 87.

[③] Ammonius, *On Aristotle on Interpretation1-8*, trans. David Blank (London: Bloomsbury, 2013), 27.

[④] 即事物之影像来源于"理型"，而理型则在主体心灵内具共通性。

[⑤] Sextus Empiricus, *Against the Logicians*, trans & ed. Richard Bett (New York: Cambridge University Press, 2005), 92.

体，是声音所代表的意义。然则奥古斯丁所谓心智要素倾向于何者，抑或与二者均不同？

意义作为符号要素首次出现在《论秩序》中。奥古斯丁描述演员跳舞时，其肢体动作不仅因和谐和美感为欣赏者带来感官愉悦，同时还向心灵展示了"超越于感官愉悦的东西"[1]。心灵一方面受到形式触动而产生身体反应，同样也因这种超感官之物产生另一种波动。这里存在着符号、事物、超越感官愉悦之物三个要素。随后他说："不论什么事物，只要发出好听的声音，就是愉悦并吸引听觉本身的东西。但那种声音所真正表示的含义（significatio）才与心灵相关，虽然它通过我们的听觉信使才得到传递。"[2]根据其本体论观点，可感知之物可作为更高级的理智之物的符号，因而此处已经将声音和舞蹈作为符号处理，而声音所表达的意义也就是超越感官愉悦之物。奥古斯丁将意义称作significatio，和他在之后作品中的用法完全一致。[3]他在无意识之中将语义理论和符号理论混同，虽则尚未有将语词看作符号

---

[1] 本文《论秩序》出自奥古斯丁：《论秩序：奥古斯丁早期作品选》，石敏敏译，北京：中国社会科学出版社，2017年，第120页。[Augustine, *Lun zhi xu: ao gu si ding zao qi zuo pin xuan* (On Order: The Earlier Writings of Augustine), trans. SHI Minmin (Beijing: China Social Sciences Press, 2017), 120.]

[2] 同上，第121页。

[3] 关于意义的指称，另外还有significatu比较常见，Charles Connaghan指出，这两词都被用来表示意义，但它们之间存在微小差别。significatu倾向于表意行为或过程中的意义，它通常与声音结合在一起；而significatio则一般指静止或抽象状态下的意义，可以这么说，一个语词是携带意义(significatus)的声音，它可以分为声音和意义(significatione)，见Charles Connaghan, "Signs, Language, and Knowledge in St. Augustine's 'De Magistro'" (PhD Diss., University of London, 2004), 105-107. 这很可能借鉴了西塞罗和瓦罗的用词。如西塞罗："Ex ambiguo controversia nascitur cum scriptum duas aut plures sententias significat...."参见Cicero, *Rhetorica ad Herennium*, trans. Harry Caplan (London: William Heinemann LTD, Cambridge: Harvard University Press, 1964), 37, 英文为"A Controversy is created by ambiguity when a text present two or more meanings..."。瓦罗："videtur enim pos significare potins pontem quam potentem."参见Varro, *On the Latin Language*, Vol. I, trans. Roland G. Kent (Cambridge: Harvard University Press, London: William Heinemann LTD, 1938), 6-7, 英文为"for pos seems to mean rather pons 'bridge' than potens 'powerful'"。

的明确意识。

在《论辩术》中，奥古斯丁基于斯多葛派的语义理论探讨语言问题，通篇没有出现significatio，却另外使用了dicibile，这是奥古斯丁对lekton翻译的结果。西塞罗和塞涅卡等早期拉丁学者在评论斯多葛学派时，曾把lekton译为dicibile，奥古斯丁很可能受此影响。[1] Dicibile乍看之下与lekton一致，"心灵而非耳朵从语词中所感知到的东西，它在心灵中留存，被称为所言（dicibile）"[2]，它是听者从声音中所感知到的内容物，奥古斯丁称其为"心灵中语词的概念（conceptio）"[3]。但随后奥古斯丁又说："Arma是演说的哪一部分？……他所说的'演说的哪一部分'，不论是被心灵所理解，还是被声音所发出，都不是自为的，而是为了arma。当它们在心灵中被感知到以设想语词时，先于声音，它就已经是dicibila（所言）了，但当它们被声音发出，它们变为dictiones（能言）。"[4] 这与前段所述并不相同，它意味着dicibile不仅存在于感知声音后的理解者心灵中，还先在于言说者心灵之中。它被声音赋形，形成"能言"，亦即能言是dicibile与声音（verbum）的结合，是携带意义的声音，故dicibile实际上就是意义，它被激活的过程就是心灵中潜在的待表达物被声音实现的过程。可以看出，虽然dicibile由lekton而来，但二者并不能等同视之。

《论辩术》之后，奥古斯丁再也没有提到dicibile及dictio，但它们并没有真正消失，而是被significatio和significatu取代。在与《论辩术》

---

[1] Christopher Kirwan, "Augustine's Philosophy of Language," in *The Cambridge Companion to Augustine*, eds. Eleonore Stump and Norman Kretzmann (Cambridge: Cambridge University Press, 2001), 196.

[2] Augustine, *De Dialectica*, 89. 本文基于何博超的解释和译文，将dicibile译为所言，dictio译为能言。见奥古斯丁：《论辩术：圣奥古斯丁的辩术之道》，何博超译，《文化与诗学》，2010年第1期，第150页。[Augustine, "Lun bian shu: sheng ao gu si ding de bian shu zhi dao (Debate: Saint Augustine's Way of Debate)," trans. HE Bochao, *Culture and Poetics*, no.1(2010): 150.]

[3] Ibid.

[4] Ibid., 91.

同时期的《论灵魂的宏量》中，奥古斯丁更换了用语，进行了相似的讨论：

> 奥：设想一个名称（nomen）将要在你口中发出，你希望说出它，但在此之前你先让自己保持沉默。在这沉默的时间内，有没有什么东西在你的思想（cogitatio）中停留，这个东西是其他人将在你声音的表达里听到的？
>
> 埃：肯定有。
>
> 奥：太阳是这样无比巨大的事物，但是它的概念（notio）——你在说话之前将其放置在思想中的东西，是否有像太阳那样的长与宽呢？
>
> 埃：当然没有。
>
> 奥：请告诉我，当名称自身从你口中发出而被我听到，从而我也想到了太阳，而这是你在发出声音之前和说话之时都拥有的，现在，我们都有关于它的想法——这个名称自身难道不是从你那里获得意义的吗？之后，意义正是通过我的耳朵传到我这里？
>
> 埃：似乎确实如此。
>
> 奥：所以，因为一个名称是由声音和意义（significatione）组成，声音与听觉相关，而意义和理解相关，这对你来讲是不是说，在某些生物里，语词的声音属于身体，而意义属于灵魂。[1]

这段对话进一步确认了意义的先在性，它是理智运作的结果，作为概念存在于思想之中。意义是言说的潜能，它凭借声音形成言说现实。声音和意义本性各异，一为听觉之物，一为心智之物，而二者的

---

[1] Augustine, *Writings of Saint Augustine*, Vol. 2, trans. John J. McMahon, S.J. et al. (New York: Cima Publishing Co., INC, 1947), 132-133.

结合产生语词这种听觉和理智混合物。奥古斯丁在此有意识地将意义置于交流的语境之中：言说者在心智中构建意义，用声音传达，接收者感知声音，在心智中理解，意义得以实现，声音在此充当了"桥梁"。因此，奥古斯丁的意义不同于"灵魂经验"和lekton，它具有说者和听者两个维度，既是听者心灵通过声音所理解的内容，又是言说者在言说之前预先在心内设想之物。意义虽处于思想中，但它并不就是思想（灵魂经验）。主体在心灵中建构表达内容，而表达内容又是思想之结果。思想本身亦非确定之物。奥古斯丁构建了符号、事物与意义的三元意指关系，符号通过表示意义来指向事物。将意义置于三元关系，表明意义既是发出者所设想之物，也是接收者所理解之物。但奥古斯丁早中期的论述向我们呈现的基本还是语词与事物的对应，特别是在《论教师》中，语词对各类事物的指称仍是其关注重点。

## 二、意义的生成

奥古斯丁说："语词的知识是由事物的知识造成的。"[1] 知识有智、识之分，它们分别对应理智之物和感觉之物。有永恒不变的相存于神圣理智之中，作为我们知识和智慧的来源和准则。把握它，有赖于超越性力量——"光照"："理智心灵的本性是如此地被其创造者的意向建树起来，正如与可知之物在本性的秩序上相配，故而它可以在一种自成一类的非物体之光里得见真理……"[2] 此非物体之光即真理之光，真理之光照使相向心灵显现，使心灵得以获知真理。

Nash认为，感觉之物的认知离不开经验观察，但知识的最终确定则是理性以永恒的相为准则对其进行判断的结果。也就是说，心灵既

---

[1] Augustine, *Augustine: Earlier Writings*, trans. & ed. J. H. S. Burleigh (Philadelphia: The Westminster Press, 1953), 94.

[2] 奥古斯丁：《论三位一体》，周伟驰译，北京：商务印书馆，2018年，第360页。[Augustine, *De Trinitate*, trans. ZHOU Weichi (Beijing: The Commercial Press, 2018), 360.]

被动接受神圣光照，自身从而得以有先验的相，理性又主动对感觉材料进行加工、收集。① 感觉知识首先隐含或预设了理性判断，我们以此来分析《论教师》中展现的通过经验认识事物、学习语词的过程：

> 关于事物的知识不是产生在它们被人命名之后，而是在我真实地看见它们时。当这两个音节ca-put（头）第一次敲击我的耳朵时，我并不知其意，正如我第一次听到或读到saraballae时，也不知它的意思。但当caput被反复重复说出，我进行观察，我发现它是我所见过并非常熟悉的事物的名称。在此之前，这个词于我只是单纯的声音。当我得知它是某事物的符号后，它变为符号。并且我不是从符号中学到这点，而是从观察真实的事物学到。所以我们从认知事物中学习符号，而非相反。②

在学习语词caput之前，主体已见过"头"这一事物，他脑海中通过把握"头"的形象形成了关于"头"的概念，即获得关于"头"的知识。而当听到caput的声音时，他获得了一个声音印象而不知其所指，只有二者产生关联，语词意义才得到把握，而典型的确立关联的方式是以手指物。③ "手指"行为伴随着声音引导主体看向事物本身，但这一行为却并不是所指出的事物的符号，而仅仅是"某物正在被指出"的事态之符号。《忏悔录》中奥古斯丁亦叙述了语言学习的情景："听到别人指称一件东西，或看到别人随着某一种声音做某一种动作，我便记下来：我记住了这东西叫什么，要指那件东西时，便发出那种声音。"④ 指称的

---

① 参见Ronald H. Nash, *The Light of the Mind: St. Augustine's Theory of Knowledge* (Lexington: University Press of Kentucky, 1969), 104-107。Nash用康德的方式来解读奥古斯丁，试图将人类可变的知识和神圣不变的知识联系起来。

② Augustine, *Augustine: Earlier Writings*, 93.

③ Ibid.

④ 奥古斯丁：《忏悔录》，周士良译，北京：商务印书馆，2015年，第10页。[Augustine, *Confessiones*, trans. ZHOU Shiliang (Beijing: The Commercial Press, 2015), 10.]

含义在此处被凸显出来，它是建立声音和事物联结的有效方式，这正是语词意义的产生之处。可以说，在他看来，以手指物这种天然语言是语言习得的基础。通过此动作，主体意识到caput的发音代表"头"这一实体，继而心智中关于"头"的概念转而成为caput这一声音所携带的意义。奥古斯丁构造了一个理想的意义生成模式。维特根斯坦评论道："这样来描述语言学习的人，首先想到的是'桌子''椅子''面包'以及人名之类的名词，其次才会想到某些活动和属性的名称以及其他词类，仿佛其他词类自会各就各位。"① 奥古斯丁确实喜用最简单直接的具体事物来举例，在《论教师》中这种习得方式则延伸到了"行走""捕鸟"之类的动作上。直接展示事物或事态本身，把握事物自身，是把握其知识或概念的有效途径。

而理智事物是无形体的，不能通过经验观察来把握，它之所"是"，就是它的相。奥古斯丁在《论三位一体》中谈到"公义"的来源时说："我们是在自身之中学到了什么是'义'的。当我寻求表达它是什么时，我并不到处找答案，而只是在自身中找；如果我问别人什么是义，他也是在自身中找答案的。"② 凡心智之物，都需返身内求，以神圣光照照亮隐藏的相，使之被心灵"看"到，或者说自身在此中向心灵显现。主体理解语词，就是向心内搜寻语词所指之物，在光照的作用下于记忆中找到此抽象之物的相，从而明晓语词的意义。

理智之物则因其抽象性难以如感觉之物那样在事物和语词之间建立直接关联。奥古斯丁就此提供了富有启发性的思路："当一人被问问题时，他给出一个消极的答案，但若进一步询问，他的答案会变得肯定。原因在于他自己的缺陷，因为他不能使光照亮整个问题，但尽管不能一下掌握全局，当他被追问组成全局的部分问题时，

---

① [英]维特根斯坦：《哲学研究》，陈嘉映译，上海：上海人民出版社，2005年，第3-4页。[L. Wittgenstein, *Philosophical Investigations*, trans. CHEN Jiaying (Shanghai: Shanghai People's Publishing House, 2005), 3-4.]

② 奥古斯丁：《论三位一体》，第244页。

他就是在被引导着将不同的部分接连带入光照中。"[1] 依靠与其它语词的连接逐步建立声音和理智事物的关联。若A不知virtue是何意并请B做出解释，则B需用A可能理解的词汇来告知，而若A仍旧不懂，那么B就要使用更简单的词汇，即"需要以与你的能力相匹配的方式提问，使你听从内在教师的话语"[2]，B的每次解释都引导A向内心寻找，在真理之光的教导下，通过理智逐渐理解virtue之意义。奥古斯丁在和阿德奥达多斯的对话中就展示了这个过程，在询问nil为何物时，他通过步步引导，确定了nil为心灵的"虚无"状态。[3] 无论感觉事物还是理智事物，获取语词意义的真正方式都是"看见"事物本身。不存在孤立的意义实体，只有事物观念经由连接而产生的转化，意义由转化而实现。

## 三、表达行为：从内言到意义

奥古斯丁在《论三位一体》第十五卷凸显了语词的表达功能，并将其与内言（inner word）相联系，内言为"看"事物而产生的知识，因此奥古斯丁将其和意义相并而论。作为奥古斯丁心灵哲学的重要概念，内言是其以人的形象模拟上帝三位一体形象的重要一环。心灵活动所有始源都可追溯到记忆，奥古斯丁赋予记忆如同圣父一般的原初性地位，记忆包纳一切，是知识和行动的源泉。感觉之物的影像以及理智之物本身，都潜藏于记忆之中，等待心灵的注视和唤醒。记忆之物被心灵意向性地注视，成为心灵内的在场，就转化为思想（cogitatio），它是意愿将记忆中特定的知识提取和聚集的过程。奥古斯丁认为，"思想是心的一种言说，也有它的嘴"[4]，言说有时间性和过程性，故思想也具有同样的性质。伽达默尔对此描述道："在思

---

[1] Augustine, *Augustine: Earlier Writings*, 97.
[2] Ibid.
[3] Ibid., 71.
[4] 奥古斯丁：《论三位一体》，第466页。

维运动中精神忙碌地从此到彼、来回翻动、思考这一和那一问题，并以研究和思索的方式寻找它思想的完整表述。"①人的先天缺陷使理解活动充满曲折和错误，因此思维必定在时间中伸展直到产生一最终的心智现实。思想运动不断进行，就不断产生内言，它的呈现是思想的凝结和产物。内言作为思想的固著，流动中的汇聚之处，必然具有某种实在内容。

奥古斯丁将内言的来源归于记忆，记忆库藏从潜在状态转变为心智现实。内言的呈现有两种样态，一是形象（image），二是概念。形象的产生有两种方式：一为对感觉之物的经验，主体亲见过迦太基城，它的形象便储存在记忆中，当想到此城时，它便以记忆中的形象呈现在心灵中；另一为通过想象结合自己心中已有的形象构建出未见之物或现实中不存在的形象，记忆中的形象经过增删、调换、拼凑，使心智中有限的形象生发为无限的形态。对于抽象的理智事物，内言的呈现形态即其概念或相。内言并不是心灵中不出声而构建的语言，而是语言之前的东西，是完全独立的精神实体。思维依靠内言变得清晰，心灵完全以其自身的力量进行思维活动。外在符号只是内言的外壳，内言需要表达为人所知，此时外在符号的作用方才彰显。"鸣声在外的言乃是明亮于内的言的符号"②，被表达的不是运动的思想本身，而是具体化为思想的完成物——内言。内言和外言的相对与斯多葛的内在逻各斯（endiathetos logos）和外在逻各斯（prophorikos logos）的对立类似。奥古斯丁在此用内言/外言取代了意义/声音。但内言和意义在表达和理解活动中的样态和位置并不相同。在奥古斯丁的叙述中，内言多以形象或图画的形式呈现于心灵来代表事物或事态，其个体化特征决定了它本身是不可传达的。而意义则是"心智概念"，概

---

① [德]汉斯-格奥尔格·加达默尔：《真理与方法（下卷）》，洪汉鼎译，上海：上海译文出版社，1999年，第543页。[Hans-Georg Gadamer, *Wahrheit Und Methode*, Vol. 2, trans. HONG Handing (Shanghai: Shanghai Translation Publishing House, 1999), 543.]

② 奥古斯丁：《论三位一体》，第468页。

念具有普遍可传达性。O'Daly就说："意义具有更一般的语义功能，尽管它是具体事物的心理对照物，但对语词意义的理解很可能让我们不仅确定具体事物，而且可以确定与之相似的事物，只要此事物不是特殊的。"① O'Daly以柏拉图的理型和实例之间存在因果关系，来说明理型被呈现或者加诸它们的实例之上，实例分有或参与理型。② 奥古斯丁即以分有来解释事物与理型的关系③，同一事物的不同意义因为分有了同一理型而彼此相通。设若"城市"一词，各人对城市的具体观念各不相同，但就因它们都来自"城市"这一理型而使不同主体对此意义的理解趋于一致。意义作为普遍化的概念，其功能在于其可理解性和可交流性。

呈现为形象的内言自身是不可传达的，它需要通过意义作为中介。它作为思想内容，随着主体的表达意愿在声音中变为意义，形象转化为可表达的概念，从而为人理解。形象可转化为概念的原因即在于感性形象的理性结构，O'Daly道："如果我们能将'理性'赋予感觉印象，是因为在对象中所感知到的尺度和节律是'理性的痕迹'。对象之所以是可感知的，是因为它们来自理型。对于柏拉图主义者奥古斯丁来说，关键在于，对象因理型而形成，它们由理型（Forms）、理性（Reasons）或理念（Ideas）赋予其存在。"④ 拥有理性结构的形象类似于斯多葛派的"理性表象"（phantasia）："……事物的真理得以被认识的标准就是一种表象……因为首先出现的是表象，然后才是

---

① Gerard O'Daly, *Augustine's Philosophy of Mind* (Berkeley: University of California Press, 1987), 142.

② Ibid., 189-190.

③ 如在《八十三个问题汇编》中他就说："贞洁的事物因贞洁而是贞洁的，这有两种方式：其一是因为产生，贞洁产生贞洁者，因而产生者是被产生者的源泉和存在原因；其二是贞洁者因为分有贞洁而是贞洁的，贞洁者有时候也可能是不贞洁的。"参见奥古斯丁：《时间、恶与意志》，石敏敏译，北京：中国社会科学出版社，2020年，第29页。[Augustine, *Shi jian e yu yi zhi* (Time, Evil and Will), trans. SHI Minmin (Beijing: China Social Sciences Press, 2020), 29.]

④ Gerard O'Daly, *Augustine's Philosophy of Mind*, 96.

那进行表达的思想将它从表象那里获得的东西用语言传递出来。"[1] 表象通过思想用声音传达，就产生lekton，以奥古斯丁的说法来讲，作为形象呈现的内言具有理性结构，它在被传达之时自动转变为可传达的概念（意义）。

内言可以被看作潜在的语词（word-potentials），它通过言说实现自身的语义潜能。言说的意愿则是将思想内容转化为语义内容之关键。意义即产生于表达开始之时，存在于表达之中，与交流行为相关。先在于言说者心智中的，是内言而非意义。如此，奥古斯丁早期所谓"先存于言说者思想中的概念"这一说法在此发生了变化。意义一开始是以知识即内言的形式展现的。内言向意义的转化是自发的、即时的，语词表达内言，真正传达出的则是意义，它被理解者接收后，在心灵中又以内言的形式呈现，因此在听者心灵中所持存的，也不是dicibile。内言转化为意义并被声音表达后，就如圣子道成肉身，其自身并无发生任何变化，而意义则消失在交流行为完成之后。因此，意义之根本在于其作为交流行为的中介。奥古斯丁在《论三位一体》中讨论表达行为，意义就隐身在内言背后。主体进行表达并理解语词，其间对意义的运用是本能的，自然而然的，意义和内言的相互转化就也是自然而然的心智活动。

## 四、从指称到交流：意义是交流过程的中心

如果说《论辩术》《论教师》主要从听者角度讨论语词的指称问题，《论三位一体》从说者角度对思想表达进行理论建构，那么《论基督教教义》则将之前的语义论运用于释经当中，阐述了释经和讲经

---

[1] 第欧根尼·拉尔修：《名哲言行录》（希汉对照本），徐开来、溥林译，桂林：广西师范大学出版社，2010年，第651页。[Diogenes Laertius, *Lives of Eminent Philosophers* (The Greek-Chinese Version), trans. XU Kailai and PU Lin (Guilin: Guangxi Normal University Press Group, 2010), 651.]

的策略。奥古斯丁不同时代的不同作品，对语词理论的讨论角度几经转换，意义在理解和表达中获得了更具体的展现和运用。

奥古斯丁在《论教师》谈到意义时，还只是强调意义作为语言要素，未论及其心智特征。他说"每个清晰发出且携带一定意义的声音被称为语词"[①]，语词蕴含意义以指称事物。"事物"（res）的概念不能从狭义上理解，它包含的范围非常广泛，在古希腊罗马的语境中，其范畴从物质实体延伸到抽象存在。[②]奥古斯丁的定义宽泛地囊括了此前所有的内容，"可被感知的、可被理解的，以及那隐藏着的，都是事物"[③]，上帝是隐藏着的，也是事物。奥古斯丁因其在《忏悔录》中关于婴儿学习语言的经典论述被认为是典型的指称论者，然而也未尽如此。他对语言的思考是朴素的，确实倾向于以最简单的方式谈论语言和现实的关系，然而他也提到一些非现实实存、根本无法指称的事物，比如介词、连词，如ex（从…中分离），si（如果），甚至还有nil（无）这种看似无所指（表示心灵的虚无状态）的虚词。如此，语词不仅指称现实，也意指心智之物或情感状态。

在《论教师》《论辩术》中，奥古斯丁对语言的讨论多以单个语词为单位，语句含义则是语词意义的单纯相加，此后，他很少再有此类理论化地对符号意指的静态分析，在《论三位一体》中出现的多是语言和思想的链接，而非拘泥于"指称"。外言表达内言，现实在心灵中以内言呈现，奥古斯丁通过它作为精神中介构建符号和外部事物的关联，或者说通过意义构建语词和世界的关联。语词是内言的符号，内言指向事物，思想从而成为直接所指，通过思想来间接意指事

---

① Augustine, *Augustine: Earlier Writings*, 76.

② Res与希腊语pragma非常接近，在柏拉图、亚里士多德和斯多葛派那里，它不仅指具体呈现的物质现实，更被讨论的事态、事物或问题。而在拉丁语境中，res具有经济和法学方面的意义，指物品、财富、利益等物质实体，也指只能被心灵所感知的无形存在，比如财产权；而在修辞学中，它指话语或演说的主题内容，昆体良也将它与思想等同。参见Barbara Cassin ed., *Dictionary of Untranslatables: A Philosophical Lexicon* (Princeton: Princeton University Press, 2014), 894-897。

③ Augustine, *De Dialectica*, 87.

物。语词对事物的指称逐渐被弱化，取而代之的是对思想的表达。当语词出现在交流的语境之中，单纯的"事物"作为意指对象就显得单薄，应以更复杂的"事态"来替代。

在表达行为中，被传达的是意义本身。意义处于动态的对话过程之中，在言说实践内凸显。交流的过程是意义的表达与理解过程。奥古斯丁言说意义，是为表达和交流构建基础。正如伽达默尔对奥古斯丁的理解，通过语言交流的意义"不是类似于一个陈述中的一种抽象的逻辑意义，而是发生于其中的实际的相互影响"[1]，意义在此间流动，并因此获得了生命。这种交流不是单纯的人与人的交流，而是一切自我与他者的碰撞，它主要包括共同体内主体间的交流、上帝与人的交流以及人与圣经文本的"交流"。

奥古斯丁不是专门的符号学者，其思考绝大多数时候不是为了建构符号理论，而是像托多洛夫所说，为了宗教的目标。[2]随着其身份、神哲学思考的转变，他对符号和意义的思考方式也发生变化，这种变化逐渐凸显符号的表达交流功用，而此功用所指向的，是对与上帝"面对面"的追求。其《论辩术》是以《论秩序》中为理性训练和提升而提出的人文学科计划为背景，以他自己的辩术、修辞术知识为根基书写的理论教材；到《论教师》这部认识论作品，他以语词在教导中的无力性表明内在基督才是真正的教师，但语词终究被定位为交流中的"提醒者"；转折发生在《论基督教教义》，他以意义为中心的符号意指模式为《圣经》阐释提供了符号原理，语义关系存在于表达与理解之中，意义由此被凸显出来；至《论三位一体》，奥古斯丁

---

[1] 【加】J·格朗丹：《奥古斯丁：内在逻各斯的普遍性》，何卫平译，《云南大学学报》（社会科学版），2005年第4期，第19页。[J. Grondin, "Augustine: The Universality of the Inner Logos," trans. HE Weiping, *Journal of Yunnan University* (Social Sciences Edition), no. 4(2005): 19.]

[2] [法]茨维坦·托多罗夫：《象征理论》，王国卿译，北京：商务印书馆，2004年，第30页。[Tzvetan Todorov, *Theories of the Symbol*, trans. WANG Guoqing (Beijing: The Commercial Press, 2004), 30.]

用内言取代了作为语言成分的意义，以此对抗圣子从属论陷阱，意义在心灵的先在性丧失了，代之以纯粹的交流媒介。符号从根本上是上帝启示活动的手段，意义的领悟作为其结果则表征了主体心灵的转化。意义问题处于神学的框架之下，它作为交流的中心面向两处：其一，上帝与人的交流——主体要么未能正确领悟上帝启示，受符号捆绑，将受造物的意义理解为终极意义，要么感受到上帝的恩典，从符号中领悟上帝真意。整个世界作为上帝意志的符号，对其的理解和阐释亦即对上帝意旨的领悟，《圣经》同样也是如此；其二，人与人的交流，此交流意欲构建共同体或本身就处于基督教共同体之中，通过共同体内部的相互教导促成主体之间对教义的共识，增进彼此友爱，并通过此邻人之爱通达对上帝的爱，其所导向的内容最终还是上帝的启示或恩典。如此，心智领会符号意义、实现意义潜能的过程，就是有限的主体认识绝对存在的过程。符号意义问题和真理认识论是同一的，主体如何把握符号真意，亦即如何认识终极真理，反之亦然。

## 结语

奥古斯丁符号观念的形成，展现为从古希腊罗马传统符号观的笼罩下逐渐找到自我真知的过程，但由于他对希腊语的无知，以及对纯粹符号问题关注的不足，他对相关文献和理论的掌握并不充分，没有意识到自身符号观念的新颖性和重要性。[1] 诸种因素造成其对符号和意义的思考缺乏系统性，很少对某一问题进行深度阐发使其演展为真正的理论，因此，虽其符号思想在很大程度上是前无古人的，但其意义论夹杂在知识论及神学思考中，不成体系。尝试归纳这位伟大的神学家对于意义问题的思考进路，可以发现其符号观逐渐从传统的指称功用为主转变为以表达交流功用为主，与之相随，是意义内涵和

---

[1]  John Deely, *Augustine & Poinsot: The Protosemiotic Development* (Scranton: University of Scranton Press, 2009), 10.

作用的变化，从静态的固定对象转而成为在对话中不断流转。处于交流行为中的意义在主体的参与中呈现出多样性，甚至是近乎无限的开放性。早期奥古斯丁虽已将意义置于符号过程之内，但符号关系出于主体心灵中符号与事物的固定关联，与推理式符号观中符号与事物对应并无实际区别。"意义"观念在奥古斯丁的论述中出现，却未得到真正充分的运用。在实践中，意义则真正发挥了作用——意义具有可被普遍理解的一面，这使之成为交流中的关键；意义也有个体化的一面，无论是理解或表达，都为个体主观的领悟或选择。也就是说，意义的共通性使交流成为可能，其主观性则使整个语言世界丰富充盈。奥古斯丁眼里的符号从自然事物转变为心灵的表征，最终进入人文领域，这为现代符号学的确立在思想史上做了充分的铺垫。

# 参考文献[Bibliography]

## 西文文献[Works in Western Languages]

Ammonius. *On Aristotle on Interpretation 1-8*. Translated by David Blank. London: Bloomsbury, 2013.

Augustine. *De Dialectica*. Translated by B. Darrell Jackson. Edited by Jan Pinborg. Dordrecht: D. Reidel. Publishing Company, 1975.

_____. *De Doctrina Christiana*. Translated and Edited by R. P. H. Green. Oxford: Clarendon Press, 1995.

_____. *Augustine: Earlier Writings*. Translated and Edited by J. H. S. Burleigh. Philadelphia: The Westminster Press, 1953.

_____. *Writings of Saint Augustine*, Vol. 2. Translated by John J. McMahon, S. J, et al. New York: Cima Publishing Co., INC, 1947.

Cary, Philip. *Outward Signs: The Powerlessness of External Things in Augustine's Thought*. New York: Oxford University Press, 2008.

Cassin, Barbara, ed. *Dictionary of Untranslatables: A Philosophical Lexicon*. Princeton: Princeton University Press, 2014.

Cicero. *Rhetorica ad Herennium*. Translated by Harry Caplan. London: William Heinemann LTD, Cambridge: Harvard University Press, 1964.

Connaghan, Charles. "Signs, Language, and Knowledge in St. Augustine's De Magistro." PhD Diss., University of London, 2004.

Deely, John. *Augustine & Poinsot. The Protosemiotic Development*. Scranton: University of Scranton Press, 2009.

Eco, Umberto, et al. "'Latratus Canis' or: The Dog's Barking." In *Frontiers in Semiotics*. Edited by John Deely, Brooke Williams, and Felicia E. Kruse. 63-73. Bloomington: Indiana University Press, 1986.

Eden, Kathy. "The Rhetorical Tradition and Augustinian Hermeneutics in *De Doctrina Christiana*." *Rhetorica: A Journal of the History of Rhetoric* 8, no.1 (1990): 45-63.

Empiricus, Sextus. *Against the Logicians*. Translated and Edited by Richard Bett. New York: Cambridge University Press, 2005.

Fiorenza, Francis Schussler. "Systematic Theology: Task and Method." In *Systematic Theology*. Edited by Francis Schussler Fiorenza and John P. Galvin. 1-87. Minneapolis: Fortress, 1991.

Gilson, Etienne. *The Christian Philosophy of Saint Augustine*. Translated by L. E. M.

Lynch. New York: Vintage Books, 1960.

Jackson, B. Darrell. "The Theory of Signs in St. Augustine's *De Doctrina Christiana*." *Revue d'Etudes Augustiniennes et Patristiques* 15, no. 1 (1969): 9-49.

Johnson, D. W. "Verbum in the Early Augustine (386-397)." *Recherches Augustiniennes et Patristiques* 8, (1972): 25-53.

Jordan, M. D. "Words and Word: Incarnation and Signification in Augustine's De Doctrine Christiana." *Augustinian Studies* 11, (1980): 177-196.

Kirwan, Christopher. "Augustine's Philosophy of Language." In *The Cambridge Companion to Augustine*. Edited by Eleonore Stump and Norman Kretzmann, 186-204. Cambridge: Cambridge University Press, 2001.

Manetti, Giovanni. *Theories of the Sign in Classical Antiquity*. Translated by Christine Richardson. Bloomington: Indiana University Press, 1993.

Markus, R. A. "St. Augustine on Signs." *Phronesis* 2, no. 1 (1957): 60-83.

Nash, Ronald H. *The Light of the Mind: St. Augustine's Theory of Knowledge*. Lexington: University Press of Kentucky, 1969.

O'Daly, Gerard. *Augustine's Philosophy of Mind*. Berkeley: University of California Press, 1987.

Sirridge, Mary. "Augustine: Every Word is a Name." *New Scholasticism* 50, no. 2 (1976): 183-192.

Varro. *On the Latin Language*, Vol. I. Translated by Roland G. Kent. Cambridge: Harvard University Press, London: William Heinemann LTD, 1938.

Watson, Gerard. "St. Augustine and the Inner Word: the Philosophical Background." *Irish Theological Quartely* 54, no. 2 (1988): 81-92.

## 中文文献[Works in Chinese]

奥古斯丁：《忏悔录》，周士良译，北京：商务印书馆，2015年。[Augustine. *Confessiones*. Translated by ZHOU Shiliang. Beijing: The Commercial Press, 2015.]

奥古斯丁：《论辩术：圣奥古斯丁的辩术之道》，何博超译，载《文化与诗学》，2010年第1期，第144-172页。[Augustine. "Lun bian shu: sheng ao gu si ding de bian shu zhi dao (Debate: Saint Augustine's Way of Debate)." Translated by HE Bochao. *Culture and Poetics*, no. 1 (2010): 144-172.]

奥古斯丁：《论三位一体》，周伟驰译，北京：商务印书馆，2018年。[Augustine. *De Trinitate*. Translated by ZHOU Weichi. Beijing: The Commercial Press, 2018.]

奥古斯丁：《论秩序：奥古斯丁早期作品选》，石敏敏译，北京：中国社会科学出版社，2017年。[Augustine. *Lun zhi xu: ao gu si ding zao qi zuo pin xuan* (On Order: The Earlier Writings of Augustine). Translated by SHI Minmin. Beijing: China Social Sciences Press, 2017.]

奥古斯丁：《时间、恶与意志》，石敏敏译，北京：中国社会科学出版社，2020年。[Augustine. *Shi jian e yu yi zhi* (Time, Evil and Will). Translated by SHI Minmin. Beijing: China Social Sciences Press, 2020.]

[法]茨维坦·托多罗夫：《象征理论》，王国卿译，北京：商务印书馆，2004年。[Todorov, Tzvetan. *Theories of the Symbol*，Translated by WANG Guoqing. Beijing: The Commercial Press, 2004.]

第欧根尼·拉尔修：《名哲言行录》（希汉对照本），徐开来、溥林译，桂林：广西师范大学出版社，2010年。[Laertius, Diogenes. *Lives of Eminent Philosophers* (The Greek-Chinese Version). Translated by XU Kailai and PU Lin. Guilin: Guangxi Normal University Press Group, 2010.]

[德]汉斯-格奥尔格·加达默尔：《真理与方法（下卷）》，洪汉鼎译，上海：上海译文出版社，1999年。[Gadamer, Hans-Georg. *Wahrheit Und Methode*. Vol. 2. Translated by HONG Handing. Shanghai: Shanghai Translation Publishing House, 1999.]

【加】J·格朗丹：《奥古斯丁：内在逻各斯的普遍性》，何卫平译，载《云南大学学报》（社会科学版），2005年第4期，第15-19页。[Grondin, J. "Augustine: The Universality of the Inner Logos." Translated by HE Weiping. *Journal of Yunnan University* (Social Sciences Edition), no. 4 (2005): 15-19.]

[英]维特根斯坦：《哲学研究》，陈嘉映译，上海：上海人民出版社，2005年。[Wittgenstein, L. *Philosophical Investigations*. Translated by CHEN Jiaying. Shanghai: Shanghai People's Publishing House, 2005.]

# 如何理解康德的万有在神论思想?

## How Should We Understand Kant's Panentheism?

马 彪

MA Biao

**作者简介**

马彪，南京农业大学马克思主义学院副教授。

**Introduction to the author**

MA Biao, Associate Professor, School of Marxism, Nanjing Agricultural University.

Email: kantma@163.com

# Abstract

It is widely recognized that Immanuel Kant grappled with three fundamental questions: religion, knowledge, and ethics, and he endeavored to find resolutions for them. However, when compared to the latter two, Kant's inquiry into religion appears relatively underdeveloped. Some scholars have interpreted Kant as a deist, but this interpretation often overlooks the comprehensive structure of Kant's theology, the evolution of his theism in his pre-critical philosophy, and his early critical philosophy.

On the other hand, some have classified Kant as a panentheist, yet it would be an oversimplification to confine his position solely to moral panentheism. By examining elements such as human limitations, disciplinary competition, and the religious underpinnings of logic and time in Kant's later critical philosophy, we can discern that Kant's religious stance is not merely a static acceptance of truth derived from rational theology. Instead, it represents a dynamic interplay between revelation and reason. To some extent, a dialogical panentheism is a more fitting characterization of Kant's philosophy of religion.

**Keywords:** Kant, Deism, Theism, Panentheism

宗教论题一直是康德哲学的兴趣所在，对它的反思几乎贯穿了其整个学术生涯：由前批判哲学时期的《一般自然史与天体理论》《形而上学认识各首要原则的新说明》《证明上帝存在唯一可能的证据》，到《纯粹理性批判》之"纯粹理性的法规"、《实践理性批判》之"辩证论"、《判断力批判》之"目的论判断力的方法论"，再到《纯然理性界限内的宗教》（以下简称《宗教》），以及《学科之争》等，无不涉及这一话题。因此，某种层面上可以说，较于其对知识和道德的探究而言，康德无论在宗教著述方面，还是在宗教探索的热情方面，丝毫不比他为自己开列的另外那两个哲学旨趣弱。可奇怪的是，相对康德之知识论和伦理学的研究来说，后世对其宗教思想的探讨，无论是在深度还是在广度方面都相对不足，虽说近年来这一研究现状略有变化，但并没有根本上的改观。

本文所要处理的议题与康德的宗教哲学立场密切相关，准确地说，它关涉的是康德万有在神论（panentheism）这一核心论题。针对这一论题及其相关论域，已有不少学者对此做过梳理。比如伍德（Allen Wood）曾经指出，就其神学立场而言，康德是典型的自然神论的忠实信徒[1]；而庞思奋（Stephen Palmquist）则倾向于认定，康德秉持的是"道德的万有在神论"（moral panentheism）这一观点[2]。与伍德的看法不同，我们认为，康德提倡的不是"自然神论"（Deismus）而是"有神论"（Theismus）；但需要指出的是，康德的有神论并不能证实在庞思奋意义上的"道德的万有在神论"，相反它只能被解读为在理性和历史信念、自由与启示之对话基础上的"商榷式的万有在神论"。为了说明这一点，本文拟分为三个部分来对此加以阐释：首

---

[1] Allen Wood, "Kant's Deism," in *Kant's Philosophy of Religion Reconsidered*, eds. Philip Rossi and Michael Wreen (Bloomington: Indiana University Press, 1991), 2.

[2] Stephen Palmquist, "Kant's Moral Panentheism," *Philosophia* 36, no.1 (2008): 20.

先，第一部分亦即问题的导入部分，介绍康德神学的整体架构，确立康德持有神论而非自然神论这一基本主张；其次，阐述康德之有神论在其前批判哲学时期与批判哲学前期的思想衍化过程；最后，检讨康德道德神学之泛神论的思想背景，以及由此背景衍生出的"道德的万有在神论"观点及其存在的问题。

## 一、神学架构

自然神论与有神论就像任何其他具有争议的哲学概念一样，并没有一个统一的和被大家普遍接受的定义。为避免不必要的争讼，我们在探讨康德的宗教立场时采取"以经释经"的方法，就康德自身对这些概念之理解的基础上把握康德的神学思想。基于这一预设，在对康德是否主张伍德所理解的自然神论这一立场做出判断之前，我们认为，极有必要对康德所理解的神学框架做一说明，毕竟对任何一种学说而言，只有将其置于其之所从出的具体语境和体系中加以把握，才不会错失太远。

康德在《纯粹理性批判》"先验逻辑论"之结束部分，曾对他所理解的神学及其相关范畴做了一次系统性的概括。对他来说神学关涉的是元始存在者的认知，它可被细分为"理性神学"与"启示神学"两类。就前者而言，假如它在思维自己的最高对象时是通过纯粹的理性，凭借先验的概念如"元始的存在者""最实在的存在者""一切存在者的存在者"等而得到的话，那么这一理性神学就叫"先验的神学"，康德把承认这一神学的人称为"自然神论者"；反之，当人们在思维自己的对象时不是借助先验概念，而是借助自然世界中的已有对象，通过类比的方式从中得出一个最高理智的概念，那么在此情况下，这一理性神学就被叫作"自然的神学"，康德把接受这一神学的人称之为"有神论者"。[①]

---

① [德]康德：《纯粹理性批判》，李秋零译，北京：中国人民大学出版社，2011年，第434-435页。[Immanuel Kant, *Kritik der reinen Vernunft*, trans. LI Qiuling (Beijing: China Renmin University Press, 2011), 434-435.]

其中，自然神论者主张，至上的存在只能通过纯然的理性来认识，但关于这一存在的概念却是先验的，即我们能够承认这一存在所具有的特性，但却不能更为具体地规定它的这些特性。与此相对，有神论则认为，依照自然类比的方式我们完全能够准确地规定这一至上的对象。换句话说，自然神论是要把至上的存在表述为一个世界的原因，而有神论则倾向于把上帝视为一个世界的创造者。在对自然的神学给出刻画之后，康德又将先验的神学做了进一步的划分。在他看来，先验的神学要么是从一般经验中推导出一个元始存在者的神学，在此意义上，它可被叫作"宇宙神学"；要么相信借助纯然的概念，而无须任何经验的帮助就能认知它的存在，而在这一层面它可被称为"本体神学"。与先验的神学不同，自然的神学并不是从概念上导出上帝这一存在，相反它是由这个世界中被发现的性状、秩序与和谐统一推论出一个世界的创造者的属性和存在，而我们知道，在这个世界中必须假定两类规则或因果关系，即自然与自由。因此，自然的神学要想从这个世界的某些性状上升到最高的理智这一理念，只能要么把它视为一切自然秩序的完善原则，要么把它当作一切道德秩序的完善原则，在前一种场合它叫作"自然神学"，而在后一种场合它叫作"道德神学"。[1] 为方便概览，现将康德神学架构概括如下：神学分为"理性神学"与"启示神学"两类，而前者可分为"先验的神学"（自然神论）与"自然的神学"（有神论）。其中，"先验的神学"又可分为"本体神学"（本体论证明）与"宇宙神学"（宇宙论证明）；而"自然的神学"又可分为"自然神学"（自然神学证明）与"道德神学"（道德神学证明）。我们在此不难发现，康德毫无疑问赞成有神论，反对自然神论，因为熟悉康德哲学的人都知道，康德在第一批判中对传统宗教所做的批判直接涉及的就是这里列出的本体神学（本体论证明）、宇宙神学（宇宙论证明）与自然神学（自然神学

---

[1] [德]康德：《纯粹理性批判》，第435页。

证明），而他在《实践理性批判》中支持和着力证成的则是有神论中的道德神学。其实，为了防止后人的误解，康德在对其神学架构做出阐述之后，曾在该书的同一页中做了一个脚注以示说明。康德指出，传统的神学道德与他的道德神学不是一码事：前者旨在以上帝的法则作为道德的前提，而后者强调的是上帝要基于道德法则之上，而非相反。[①]而我们知道，将宗教奠立在理性与道德之上几乎可以视作康德之宗教思想的最终立场，虽然从前批判哲学时期到批判哲学后期来看，他的这一思想有着一个复杂的衍变过程。

## 二、康德有神论思想的衍化

出于系统分梳康德神学立场之演变这一考量，我们将在下文中分别从前批判哲学时期、批判哲学前期，以及批判哲学后期三个阶段分别考察其有神论思想的衍化过程。而在这里我们尝试结合康德哲学的前两个阶段的相关文本，具体探讨康德之神正论的内在转换问题。继而，在这一考察的基础上，澄清康德何以早年偏向"境遇式的"（situational）有神论，而在1781-1786年这一对他而言极为重要的思想转变和过渡时期，他却转而走向了实践理性之范导原则上"象征性的神人同形同性论"，并对其中的原委给出说明。

### （一）前批判哲学时期

1755年11月1日"万圣节"这一天，里斯本发生了一次大地震，这次地震无论是死亡人数、破坏程度，还是波及范围在欧洲历史上均属罕见。对于年仅31岁的康德而言，这次地震对他的震撼非同小可，让当时沉迷于"乐观主义"（Optimismus）的他幡然醒悟，自此走出了蒲柏（Alexander Pope）之神正论学说对其宗教思想的影响，更是由此

---

[①] [德]康德：《纯粹理性批判》，第435页。

彻底抛弃了莱布尼茨"自然恶是对人的道德恶的惩罚"这一教条。地震发生的第二年即1756年，康德连续写就了《地震的原因》《地震中的诸多值得注意的事件》，以及《地震的继续考察》三篇文章来反思这一事件。康德认为，里斯本地震对传统宗教信仰构成了重大挑战，因为这次地震不仅埋葬了无数的罪人，还杀死了许多品格高尚的人。当时有不少学者尝试用莱布尼茨的神正论来解释这一现象，即把这次地震视为上帝对人之道德恶的惩戒。康德反对这一主张，在他看来："如果我们把这些不幸者视为上帝复仇的目标，上帝的正义将其所有的愤怒都倾倒在他们头上，人们对此是极为反感的。这种判断方式是一种不可原谅的冒失。"①

作为较早接受牛顿力学的学者，康德断言自然本身有其独立的运动规律，上帝并不直接干涉现实世界的事务。他的这一思想在1755年出版的《一般自然史与天体理论》一书中刻画得尤为明显，而我们从该书的德文题名②即可看出，康德试图用牛顿的力学原理来解释自然世界中发生的诸多不可思议的现象。比如康德曾举例，在牙买加某海岛上，每当太阳升起时，海风亦随之吹起，阳光越热，海风越强，而当太阳落山，海风也因之停息。对此现象，传统的宗教信徒乐于将其看作天意的安排。康德反对这种解读，在他看来："即使没有人居住在这样的岛上，这些海风必定还是要做这样的周期性运动。"③此现象与天意无涉，反而与空气的弹性和重力有关：太阳的热力破坏了空气的平衡，使得海岛上的空气变得稀薄，继而让凉爽的海洋空气乘虚而入，由此才出现了太阳与海风之间彼此应和的神秘现象。进而言

---

① [德]康德：《康德著作全集》第1卷，李秋零译，北京：中国人民大学出版社，2003年，第445页。[Immanuel Kant, *Kants Werke Akademie Textausgabe I*, trans. LI Qiuling (Beijing: China Renmin University Press, 2003), 445.]

② 康德这一著作的原名较长：*Allegemeine Naturgeschichte und Theorie des Himmels oder Versuch von der Verfassung und dem mechanischen Ursprung des ganzen Weltgebäudes, nach Newtonischen Grundsäßen abgehandelt*。李秋零将其简化为《一般自然史与天体理论》，而全增嘏把它译为《宇宙发展史概论》，本文选用前一译法。

③ [德]康德：《康德著作全集》第1卷，第220页。

之，康德认为，自然中的诸多貌似无法理解的事件，事实上并没有过深的奥秘，我们也不需要在自然之外寻求它的原因，自然本身的规律足以给出合理、令人信服的解释。

显然，康德的上述解读，难免让人得出他反对有神论赞成无神论这一结论。事实并非如此。对他而言，世界本身有其自身的规律，而世上的万物也都是由这规律支配的，这一点凡是理智健全的人都不会否认。康德的深层疑问是，诸如此类的自然规律从何而来，难道说它们源自偶然？若是如此，那么我们又当如何解释不同性质的事物之间所造成的那种和谐与秩序呢？康德对此的诠释是，世界的和谐与秩序并非来自偶然，而是出于上帝，若不然，世界上如此众多的事物和意图绝不可能聚汇在一个目的之中。[①] 因此，就世界与上帝之间的关系而言，康德在这里认定：首先，世界中的事物自身有其秩序，而非没有章法的胡乱堆砌；其次，世界中的这种秩序本非偶然，而是出于上帝的意图与规定；最后，这些意图与规定是系统的、统一的整体。宇宙布局的设计是由至高无上的理智永恒地置入了物种的本质规定里面，并植入普遍的运动自然规律之中，以便由此出发，以一种与最完美的秩序相符合的方式无拘无束地生发出来。

康德前批判哲学时期的这一神正论观点，由后世的神学理论看无疑是有神论的，虽然说上帝与具体的自然世界没有直接的关联，但前者毕竟是后者所遵循的那些规律的最终根据和保证，上帝在这里虽不是"操作式的"（operational）存在，但却是"境遇式的"在场。[②] 而这与自然神论所主张的上帝在创造了自然世界之后就不再干涉它的事务这一看法显然不符。在此意义上，可以说上帝是一直活生生地对人产生着作用的存在。[③] 因此，仅就前批判哲学时期的神学思想来说，康

---

[①] [德]康德：《康德著作全集》第1卷，第312-313页。

[②] See George Huxford, *Kant and Theodicy: A Search for an Answer to the Problem of Evil* (London: Lexington Books, 2020), 19-20.

[③] Allen Wood, "Kant's Deism," 1.

德显然是有神论的支持者，或者说他不是传统意义上的自然神论者。而在后文，我们还会论证，康德的宗教是以道德为基础的有神论神学，但以道德作为神学的基础并不意味着他将神学进行了道德还原。相反，其真实意图在于以道德作为神学的逻辑前提，同时兼顾启示这一神学的时间起点，继而在理性和历史信念、自由和启示在对话的基础上动态地趋近于上帝的智慧和真理。

### （二）批判哲学前期

需要指出的是，康德前批判时期所坚持的这一"境遇式的有神论"，在其批判哲学前期得到了承继和进一步的发挥，这一点，我们亦可以在他的《未来形而上学导论》（以下简称《导论》）一书中找到证据。在这本小书中，康德或许是受到了休谟对有神论之批判的启发，在探讨人与上帝的关系时，更为明确地指出，他眼中的上帝与一般的"神人同形同性论"存在本质的不同：通常意义上的"神人同形同性论"指的是"独断论的神人同形同性论"，而他所说的"境遇式的有神论"倾向于"象征性的神人同形同性论"。[①] 换句话说康德支持的是实践理性或范导性的，而非思辨理性或建构性的神人同形同性论思想。他的这一立场，在《导论》之"关于纯粹理性的界限规定的结论"中表述的较为翔实。

我们上面已经说过，有神论与自然神论不同，前者不像后者那样把上帝及其特征建立在纯粹理性的概念之上，相反，它是从我们的感官世界中寻求例证，继而将这些本来属于现象世界的某些特质以类比的方式赋予本体世界中的上帝。对康德而言，有神论为了满足理性对无限的追求，必然要从有条件的现象世界跨越到本体世界，但由于在后一世界中我们没有与之相应的直观，因此在此情况下我们除了纯然思维的形式之外，没有剩下任何东西，可仅仅通过这些形式，我们对

---

[①] Jerry Gill, "Kant, Analogy, and Natural Theology," *International Journal for Philosophy of Religion* 16, no.1 (1984): 21.

至上存在的思维就是不确定的。诚如休谟一直批判的那样，假如此时我们把由感官得来的对象特征赋予上帝，那么这显然错误，因为我们感官的对象与至高无上的上帝之间的距离不可以道里计，这一为了认识上帝而诉诸的神人同形同性论无疑存在问题。在休谟看来，神人同形同性论与有神论不可分割地联系在一起，只要清除掉了神人同形同性论，有神论自然也会归于消亡，一起垮台，剩下的就只是自然神论了，而人们从自然神论中得不出什么东西来，它根本不能用作宗教和道德的基础。①

　　康德同意休谟的前提，但反对其结论，因为休谟批驳的只是建构的或独断论的神人同形同性论，而不是范导的或象征性的神人同形同性论。对康德而言，理性诚然不能在超验领域做出知识判断，这一点休谟无疑是对的，但理性的判断未必就不能应用于经验的范围之外，两者并不是完全对立的，关键在于理性是要对超验世界的自在之物做出判断，还是以此为参照来认识我们自身、考察我们自己。在康德看来，我们对超验对象的思考，其实并不是为了认识上帝本身，而是想借助类比的方式为我们保留一个对我们来说确定的概念，之所以如此，是因为"我们毕竟是相对于世界，从而相对于我们规定它的，更多的东西对于我们来说也不必要"②。康德把这种仅仅为了我们自己而非为了认知上帝的理论称之为象征性的神人同形同性论，并一再强调他的神人同形同性论"事实上仅仅涉及语言，而不涉及课题本身"③。康德认为，当我们说上帝具有意志和知识时，我们实际上表达的不过是：一只钟表、一艘船、一支军队与钟表匠、造船师、司令官的关系是怎样的，感官世界与

---

　　① 译文参考了李秋零的译本，参见[德]康德：《未来形而上学导论》，李秋零译，北京：中国人民大学出版社，2013年，第94页。[Immanuel Kant, *Kants Gesammelte Schriften IV* (Berlin: Georg Reimer, 1911), 356; Immanuel Kant, *Prolegomena zu einer jeden künftigen Metaphysik, die als Wissenschaft wird auftreten Können*, trans. LI Qiuling (Beijing: China Renmin University Press, 2013), 94.]

　　② [德]康德：《未来形而上学导论》，第96页。

　　③ 同上，第95页。

这一未知的至上存在的关系就是怎样的。因此对我们来说，我们不是按照这一未知的存在者自身而言来思考的，而是按照它对我们亦即就世界而言来思考的，在这里理性的认知并未由此转嫁到上帝上，而是仅仅用在了它与世界的关系上，从而避免了休谟所批判的独断的神人同形同性论。就事实而言，康德认为，他基于自然神学之上的象征性的神人同形同性论的优点相当明显：一方面，它能够摆脱那种出于对上帝之迷信的狂热崇拜与虚假信仰；而另一方面，它又可以走出唯物论与宿命论的盲目主张，继而为自由与道德留下足够的空间。

假若前述合理，那么我们将不难得出这一结论：康德虽然反对在思辨理性领域内证明上帝存在的可能性，但就理念的范导性而言，他并不否认上帝存在的这一有神论主张。[①]伍德认定康德为"自然神论者"的著名解读显然有问题，其错处在于他忽视了康德在第一批判中所列的神学思想架构，没有从康德思想的衍化过程理解其宗教学说；另外一点，是他试图用德莱顿（John Dryden）的"自然神论"这一外在于康德思想的神学定义来解读康德。[②]诚然，伍德通过德莱顿"自然神论"概念来解读康德，无疑使我们见识到了康德神学思想的复杂性和多维性，但某种程度上却错失了对其真实宗教立场的把握。

## 三、万有在神论

我们知道，康德终其一生几乎没有踏进过教堂，虽然他坚持有神论这一主张，但无论是在其著作还是通信中，几乎没有出现过耶稣这个名字，而在那些涉及耶稣的地方，康德的通常做法是用"上帝所喜悦的人""上帝之子"[③]等称谓替代之。据此来看，康德又绝不是传

[①] Jerry Gill, "Kant, Analogy, and Natural Theology," 21.
[②] Allen Wood, "Kant's Deism," 2-3.
[③] [德]康德：《纯然理性界限内的宗教》，李秋零译，北京：中国人民大学出版社，2011年，第48页。[Immanuel Kant, *Die Religion Innerhalb der Grenzen der bloßen Vernunft*, trans. LI Qiuling (Beijing: China Renmin University Press, 2011), 48.]

统宗教意义上的有神论者。既然如此，康德所主张的有神论到底有何独到特质？要想把握这一点，我们尚需事先对18世纪德国学界的泛神论之争做一梳理。

### （一）泛神论之争及其影响

由康德1783年出版的《导论》中，我们看到此时的他几乎还徘徊在范导性或象征性的有神论阶段，并没有明确推进到上帝的道德证明阶段。然而，就在1783年的夏天，雅各比（Friedrich Heinrich Jacobi）和门德尔松（Moses Mendelssohn）之间发生了一场影响深远的泛神论之争。随后几年，包括康德、歌德、哈曼（Johann Georg Haman）、赫尔德（Johann Gottfried Herder）等在内的几乎所有人文学者都卷入了这场争论，而这场争论对康德其后的道德神学思想之形成亦有着巨大的影响。

雅门之争起初围绕着莱辛是不是斯宾诺莎主义者这一问题展开，随着问题的推进，他们的探讨逐渐深入到了理性和信仰之辩的层面。针对上帝存在这一问题，门德尔松认为无须借助其他手段，单理性就足以证明，而他在应征柏林科学院的文章中已对这一论题做过详细论述。而比他年轻14岁的雅各比则指出，门德尔松对理性过于信赖，而像他这样一位具有如此清澈理智的学者竟然如此痴迷理性的有效性，的确让人感到匪夷所思。[1] 雅各比认为，就上帝等神学议题的研究而言，理性显然是无能为力的，它不可避免地会把我们引向无神论和宿命论的深渊，而斯宾诺莎之被称为无神论者就是这方面的一个明证。所以为了摆脱这一困境，雅各比要求人们在信仰上做出"致死的一跃"，要敢于相信信仰的真理，而不能像门德尔松那样试图用理性的方式去论证上帝的存在。

针对雅门之争，康德的态度比较复杂。与门德尔松一样，他认为上帝的存在应该基于理性的证明，但他又很难接受门德尔松的那种独断的证明方式；就反对传统的形而上学这一点而言，康德与雅各比的

---

[1] Martin Yaffe, *Leo Strauss on Mendelssohn: An Interpretive Essay* (Chicago: The University of Chicago Press, 2012), 70-73.

立场相仿，但他显然拒绝后者那种盲目的或狂热的神秘主义立场。就康德在批判哲学前期这一时段来说，如果其第一批判旨在协调经验论与唯理论，那么1783年后其核心问题已转变为如何应对雅门之间的理性与信仰之争。直到1786年，康德在《什么叫做在思维中确定方向》中才对此争论给出了初步解答。在这篇文章中，康德同意门德尔松由理性切入对超感性对象（上帝）的论证，但他认为，此处的关键是应该区分理性的双重应用即理性的理论应用和实践应用。[①] 前一应用旨在为一切偶然的现象给出合理的解释和最初的说明，而为此我们必须假定一个理智的创造者，虽然我们不能对它做出客观的刻画；与此相对，后一应用尤为重要，因为在这里设定上帝存在则是道德法则为实现至善这一目的的必然要求。换言之，我们没有关于上帝的知识，这一点他和雅各比一致，但在理性能够确定信仰这一点上，康德又与雅各比的观点相左；就信仰必须基于理性这一点上，康德与门德尔松一致，但与此同时他又抛弃了从思辨理性——用门德尔松的话说是"健全理性"或"淳朴的人类知性"——走向上帝的理路，相反他认为只有实践理性才能切实解决信仰的基础问题。

但是需要指出的是，康德在这篇重要文献中并没有真正化解雅门之争，因为他在这里的证明存在循环论证的嫌疑。首先，康德认为道德法则要求公设上帝以实现至善，这似乎是说道德法则是至善的前提；而与此同时他又认定，道德法则的存在要依赖于至善，而这表达的意思无疑又与上一句明显相悖。[②] 事实上，我们知道康德在两年后出版的《实践理性批判》中才最终解决该问题。康德在文中确立了道

---

[①] [德]康德：《康德著作全集》第8卷，李秋零译，北京：中国人民大学出版社，2010年，第140页。[Immanuel Kant, *Kants Werke Akademie Textausgabe VIII*, trans. LI Qiuling (Beijing: China Renmin University Press, 2010), 140.]

[②] Brian Chance and Lawrence Pasternack, "Rational Faith the Pantheism Controversy: Kant's 'Orientation Essay' and the Evolution of His Moral," in *Kant and His German Contemporaries II: Aesthetics, History, Politics, and Religion*, ed. Daniel Dahlstrom (Cambridge: Cambridge University Press, 2018), 204.

德法则作为纯粹理性的唯一理性的事实这一地位，继而借助"实践悖谬"（Absurdum Practicum）[1] 推导出了作为至善之实现条件的上帝的存在。康德在第二批判中所做的关于上帝之存在的道德证明相关阐述极多，在此我们不再赘述。

康德的道德神学证明对后世影响很大，而在此基础上的延伸性的阐发亦不少见，比如香港浸会大学的庞思奋就认为，康德有神论框架下的道德神学准确地说可以被解读为"道德的万有在神论"（Moral Panehtheism）。Panentheismus一词是德国哲人克劳斯（Karl Friedrich Krause）在1828年的哲学讲座中所提出试图综合Theismus和Pantheismus的神学概念。[2] 庞思奋指出，康德的道德神学应以万有在神论来概括之，因为它真实反映了康德道德宗教的立场：与自然神论一样，康德的万有在神论不把上帝视为任何特定传统宗教中的神，而是把它看作一个超越自然世界的存在；与传统的有神论一样，康德的上帝与人的世界不仅存在联系，而且有着"活生生的"联系；与无神论一样，它们都承认我们在经验世界找不到上帝存在的证据；最后，它与泛神论也有相似之处，万有在神论认为现有世界是另外一个世界的载体，但它是通过人的诸多行为来调节的。[3] 据此可见，康德的道德万有在神论既与现有的神学观点具有关联，但又不能将它们混为一谈。

无疑，以"道德"二字来刻画康德的宗教立场自有其合理之处，后世学者在阐释这一点时通常也以"道德宗教""理性神学"等术语来表述之。不过，现在仍需一问的是：基于道德的神学或"道德的万有在神论"真的能全面概括康德的宗教立场吗？我们的观点是不能。作为一位宗教哲学家，康德在肯定理性、道德之为宗教前提的同时，并没有抛弃启示、奇迹、神恩等概念，它们一起构成了康德宗教哲学

---

[1] Allen Wood, *Kant's Moral Religion* (Ithaca: Cornell University Press, 1970), 25-26.

[2] 关于panentheism、pantheism以及theism之间的区别讨论，相关文献很多，参见 Chad Meister, "Ancient and Contemporary Expressions of Panentheism," *Philosophy Compass* 12, no.9 (2017)。

[3] Stephen Palmquist, "Kant's Moral Panentheism," 26-27.

这一独具特色的思想形态。用康德自己的话说，在他那里，作为启示的神学学科与作为理性的哲学学科不可或缺，两者并不存在根本冲突，相反它们之间存在"一种商榷，是为了确定，宗教怎样才能纯洁而又有力地注入人们的心灵"[①]。

### （二）商榷式的万有在神论

伍德在《康德的理性神学》中指出，康德对传统神学的批判并不意味着他想要粉碎这个理智世界，就像他从未远离其故乡格尼斯堡一样，他也不曾想过要远离那个传统的思想世界。的确，康德排斥传统宗教中的上帝存在证明，也对它拥有神性思辨知识的主张保持怀疑态度，但最终除非从有神论出发，康德根本不能设想人类的处境，并且除非以经院理性主义传统的方式，否则他也不能思考上帝。我们经过完整和全面的考察发现，康德的哲学几乎把这一传统王国完好地保留了下来。[②] 那么，仅就道德神学这一问题而言，康德从传统王国中保留了那些东西呢？我们认为，这其中最为重要的就是康德在对神学给予道德改造的同时保留了原有的启示、信仰，甚至奇迹等核心概念。

对于我们的这一主张，有人或许会反驳说，康德的确不反对启示神学中的那些概念，但相对于道德、理性、自由这些概念而言，神恩、奇迹、信仰等范畴只具有辅助或补充作用，后者在康德道德神学中的地位与前者无法比肩，更不能同日而语。对此我们的回答是，启示绝不应仅仅视作道德神学的前驱，相反，它是构成康德宗教思想大厦的主体建筑。原因在于，康德意识到作为有限的理性存在者若想被上帝悦纳，它在最初阶段并不是借助过上道德的善的生活方式，而是

---

[①] [德]康德：《康德书信百封》，李秋零编译，上海：上海人民出版社，2006年，第212页。[Immanuel Kant, *One Hundred Letters from Kant*, trans. & ed. LI Qiuling (Shanghai: Shanghai People's Publishing House, 2006), 212.]

[②] [美]艾伦·伍德：《康德的理性神学》，邱文元译，北京：商务印书馆，2014年，第6页。[Allen Wood, *Kant's Rational Theology*, trans. QIU Wenyuan (Beijing: The Commercial Press, 2014), 6.]

通过崇拜、颂扬等具体事务来实现的，毕竟人在对上帝的事奉中最先想到的不是行为的内在道德价值，而是想获得对自己有益的福祉。人自身中存在的这一局限性丝毫不会因为理性的发展或它在超感性的道德应用而改变，相反它是人的本质规定，这一点从康德把人称之为"有限的理性存在者"（endlichen vernunftigen Wesens）[1] 这一界定中即可见出端倪。与无限的理性存在者上帝不同，作为有限存在者，人无论如何都不可能消除它自身的这一本质规定，否则它就不是人而是神了。

除了"人性的弱点"这一根本限定需要启示之外，康德的万有在神论在建构"真宗教"的过程中依然离不开启示的作用，这一点在其《宗教》一书中阐述的较为显豁。我们知道，康德该书的任务是从理性的维度来探讨宗教何以可能的问题，但并未由此排斥理性之外的要素之构成宗教的可能性。在他看来，理性或道德并不是构成宗教的全部要件，它们只不过是宗教之为宗教的基本要件，作为非道德的其他元素只要与道德切近，都应该被视为有助于未来"宗教"之实现的手段。表面上看康德貌似存在侧重道德、贬抑启示神学之讥，事实并非如此，在康德那里，"道德与神学是两个互补的对立面，当它们结合在综合的统一体之中时，就会产生宗教。而这也是康德为什么说'道德不可避免地导向宗教'和'神学也直接地导向宗教'的原因"[2]：它们中的每一种都可以导向宗教，但每一种又都是不完整的。正因为此，康德走向了以"'历史的''启示的'或'教会信仰'的形式为理论外衣来装饰纯粹道德宗教'裸露'身体"[3] 的这一宗教形态。康德的宗教作品旨在为"启示神学"和"理性哲学"之间形成一种商

---

[1] Immanuel Kant, *Kants Gesammelte Schriften V* (Berlin: Gerorg Reimer, 1913), 82.

[2] Stephen Palmquist, "Does Kant Reduce Religion to Morality," *Kant-Studien* 83, no.2 (1992): 136.

[3] Ibid.

权，以确保宗教如何才能纯洁而又有力地注入人们的心灵。[①] 就这一点来说，康德在其宗教神学中显然没有贬低信仰以抬高理性的意思，其真实意图是要在启示与道德、信仰和理性商榷的基础上，趋近于宗教中所包含的真理与智慧，继而将此真理和智慧注入人心。

最后，我们再来看一下启示或奇迹对于道德宗教之产生的触发作用。众所周知，康德在《宗教》之"第四篇"曾提到"理性主义者"（Rationalist）、"自然主义者"（Naturalist）、"纯粹的理性主义者"（reiner Rationalist），以及"纯粹的超自然主义者"（reine Supernaturalist）四个范畴。[②] 康德在其为解决"我可以希望什么"这一问题的重要著作中提及这几个关涉神学立场的概念，自然有其深意。现在的问题是，康德主张哪一种立场？[③] 与其他学者的看法不同，我们不把这四个概念视为并列关系，而是看作总分关系即后三个隶属于第一个之下，它们因对"启示"的不同态度而有所区分。自然主义完全否认任何超自然的上帝启示，而这与康德的看法相悖，不会是他的选项；纯粹的理性主义容许启示，而纯粹的超自然主义则认为，启示是宗教的必要因素，绝不可少。现在既然自然主义已被排除，那么康德的立场只能是这后两者中的一个，那么是哪一个呢？遗憾的是，康德没有明确给出回答，而只是模糊地指出：我们既不会否认纯粹的理性主义所主张的启示的内在可能性，也不会否认纯粹的超自然主义所主张的启示作为引导真宗教的手段的必要性，因为对此没有一个人能够凭借理性有所断定。话虽如此，但有一点是肯定的，即启示对康德所要建立的宗教极为重要，没有启示的引导道德宗教将无法确立。借用法耶斯通（Chris Firestone）的话说："就磨砺和促进哲学家对理性信仰方面而言，只有作为潜在洞察之源的神学家才能提供这种承

---

[①] [德]康德：《康德书信百封》，第212页。

[②] 参见Immanuel Kant, *Kant's Gesammelte Schriften VI* (Berlin: Georg Reimer, 1914), 154-155。

[③] 相关讨论很多，参见Chris Firestone, *Kant and Theology at the Boundaries of Reason* (Burlington: Ashgate Publishing Company, 2009), 150-154。

诺。"① 这亦即是说，没有启示的事先发动，真的宗教必无产生的可能。

基于以上三点认识，我们认为把康德宗教思想仅以"道德的万有在神论"来标识，值得商榷。首先就人性的弱点而言，没有人在感性层面对上帝的事奉，理性层面的道德宗教无从确立；其次就学科划分而言，以自由为特征的理性虽在确立宗教真理性（Wahrheit）方面是居先的，但启示在有用性（Nützlichkeit）方面更为擅长；最后就逻辑起点来说，宗教无疑应以道德和理性为前提，因为宗教本质上"是理性的一种立法，为的是通过由道德产生的上帝理念而给予道德以对人的意志的影响，去履行其所有的义务"②。但就时间起点而言，若是没有启示对理性的内在唤醒和引导的话，真的宗教亦不会出现。因此，就康德的万有在神论而言，启示或信仰在感性、有用性、逻辑起点方面居先，而理性或道德在超感性、真理性、时间起点方面居先。它们在康德的宗教思想中不可或缺，构筑了一个动态商榷的衍化过程，目的是将宗教中的智慧纯洁而有力地导入人心之中。

## 四、结语

前述可见，康德前批判时期主张"境遇式的有神论"，而在批判哲学前期主张"象征性的有神论"，到了批判哲学后期，亦即到了其思想的成熟阶段，"商榷式的万有在神论"无疑是其神学的最终立场。康德在其《宗教》中指出，正如人类必须要由自然状态进入公民社会一样，我们也必定要从律法的共同体走向伦理的共同体之中。

---

① Chris Firestone, "Making Sense out of Tradition: Theology and Conflict in Kant's Philosophy of Religion," in *Kant and the New Philosophy of Religion*, eds. Chris Firestone and Stephen Palmquist (Bloomington: Indiana University Press, 2006), 149.

②[德]康德：《康德著作全集》第7卷，李秋零译，北京：中国人民大学出版社，2008年，第32页。[Immanuel Kant, *Kants Werke Akademie Textausgabe VII*, trans. LI Qiuling (Beijing: China Renmin University Press, 2008), 32.]

在这一共同体中，据实践理性的要求，我们须公设上帝是圣洁的立法者、慈善的统治者与公正的法官。[1] 换言之，上帝必须是人的知心者，能够看透每一个人意念中最内在的东西，以便使每一个人得到与其行为所配享的福报。在这一意义上，传统的有神论、自然神论、无神论，乃至泛神论显然无法囊括康德心目中的上帝形象，而以万有在神论来刻画它较为适合。诚然，康德的神学思想是道德的和理性的，但这不足以概括其宗教学说的全副立场，毕竟启示、神恩、信仰等对康德而言并不只有补充或辅助功能，相反，它们和道德、理性、自由同样重要，并和后者一道在对话的动态过程中趋近于对上帝之智慧的通达。诚如康德在《道德形而上学》中所言："宗教并不是从纯然理性中派生出来的，而是同时建立在历史学说和启示学说之上的。"[2] 就此而言，我们将康德的宗教立场界定为商榷式的万有在神论，无疑更为切近康德思想之主旨，亦更符合康德哲学的根本特质。

---

[1] [德]康德：《纯然理性界限内的宗教》，第127页。

[2] [德]康德：《道德形而上学》，李秋零译，北京：中国人民大学出版社，2013年，第260页。[Immanuel Kant, *Die Metaphysik der Sitten*, trans. LI Qiuling (Beijing: China Renmin University Press, 2013), 260.]

# 参考文献 [Bibliography]

## 西文文献 [Works in Western Languages]

Firestone, Chris. *Kant and Theology at the Boundaries of Reason*. Burlington: Ashgate Publishing Company, 2009.

Huxford, George. *Kant and Theodicy: A Search for an Answer to the Problem of Evil*. London: Lexington Books, 2020.

Kant, Immanuel. *Lectures on Philosophical Theology*. Trans. Allen W. Wood and Gertrude M. Clarke. Ithaca: Cornell University Press,1978.

Wood, Allen. *Kant's Moral Religion*. Ithaca: Cornell University Press, 1970.

Yaffe, Martin. *Leo Strauss on Mendelssohn: An Interpretive Essay*. Chicago: The University of Chicago Press, 2012.

## 中文文献 [Works in Chinese]

[美]艾伦·伍德：《康德的理性神学》，邱文元译，北京：商务印书馆，2014年。[Wood, Allen. *Kant's Rational Theology*. Translated by QIU Wenyuan. Beijing: The Commercial Press, 2014.]

[德]康德：《纯粹理性批判》，李秋零译，北京：中国人民大学出版社，2011年。[Kant, Immanuel. *Kritik der reinen Vernunft*. Translated by LI Qiuling. Beijing: China Renmin University Press, 2011.]

[德]康德：《纯然理性界限内的宗教》，李秋零译，北京：中国人民大学出版社，2011年。[Kant, Immanuel. *Die Religion Innerhalb der Grenzen der bloßen Vernunft*. Translated by LI Qiuling. Beijing: China Renmin University Press, 2011.]

[德]康德：《道德形而上学》，李秋零译，北京：中国人民大学出版社，2013年。[Kant, Immanuel. *Die Metaphysik der Sitten*. Translated by LI Qiuling. Beijing: China Renmin University Press, 2013.]

[德]康德：《康德书信百封》，李秋零编译，上海：上海人民出版社，2006年。[Kant, Immanuel. *One Hundred Letters from Kant*. Translated and Edited by LI Qiuling. Shanghai: Shanghai People's Publishing House, 2006.]

[德]康德：《康德著作全集》（第一卷），李秋零译，北京：中国人民大学出版社，2003年。[Kant, Immanuel. *Kants Werke Akademie Textausgabe*, Vol. 1. Translated by LI Qiuling. Beijing: China Renmin University Press, 2003.]

[德]康德：《康德著作全集》（第七卷），李秋零译，北京：中国人民大学出

版社，2008年。[Kant, Immanuel. *Kants Werke Akademie Textausgabe*, Vol. 7. Translated by LI Qiuling. Beijing: China Renmin University Press, 2008.]

[德]康德：《康德著作全集》（第八卷），李秋零译，北京：中国人民大学出版社，2010年。[Kant, Immanuel. *Kants Werke Akademie Textausgabe*, Vol.8. Translated by LI Qiuling. Beijing: China Renmin University Press, 2010.]

[德]康德：《未来形而上学导论》，李秋零译，北京：中国人民大学出版社，2013年。[Kant, Immanuel. *Prolegomena zu einer jeden künftigen Metaphysik, die als Wissenschaft wird auftreten Können*. Translated by LI Qiuling. Beijing: China Renmin University Press, 2013.]

[德]莱布尼茨：《神正论》，段德智译，北京：商务印书馆，2018年。[Leibniz, G. W. *Theodicy*. Translated by DUAN Dezhi. Beijing: The Commercial Press, 2018.]

# 征稿启事暨
# 匿名审稿制度说明

　　世界上的真理并不多。我们所关注和我们所能论说的一切，其实都是以既有的文化积累为前提，都是古老真理的延续或者前人思想的引申。

　　世人探寻真理的途径却很多。因此才有各自独立，而又彼此相关的信仰和文化，才有不同信仰与文化之间的交流或碰撞，才有精神信念的分享和文化创造的更新。

　　在近代以来的西方，基督教的信仰与文化已经成为一种基本的范型。其科学、人文以及社会体制的各个方面，无不浸透着基督教的内在精神。因而国人所谓的"西学"，在相当程度上正是导源于基督教的观念、学说和文化。

　　西学之东渐，使得百年来的中国文化问题始终离不开西学与国学的相互砥砺，离不开二者在认知方式、社会统序、生存态度、价值体系上的一系列磨合。其中的争论和辩难，往往成为传统或现代、持守或开放的主要标志。

　　而在近年的中国，对历史沉疴的反思以及与现代世界的融合，使我们发现自身的文化处境实际上与西方日渐相似。这既使更多的对话成为可能，又使体用之争、优劣之争失去了原本的意义。我们所需要的，已经不是过于直接地走向一个相对简单的结论，而是在争论和辩难的途中稍事停留。

　　从中国学人的角度讨论基督教文化，便应当是一次这样的停留。在平和的停留之中，应当包含着对西方文化精神的追索，也应当启发出对中国文化内涵的透视；它可以借助基督教文化的理念为参照，却必然是以中国人的生存经验为根据。唯其如此，我们才有可能切入深层的中西思想对话。

　　《基督教文化学刊》由中国人民大学基督教文化研究所主办，也是教育部人文社会科学重点研究基地中国人民大学佛教与宗教学理论研究所的成果之一，并得到国际科技教育服务机构（PESi）、宗教文化出版社和中国人民大学出版社的长期支持。《基督教文化学刊》始终实行匿名评审制度，特邀国内外相关领域的著名学者组成学术委员会，负责审稿工作。2006年以后，《基督教文化学刊》被列入"中国人文社会科学核心辑刊"（CSSCI）数据库。

《基督教文化学刊》所设栏目，皆得名于基督教初入中土时的景教文典，以示纪念：

1.道无常名：理论与经典解读

2.浑元之性：基督教思想家研究

3.化通玄理：基督教与社会、伦理问题研究

4.法浴水风：中国文化与基督教的对话

5.镜观物色：基督教文化与文学研究

6.法流十道：汉语基督教史料研究

7.书殿翻经：书评及新书介绍

8.和而不同：学术争鸣与回应

9.蟹集明宫：学术动态与研究综述

《基督教文化学刊》的作者遍及中国大陆、中国港台、欧洲、北美，行文习惯各异，注释方式不一。为确保匿名审稿工作的顺利进行，谨将来稿格式规定如下，供有意赐稿之学人参见：

1.所用稿件长短不限，但一般以8000—15000字为宜。

2.学刊线上投稿系统已投入使用，欢迎登录学刊官网右上角的线上投稿系统，注册投稿账户投稿。来稿也可发邮件至投稿邮箱，并注明联系方式。

3.译文请附原文复印件，并负责联系版权。

4.注释请列于页末；各种文字的引文均请用原文注明出处，其顺序为：作者，书名，出版地，出版者，出版时间，页码。

5.请务必提供内容提要（中、英文各150-250字）和作者简介（中、英文各100字）。

6.编辑部收到格式规范的来稿后，将匿去作者姓名，根据所及内容送交两位以上的有关专家（中国内地和海外各一）进行评审；《学刊》主编将参照专家填写的匿名评审书处理稿件。

7.自收到稿件之日起，即视为获得首发版权；其间如有任何变化，务

请作者赐函通知。

自第8辑起,《基督教文化学刊》每辑推出一个专题,现已出版的各辑如下:

《俗世的神学》(第8辑)

《信仰的伦理》(第9辑)

《神学与诠释》(第10辑)

《神学的公共性》(第11辑)

《对话的神学》(第12辑)

《神性与诗性》(第13辑)

《神学与公共话语》(第14辑)

《神学的事件》(第15辑)

《选择"穷人"》(第16辑)

《汉学与神学》(第17辑)

《诗学与神学》(第18辑)

《神圣与越界》(第19辑)

《审美的神学》(第20辑)

《神学关键词》(第21辑)

《批判理论与神学》(第22辑)

《基督教、异教与现代性》(第23辑)

《西方马克思主义与神学》(第24辑)

《经文辩读》(第25辑)

《传教士与中国经典》(第26辑)

《译经与释经》(第27辑)

《文化身份》(第28辑)

《圣像的修辞》(第29辑)

《废墟中的记忆》(第30辑)

《移动的边界》(第31辑)

《经典的旅行》(第32辑)

《译经之争》(第33辑)

《盼望的价值》(第34辑)

《后现代神学》（第35辑）

《天何言哉》（第36辑）

《"意图"与"责任"》（第37辑）

《"差异"与"间距"》（第38辑）

《后世俗时代》（第39辑）

《宗教现象学》（第40辑）

《返本开新》（第41辑）

《天人之际》（第42辑)

《神圣与日常》（第43辑）

《终极关怀》（第44辑）

《阿甘本与"神学"》（第45辑）

《神秘主义与理性》（第46辑）

《超越历史的见证》（第47辑）

《边缘与中心》（第48辑）

《终末与盼望》（第49辑）

《后现代思想与神学》（第50辑）

根据编辑计划，《基督教文化学刊》第51、第52辑的选题为《神学与现代性的展开》和《"主体之后"的神学》，欢迎海内外学者酌情赐稿。

追求真理，就是与贤者交谈、与智者交谈、与"他者"交谈。《基督教文化学刊》所发文章虽不必代表编辑部和出版社之观点，但我们愿以"和而不同"为鉴，为中外学人、教俗两界的神交提供更多的机会。

中国人民大学基督教文化研究所

《基督教文化学刊》编辑部

联系地址： 100872北京中关村大街59号

中国人民大学7号信箱

办公电话：（010）62513770

投稿电子信箱：jscc@ruc.edu.cn

网址：http://jscc.ruc.edu.c

# Notes for Contributors & Anonymous Appraisal System

There are not many truths in the world. All that we concern ourselves with, study, and expound on are premised on our cultural heritage and are elaborations of time-tested truths and the wisdom of our forebears.

The paths of the human quest for truth, however, are many, giving birth to numerous independent and yet interrelated religions and cultures. As different religions and cultures engage in *Dialogue,* the sharing of spiritual thought and *Belief*s can renew cultural creativity.

Christian faith and culture are fundamental forces that have shaped the modern Western world. The spirit of Christianity permeates science, the arts, and the structure of Society at all levels. Therefore, to a great extent, what we in China call "Western learning" has its origins in Christian thought, Christian philosophy and culture.

Since the sowing of Western learning on Chinese soil, the cultural issues China has been wrestling with for over a century are inseparable from the convergence and conflict between Western learning and Chinese learning in their respective epistemologies, social orders, worldviews, and value systems. Debates over any number of these issues might be identified and characterized as traditionalists versus modernists, or conservatives versus liberals.

But recent reflections on the painful lessons of history and our need for integration with the rest of the world have revealed that we in the East have much in common with the West, and increasingly so. As a result, there is more room for dialogue. Debates over form or function and cultural superiority are no longer relevant. We are not looking for quick, simple answers. Now we can afford to pause and reflect on present day ideological debates and struggles.

It is worthwhile for us to pause and reflect on the study of Christian culture. It behooves the Chinese intellectual to study the spirit behind Western culture and to seek greater insight into Chinese culture itself. Christian cultural concepts can provide a frame of reference for comparison, but the existential experience of the Chinese people will always remain the foundation of our search. In this posture alone can China enter into fruitful dialogue with the West at a deep level.

The *Journal for the Study of Christian Culture* is sponsored by the Institute for the Study of Christian Culture at the Renmin University of China. The Ministry of Education has appointed Renmin University of China's Research Institute of Buddhism and Religious Studies as the key center for humanities and social science research. The Journal is one of its projects. Professional & Educational Services International, Inc. (PESi), the Religion and Culture Publishing House, and Renmin University of China Press have been long-term supporters and partners in this effort. Essays are anonymously reviewed by a joint committee of well-known scholars in and outside of China. As of 2006, the *Journal for the Study of Christian Culture* has been listed among the CSSCI citations.

The *Journal* is divided into the following sections, whose titles are taken from Nestorian writings in order to commemorate the arrival of Christianity in China:

1. Dao Wu Chang Ming: Study of Theories and Classics
2. Hun Yuan Zhi Xing: Study of Christian Thinkers
3. Hua Tong Xuan Li: Study of Christianity, Society and Ethics
4. Fa Yu Shui Feng: Dialogue between Chinese Culture and Christianity
5. Jing Guan Wu Se: Study of Christian Culture and Literature

6. Fa Liu Shi Dao: Study of Chinese Historical Records on Christianity

7. Shu Dian Fan Jing: Reviews and Introductions to New Books

8. He Er Bu Tong: Academic Debate and Responses

9. Qing Ji Ming Gong: Academic Developments and Research Updates

The *Journal* receives articles from the Chinese mainland, Hong Kong and Taiwan. It also has overseas contributors from Europe and North America. To unify the format and expedite our anonymous review process, we request that authors observe the following guidelines:

1. Length of essay—no official limit; preferred: 8,000 - 15,000 words.

2. Essays can be submitted via the online submitting system on the Journal website, or via email. Review process will begin after the essays being received.

3. A copy of the original essay must accompany a translated piece when submitted; copyright to be settled by the translator.

4. Use footnotes. Include references for quotations in the original language. List in order: author, title, city, publisher, date, page number(s).

5. Provide both Chinese and English abstracts (150-250 words each) and introduction to the author in both languages (100 words each).

6. The name of the author will be temporarily deleted from the essay and sent to two select members of the Referee Committee, who are familiar with the topics addressed, one from within Chinese Mainland and one from outside. The choice of essays by the Chief Editor will be made with recommendations from the Referee Committee.

7. Receipt of essays will signify the conferring of copyrights. Kindly notify us in the event of change concerning copyright issues.

Beginning with Volume 8 each issue of the *Journal for the Study of Christian Culture* has featured a theme:

Volume 8: Secular Theology

Volume 9: Ethics of Faith

Volume 10: Theology and Hermeneutics

Volume 11: The Publics of Theology

Volume 12: The Theology of Dialogue

Volume 13: The Spiritual and the Poetical

Volume 14: Theology and Public Discourse

Volume 15: Theological Event

Volume 16: Option for the Poor

Volume 17: Sinology and Theology

Volume 18: Poetics and Theology

Volume 19: Sacred and Transgression

Volume 20: Aesthetic Theology

Volume 21: Critical Terms in Theology

Volume 22: Critical Theory and Theology

Volume 23: Christianity, Paganism, and Modernity

Volume 24: Western Marxism and Theology

Volume 25: Scriptural Reasoning

Volume 26: Missionaries and Chinese Classics

Volume 27: The Translation and Interpretation of Scriptures

Volume 28: Cultural Identities

Volume 29: The Rhetoric of Icons

Volume 30: Memories Amid the Ruins

Volume 31: Moving Boundaries

Volume 32: Trajectory of the Classics

Volume 33: Controversies over the Translation of Religious Texts

Volume 34: The Significance of Hope

Volume 35: Post-*Modern Theology*

Volume 36: Does *Tian* (Heaven) Speak?

Volume 37: "Ethics of Ultimate Ends" and "Ethics of Responsibility"

Volume 38: "Différence" and "Écart"

Volume 39: Post-Secular Era

基督教文化学刊

Journal for the Study of Christian Culture

Volume 40: Religious Phenomenology

Volume 41: Mit dem Anfang anfangen

Volume 42: Between Heaven and Humankind

Volume 43: The Sacred and the Every Day

Volume 44: Ultimate Concern

Volume 45: Agamben and "Theology"

Volume 46: Mysticism and Reason

Volume 47: Testimony Beyond History

Volume 48: The Periphery and The Center

Volume 49: Eschatologie und Hoffnung

Volume 50: Postmodern Ideas and Theologies

According to the editorial plan, the upcoming themes will cover "Extension of Theology and Modernity" and "Theology after the 'Subject'" (Volume 51 & 52). We welcome your contributions.

The quest for truth involves a dialogue between the virtuous and the wise. It also involves dialogue with "The Other." The essays published here do not necessarily represent the views of the Editor's Office or the publisher. But in the spirit of "He Er Bu Tong" (harmony in diversity), we are pleased to provide a forum for the meeting of minds between academics from the East and the West of both religious and secular persuasions.

Editorial Office

Institute for the Study of Christian Culture

Address: P.O. Box 7, Renmin University of China
59 Zhongguancun Dajie
Beijing, China 100872
Tel/Fax: 86-10-6251-3770
E-mai: jscc@ruc.edu.cn
Website: http://jscc.ruc.edu.cn